Stifterverband
für die Deutsche Wissenschaft

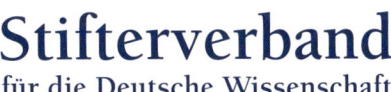

Qualitätsentwicklung im dualen Studium

Ein Handbuch für die Praxis

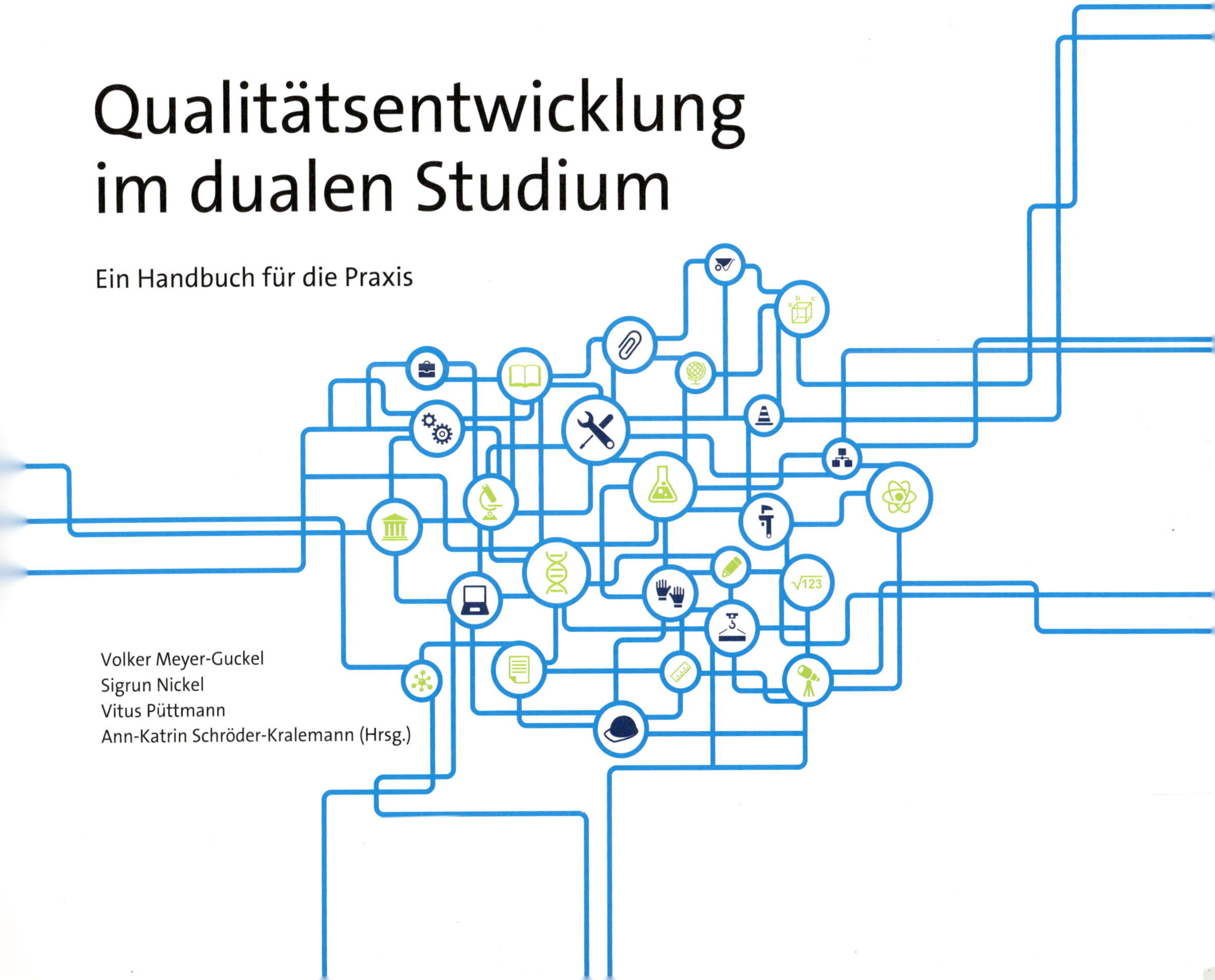

Volker Meyer-Guckel
Sigrun Nickel
Vitus Püttmann
Ann-Katrin Schröder-Kralemann (Hrsg.)

Inhaltsverzeichnis

Einleitung 4

1 Das duale Studium: Daten und Diskussionen 6

1.1 Stand der Durchlässigkeit zwischen beruflicher und akademischer Bildung 6
1.2 Entwicklung des dualen Studiums 16
1.3 Theorie-Praxis-Verzahnung als zentrale Herausforderung ... 22
1.4 Vor- und Nachteile des dualen Studiums 26
1.5 Dual international 36

2 Qualitätsentwicklung dualer Studienangebote: Strategien und Tools 42

2.1 Überblick über Themen und Analyserahmen 42
    2.1.1 Bearbeitete Handlungsfelder im Qualitätsnetzwerk 42
    2.1.2 Modell für ein systematisches Qualitätsmanagement 46
2.2 Die Ebene „Strategie" 47
    2.2.1 Bedarfs- und Angebotsanalyse mit Blick auf (potenzielle) Partnerorganisationen 48
        2.2.1.1 Sondierung regionaler Anforderungen 48
        2.2.1.2 Kompetenzerwartungen von Unternehmen 51
        2.2.1.3 Kooperative Workshops 53
    2.2.2 Bedarfs- und Angebotsanalyse mit Blick auf (potenzielle) Studierende 56
        2.2.2.1 Einrichtung dualer Masterstudiengänge 56
        2.2.2.2 Gewinnung Studierender mit Migrationshintergrund ... 62
    2.2.3 Internationalisierungsstrategie 65
    2.2.4 Marketingstrategie 70
        2.2.4.1 Profilierung mithilfe von Dachorganisationen 70
        2.2.4.2 Ermutigung potenzieller Studierender durch Vorbilder ... 72
2.3 Die Ebene „Input: Strukturen und Ressourcen" 73
    2.3.1 Organisations- und Entscheidungsstrukturen 74
    2.3.2 Personalrekrutierung und -entwicklung 75
        2.3.2.1 Lehrende 75
        2.3.2.2 Verwaltung 77
    2.3.3 Umgang mit begrenzten Ressourcen 78

Autoren

Sigrun Nickel
Vitus Püttmann

2.4 Die Ebene „Prozesse" 81
    2.4.1 Dienstleistungsprozesse 81
        2.4.1.1 Übergreifendes Prozessmanagement und Qualitätszirkel ... 81
        2.4.1.2 Standardisierte Dokumente 84
        2.4.1.3 Anbahnung und Abschluss von Kooperationsvereinbarungen 88
        2.4.1.4 Auswahl und Zulassung von Studierenden 90
        2.4.1.5 Beratung und Betreuung (potenzieller) Studierender 93
    2.4.2 Lehr- und Lernprozesse 94
        2.4.2.1 Kompetenzentwicklung bei Studierenden 94
        2.4.2.2 Didaktische Methoden zur Einbindung beruflichen Wissens 99
        2.4.2.3 Kompetenzentwicklung bei Lehrbeauftragten 104
    2.4.3 Internationalisierungsprozesse 107
2.5 Die Ebene „Ergebnisqualität und Feedback" 111
    2.5.1 Evaluation der Lernortkooperation aus Sicht Studierender 111
    2.5.2 Evaluation des Fortschritts beim Kompetenzerwerb dual Studierender 114
    2.5.3 Evaluation der Lehrkompetenz 116

3 Zusammenfassung und Ausblick 120

Qualitätsnetzwerk Duales Studium 124
Arbeitsmaterialien 125
Quellenverzeichnisse 126
Abbildungsverzeichnis 137
Tabellenverzeichnis 139
Impressum 140

Interviews

Andrä Wolter
Hybride Bildungsformen werden wichtiger   14

Ulrich Walwei
Das Angebot an Akademikern wächst   20

Susanne Müller
Als Arbeitgeber attraktiv bleiben   24

Maximilian Schmidt
Anstrengend, aber es lohnt sich   28

Hans-Christoph Reiss
Kein „Kann", sondern ein „Muss"   34

Marion Gottschalk
Innenansichten aus dem Mittelstand   54

Bernd Kaßebaum
Arbeitsverträge kritisch hinterfragen   86

Michael Heister
Zwei Lernorte sollten reichen   100

Einleitung

Die Durchlässigkeit zwischen beruflicher und akademischer Bildung gehört zu den zentralen Zukunftsthemen in Deutschland. Ein Blick auf die Nachfrage zeigt, dass sowohl bei Studierenden als auch bei Arbeitgebern großer Bedarf nach einer Verschränkung von Studium und Beruf besteht. Die Kombination aus Hochschulbesuch und praktischer Ausbildung im Betrieb hat sich als „duales Studium" in Deutschland inzwischen fest etabliert: Aktuell studieren knapp 95.000 junge Menschen in mehr als 1.500 dualen Studiengängen, die mit über 41.000 Einrichtungen der betrieblichen Praxis kooperieren (BIBB 2015b).

Im Zuge des rasanten quantitativen Wachstums hat sich eine Vielfalt von Modellen dualer Studiengänge herausgebildet, die sich unter anderem in der zeitlichen Organisation, dem Grad der Verschränkung von Theorie- und Praxisphasen oder der Zahl der kooperierenden Lernorte unterscheiden. Diese Vielfalt ist nicht zuletzt eine Reaktion auf die große Diversität in der Nachfrage; bei vielen Akteuren hat sie aber auch Fragen nach der Qualität der unterschiedlichen Angebote aufgeworfen.

Der Stifterverband hat deshalb 2013 das Qualitätsnetzwerk Duales Studium ins Leben gerufen, um mit zehn Anbietern aus staatlichen wie privaten Hochschulen und Berufsakademien gemeinsam Empfehlungen für die Qualitätsentwicklung und Perspektiven des dualen Studiums zu erarbeiten. Zu den zehn Anbietern gehören: die Berufsakademie Sachsen, die Duale Hochschule Baden-Württemberg, die FH Bielefeld, die FH Brandenburg, die FOM Hochschule für Oekonomie & Management, die HAW München, die HWR Berlin, die TH Mittelhessen, die Universität Kassel sowie die Westfälische Hochschule.

Im Rahmen einer Ausschreibung hatten sich die Hochschulen mit qualitätsrelevanten Themenvorschlägen beworben, die sie innerhalb der Programmlaufzeit von September 2013 bis April 2015 sukzessive bearbeitet und in Form von Expertisen (siehe Quellenverzeichnis) aufbereitet haben. Im Zentrum der Diskussion standen die Fragen:
- Was sind Erfolgsfaktoren und Herausforderungen bei der Kooperation zwischen Hochschulen und Praxispartnern?
- Wie kann der Theorie-Praxis-Theorie-Transfer zwischen den verschiedenen Lernorten am besten gewährleistet und unterstützt werden?
- Wie sollte ein duales Masterstudium gestaltet sein?
- Welche Möglichkeiten der Internationalisierung eröffnet das duale Studium?
- Wie können mittels des dualen Studiums neue Zielgruppen wie etwa Studierende mit Migrationshintergrund angesprochen werden und wo liegen Potenziale für die intensivere Zusammenarbeit mit kleinen und mittelständischen Unternehmen?
- Was ist angesichts der Vielfalt der Modelle der Markenkern des dualen Studiums?

Bei mehreren Netzwerktreffen wurden diese Themen der Expertisen intensiv diskutiert, auch unter Einbezug des Inputs von Unternehmensvertretern und externen Experten. Begleitend dazu hat Deloitte Deutschland pro bono eine Unternehmensbefragung zu den Herausforderungen an die Kooperation der Lernorte und die Qualitätssicherung des dualen Studiums aus der Perspektive der Unternehmenspartner durchgeführt.

Die aus der Netzwerkarbeit insgesamt gewonnenen Erkenntnisse zur Qualitätsentwicklung und zu Perspektiven des dualen Studiums stehen im Mittelpunkt dieses Handbuchs. Hier werden die Erträge der zweijährigen gemeinsamen Arbeit zusammengefasst und für die Öffentlichkeit nutzbar gemacht. Insgesamt verfolgt das Handbuch zwei Ziele: Verantwortlichen in Hochschulen und Unternehmen soll es konkrete Anregungen zur Weiterentwicklung dualer Studienangebote bieten. Darüber hinaus soll es aber auch allen an dieser spezifischen Studienform Interessierten in Hochschulen, der beruflichen Praxis und der Politik einen Überblick über zentrale Aspekte und Diskussionen rund um das duale Studium bieten.

Zu den zentralen Ergebnissen der zweijährigen Arbeit gehört die Feststellung, dass gerade beim dualen Studium die Auseinandersetzung mit Herausforderungen auf den Austausch und die offene Zusammenarbeit einer Vielzahl von Akteuren angewiesen ist. Mein besonderer Dank gilt insofern denjenigen, die genau das in den vergangenen zwei Jahren ermöglicht haben, allen voran die Projektpartner des Qualitätsnetzwerks, die Dieter Schwarz Stiftung gGmbH und die Deloitte-Stiftung, sowie der Stiftung van Meeteren und allen weiteren Förderern des Programms. Mein Dank gilt auch den Unternehmensvertretern, die sich in den Workshops und über die Teilnahme an der Unternehmensbefragung direkt in die Arbeit des Netzwerks eingebracht haben. Nicht zuletzt möchte ich mich bei den Teilnehmern des Qualitätsnetzwerks und den beiden Autoren des Handbuchs, Sigrun Nickel und Vitus Püttmann vom CHE Centrum für Hochschulentwicklung, für die produktive Zusammenarbeit bedanken. Mit den gemeinsam erarbeiteten Ergebnissen konnte ein guter Ausgangspunkt für die weitere Ausgestaltung der Schnittstelle von beruflicher und akademischer Bildung geschaffen werden, die uns künftig noch intensiv beschäftigen wird.

Volker Meyer-Guckel
Stellvertretender Generalsekretär
Stifterverband für die Deutsche Wissenschaft

1 Das duale Studium: Daten und Diskussionen

1.1 Stand der Durchlässigkeit zwischen beruflicher und akademischer Bildung

Wenn es um das allgemeine Ziel geht, sind sich alle einig: Das deutsche Bildungssystem sollte von der Schule über die Berufsbildung bis hin zur Hochschule so durchlässig sein, dass jeder Mensch in jeder Lebensphase seine Talente bestmöglich entwickeln kann: „Dies gilt in besonderer Weise auch für den postschulischen Bereich. Hier können Übergangsmöglichkeiten zwischen akademischer und beruflicher Bildung verhindern, dass die initiale Entscheidung für einen Ausbildungspfad mit dem Verzicht auf zukünftige Bildungsoptionen und Karrieremöglichkeiten einhergeht" (Wissenschaftsrat 2014: 85). Der Schnittstelle zwischen Arbeitswelt und Hochschule wird eine besondere Bedeutung beigemessen, denn es geht um Chancenverteilung und Chancengerechtigkeit. Ein Studium, das zeigen die Statistiken, sichert in vergleichsweise hohem Maße die Beschäftigungsfähigkeit und das Einkommen (vgl. Dräger et al. 2014: 9). Doch bei der konkreten Ausgestaltung des Übergangs zwischen beruflicher und akademischer Bildung knirscht es gewaltig. Das historisch gewachsene Verhältnis der beiden Bereiche wird nicht ohne Grund als „Bildungs-Schisma" (Baethge 2006: 13) charakterisiert, worunter mittlerweile eine „schleichende systemische Konkurrenz" (Schütte 2013: 43) zu verstehen ist. Komplett gegeneinander abschotten, wie sie es jahrzehntelang taten, können sich die beiden Säulen des Bildungssektors inzwischen allerdings nicht mehr. Es hat sich etwas bewegt seit Beginn der 2000er-Jahre. Auf etlichen Ebenen gibt es Annäherungen, maßgeblich gefördert durch politische Initiativen wie das millionenschwere Bund-Länder-Programm „Aufstieg durch Bildung" und ein sich wandelndes Nachfrageverhalten aufseiten der Bildungsinteressierten.

Was die Nachfrage anbelangt, erlebt das deutsche Hochschulsystem seit geraumer Zeit eine Expansion, während das Berufsbildungssystem mit einer Stagnation und stellenweise auch einem Rückgang zu kämpfen hat. Ein Blick auf die in Abbildung 1 dargestellte quantitative Entwicklung zeigt, dass 2013 die Zahl der Ausbildungsanfänger im dualen System erstmals unter der der Studienanfänger lag. Insgesamt betrachtet haben im postschulischen Sektor die Studierenden mit rund 2,7 Millionen Personen im Jahr 2014 ein deutliches Übergewicht gegenüber den Auszubildenden mit 1,4 Millionen (vgl. Statistisches Bundesamt 2015). Der Trend geht also unmissverständlich hin zu einem *academic drift*. Das führt zu Kritik auf beiden Seiten. So weist die berufliche Bildung eindringlich auf den drohenden Fachkräftemangel auf mittlerem Qualifizierungsniveau, das heißt bei Personen mit dualer Ausbildung, hin und befürchtet damit zusammenhängend negative Auswirkungen in der deutschen Wirtschaft (BMBF 2015: 53). Im Hochschulbereich formiert sich indes Widerstand gegen eine Überforderung durch eine zu große Heterogenität der Studierendenschaft und eine Verberuflichung des Studiums zulasten der Wissenschaftlichkeit (vgl. Nida-Rümelin 2014, Severing/Teichler 2013). Konsens herrscht allenfalls darüber,

Abbildung 1: Vergleich der Anfängerzahlen im dualen Berufsbildungssystem und im Hochschulstudium 2005–2014

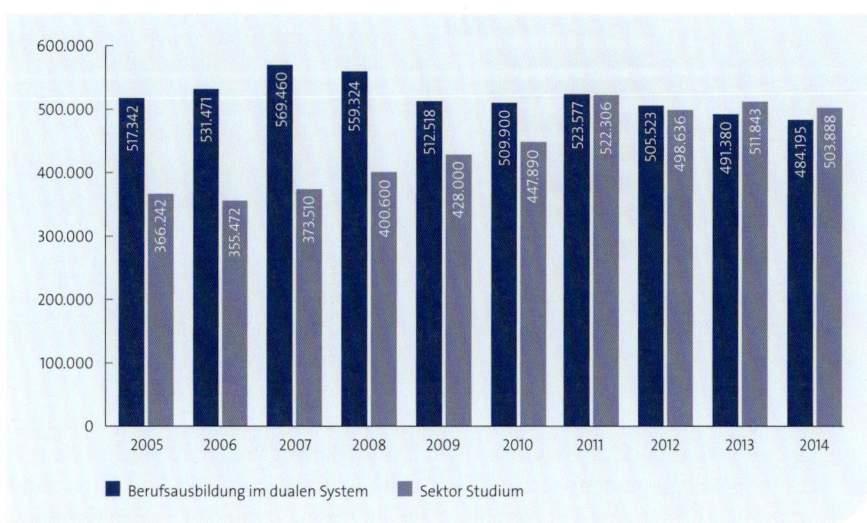

Quelle: BMBF 2015: 53

dass individuelle Bildungsentscheidungen weder staatlich gelenkt, noch auf andere Weise dirigistisch vorgegeben werden können (BMBF 2015: 6). Auch wenn etliche Akteure die Abstimmung mit den Füßen in Richtung Akademisierung kritisch sehen – Menschen nutzen die ihnen zur Verfügung stehenden vielfältigen Bildungsoptionen in zunehmendem Maße.

Das gilt nicht nur für Abiturienten, sondern auch für Personen ohne schulische Hochschulzugangsberechtigung, denen seit einem Beschluss der Kultusministerkonferenz (vgl. KMK 2009) in allen Bundesländern verbesserte Möglichkeiten zur Aufnahme eines Studiums zur Verfügung stehen. Auch hier weist die quantitative Entwicklung seit Anfang der 2000er-Jahre nach oben (vgl. CHE 2015). Rund 46.000 Studierende ohne allgemeine Hochschulreife oder Fachhochschulreife waren 2013 an deutschen Hochschulen eingeschrieben, was nahezu eine Verdreifachung gegenüber 2007 darstellt. Auch bei den Hochschulabschlüssen zeigt sich eine positive Entwicklung: Mit rund 4.500 Absolventen haben so viele Nichtabiturienten wie noch nie erfolgreich ihr Studium beendet. Die Zahl der Studienanfänger ohne schulische Hochschulzugangsberechtigung stieg in dem gleichen Zeitraum ebenfalls weiter an und zwar auf rund 13.200 Personen. Dies entspricht einem Anteil an der Gesamtheit der Studienanfänger von 2,6 Prozent und damit einer Verdreifachung der Quote gegenüber dem Jahr 2002. Wie Abbildung 2 zeigt, ist die Sprei-

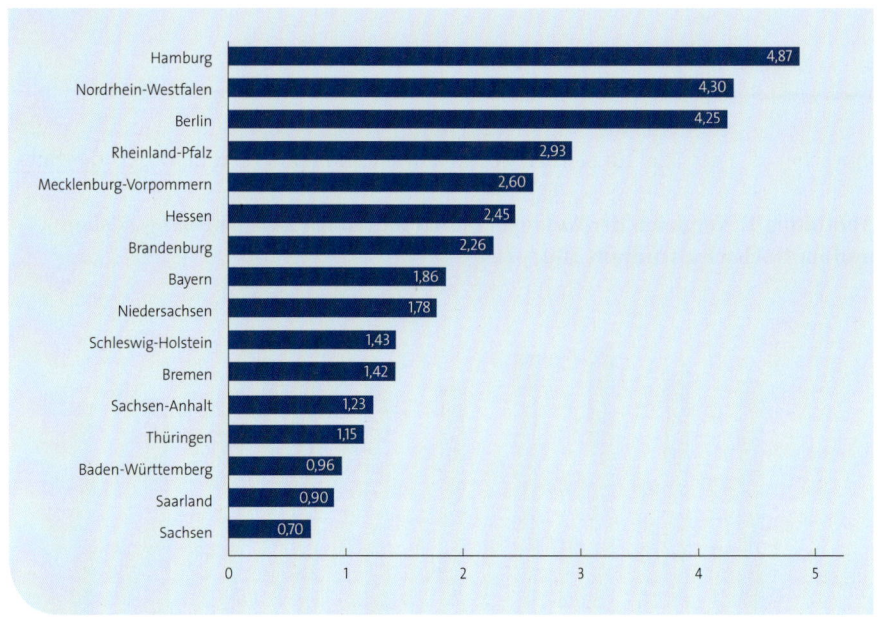

Abbildung 2: Bundesländervergleich der Anfängerquoten beim Studium ohne Abitur und Fachhochschulreife 2013
in Prozent

Quelle: CHE 2015

zung zwischen den Bundesländern bei den Quoten sehr groß. 2013 reichte sie von 0,7 Prozent Studienanfänger ohne Abitur beim Schlusslicht Sachsen bis zu rund 4,9 Prozent beim Spitzenreiter Hamburg. Genaue Untersuchungen zu den Gründen dieser Diversität liegen nicht vor. Ein Blick in die Praxis legt jedoch den Schluss nahe, dass die Hochschulen in den Bundesländern zum Teil unterschiedlich aktiv sind, was ihr Zugehen auf diese Klientel anbelangt. Insbesondere Fachhochschulen und Hochschulen mit ausgeprägtem Fernstudienangebot sind bei Studierenden ohne schulische Hochschulzugangsberechtigung nachgefragt. So nahm 2013 alleine die nordrhein-westfälische FernUniversität in Hagen rund 2.600 Nichtabiturienten aus dem gesamten Bundesgebiet auf. Offen ist, ob und wie weit sich das bisherige Wachstum noch steigern kann. Angesichts der Tatsache, dass inzwischen rund 58 Prozent eines Jahrgangs die allgemeine Hochschulreife oder Fachhochschulreife erwerben (Autorengruppe Bildungsberichterstattung 2014: 295), ist die quantitative Entwicklung des Studiums ohne Abitur vermutlich begrenzt.

Ein wesentlicher Impuls für die Umsetzung konkreter Maßnahmen und Bildungsangebote, die eine bessere Durchlässigkeit zwischen beruflicher und akademischer Bildung ermöglichen sollen, sind die eingangs erwähnten Bund-Länder-Förderprogramme unter dem Label „Aufstieg durch Bildung". Dazu zählen unter anderem die noch laufenden Initiativen wie das mit 250 Millionen Euro ausgestattete Programm „Offene Hochschulen", bei dem eine breite Palette von berufsbegleitenden und weiterbildenden Angeboten für das lebenslange Lernen entwickelt wird (vgl. Wolter/Banscherus 2013), sowie die Vergabe von Weiterbildungs- und Aufstiegsstipendien für beruflich Qualifizierte, in die bis 2013 rund 430 Millionen Euro investiert wurden (vgl. SBB 2014: 5) und das bislang unbefristet weiterläuft.

Insgesamt konzentrieren sich die Initiativen des Bundes und der Länder stärker auf die Durchlässigkeit von der beruflichen in die akademische Bildung als umgekehrt. So existieren inzwischen zwar elaborierte Verfahren zur Anrechnung beruflich erworbener Kompetenzen auf das Hochschulstudium (vgl. Hanft et al. 2014), doch in die entgegengesetzte Richtung ist dem nicht so. Es gibt einige Initiativen, die zum Beispiel Studienabbrechern eine verkürzte Ausbildung durch Anrechnung im Studium erworbener Kompetenzen auf die Berufsausbildung ermöglichen, aber keine flächendeckenden Angebote. Erst in jüngster Zeit hat die berufliche Bildung Studienabbrecher als Potenzial für sich entdeckt. Vor diesem Hintergrund fördert das Bundesministerium für Bildung und Forschung (BMBF) im Rahmen seines Programms „Jobstarter" insgesamt 18 Projekte zur Gewinnung von Studienabbrechern für die berufliche Bildung. Das Finanzvolumen hierfür beträgt insgesamt rund sieben Millionen Euro. Die geförderten Maßnahmen sind regional ausgerichtet und sollen Klein- und Mittelunternehmen dabei unterstützen, Studienaussteiger als Auszubildende zu gewinnen. Laut einer Expertenbefragung (vgl. Ebbinghaus et al. 2015) sprechen etliche Gründe dafür, dass diese Pilotvorhaben von Erfolg gekrönt sein werden, unter anderem weil die Hochschulabgänger bereits über vielfältige fachliche und methodische Kompetenzen verfügen, wenn sie ins Unternehmen einsteigen. Zugleich werden aber auch Befürchtungen geäußert, dass der Wechsel in eine Berufsausbildung als sozialer Abstieg gesehen wird und die Betroffenen sich stigmatisiert fühlen.

Dass sich Politik, Hochschulen und Berufspraxis seit geraumer Zeit in puncto Durchlässigkeit verstärkt engagieren, hat seine Ursache nicht nur im dargestellten *academic drift*, sondern auch im demografischen Wandel, wie das nachfolgende Interview mit dem Hochschulforscher Andrä Wolter (siehe Seite 14) deutlich macht. Der Pool an jungen Menschen wird in Deutschland immer kleiner. So sank beispielsweise die Zahl der Grundschüler von 3,2 Millionen im Jahr 2006 auf rund 2,7 Millionen im Jahr 2012 und es wird prognostiziert, dass bis 2025 mit einem weiteren Rückgang um 15 Prozent zu rechnen ist (Autorengruppe Bildungsberichterstattung 2014: 68). Vor diesem Hintergrund spielt deshalb der Kampf um fähige Köpfe und Fachkräfte eine maßgebliche Rolle. Der Wettbewerb zwischen beruflicher und akademischer Bildung betrifft nicht unbedingt den Ausbildungssektor allgemein, sondern insbesondere das Segment der beruflichen Hochqualifizierung. Die berufliche Bildung will sich nicht darauf reduzieren lassen, Bildungsreserven zu mobilisieren wie die 5,9 Prozent eines Schülerjahrgangs, die 2012 ohne jeglichen Schulabschluss dastanden (ebd.: 91).

Vielmehr geht es um die Sicherung des gehobenen Segments wie zum Beispiel die Aufstiegsfortbildung. Indiz dafür ist das mittlerweile auf Eis gelegte Bemühen der beruflichen Bildung, Absolventen einer beruflichen Aufstiegsfortbildung den Titel „Bachelor Professional" zu verleihen (vgl. Diekmann 2007). Dieses Vorhaben war bislang politisch nicht durchsetzbar und scheiterte nicht zuletzt am massiven Widerstand der Hochschulseite, die hierin eine unzulässige Verunklarung eines akademischen Titels sah. Gleichwohl errang die berufliche Bildung einen Teilerfolg und zwar bei der Einführung des 2013 auf Bundesebene beschlossenen Deutschen Qualifikationsrahmens (DQR), einem Transparenzinstrument, welches alle Bildungsabschlüsse auf Kompetenzniveaus einstuft. Hier sind hoch qualifizierte Berufsabschlüsse wie Meister, Fachwirt oder Fachkaufmann auf demselben Kompetenzniveau eingeordnet wie ein Bachelorabschluss (vgl. Bund-Länder-Koordinierungsstelle 2013: 36). Dennoch blieb diese Gleichstellung gemäß dem Motto „gleichwertig aber nicht gleichartig" bislang ohne praktische Konsequenzen. So werden beispielsweise beim Studieren ohne Abitur Bewerber mit Meisterabschluss ähnlich behandelt wie Personen mit allgemeiner Hochschulreife, nicht aber wie Inhaber eines Hochschulabschlusses.

In jüngster Zeit werden die Stimmen lauter, die nicht mehr nur eine bestmögliche Durchlässigkeit, sondern eine direkte Verbindung und Verzahnung zwischen beruflicher und akademischer Bildung fordern (vgl. Euler/Severing 2015: 24 f.). Angesprochen ist damit der vermehrte Aufbau von Hybrid- oder Doppelqualifikationen. In der Tat gibt es einen Sektor, der sich in den zurückliegenden Jahrzehnten genau in die geforderte Richtung entwickelt hat und zwar das duale Studium.

Sowohl im grundständigen als auch im weiterbildenden Bereich gibt es inzwischen eine Vielzahl von Angeboten, die entweder den parallelen Erwerb eines Ausbildungs- und Studienabschlusses oder zumindest eine enge Kopplung zwischen Hochschulbildung und Berufspraxis ermöglichen. Die Bezeichnungen für das duale Studium variieren dabei. Bisweilen werden auch Begriffe wie „Verbundstudium", „kooperatives Studium" oder „Studium mit vertiefter Praxis" verwendet. Theoretisch werden vier Formen unterschieden, die sich durch eine unterschiedliche Intensität der Theorie-Praxis-Verbindung auszeichnen (vgl. BIBB 2015a: 5):

- **Ausbildungsintegrierende Studiengänge,** bei denen zugleich ein Studien- und ein Ausbildungsabschluss erworben werden. Dabei werden die Studien- und Ausbildungsphasen sowohl zeitlich als auch inhaltlich miteinander verzahnt. Die Ausbildung wird in Teilen auf das Studium angerechnet.
- **Praxisintegrierende Studiengänge,** bei denen das Studium mit längeren Phasen in der Berufspraxis verbunden wird. Voraussetzung hierfür ist, dass Studierende ein Beschäftigungsverhältnis vorweisen können. Zwischen den Lehrveranstaltungen an der Hochschule und der beruflichen Tätigkeit besteht ein enger Bezug, der aber nicht ganz so intensiv ist wie beim ausbildungsintegrierenden Studium. Es gibt eine Anrechnung von Praxisanteilen auf das Studium.
- **Berufsintegrierende Studiengänge,** die mit einer fachlich verwandten Berufstätigkeit verbunden sind. Beruf und Studium nehmen aufeinander Bezug. Der Arbeitgeber ist über das berufsintegrierende Studium informiert und tauscht sich regelmäßig mit dem Studierenden über die Inhalte aus.
- **Berufsbegleitende Studiengänge,** die parallel zu einer Berufstätigkeit durchgeführt werden. Eine fachliche Nähe kann, aber muss nicht bestehen. Insofern gibt es auch keine geregelte Verzahnung zwischen dem Studium und dem Geschehen am Arbeitsplatz.

Ein Blick auf die Zahlen in Abbildung 3 zeigt allerdings, dass auf der Umsetzungsebene unter den vier genannten Typen diejenigen dominieren, bei denen die Kopplung zwischen Hochschule und Berufspraxis relativ locker gehandhabt wird. Der Typ mit der intensivsten Verzahnung, das ausbildungsintegrierende Studium, rangiert lediglich an zweiter Stelle nach dem praxisintegrierenden Studium. Auch über-

Abbildung 3: Anzahl dualer Studienangebote in Deutschland 2015

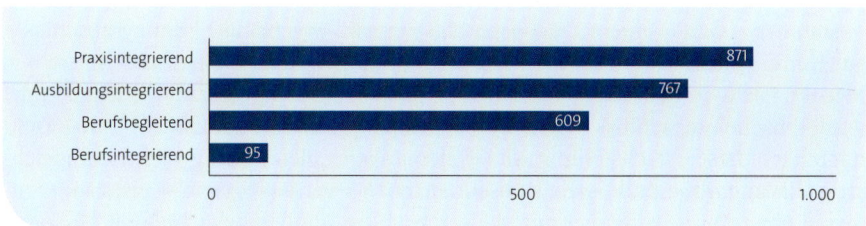

Quelle: CHE auf Basis absoluter Zahlen der Datenbank AusbildungPlus (vgl. BIBB 2015b), Stand Juni 2015

steigt die Zahl der berufsbegleitenden Studiengänge deutlich die der berufsintegrierenden Studiengänge.

Die Empirie belegt zudem, dass selbst bei den ausbildungsintegrierenden Studiengängen die enge Kopplung zwischen den Lernorten zwar oft in den Konzepten steht, aber nur eingeschränkt bis gar nicht Eingang in den Alltag findet (Kupfer et al. 2014: 21). So existieren in diesem Segment zwei rechtlich voneinander unabhängige Curricula. Dabei handelt es sich um
- einen Studienplan der Hochschule mit Studien- und Prüfungsordnung sowie einem Katalog mit Modulen (größeren Unterrichtseinheiten) und
- eine Ausbildungsordnung mit Ausbildungsrahmenplan und einem Rahmenlehrplan für anerkannte Ausbildungsberufe.

Tabelle 1: Vorschlag des Wissenschaftsrates für die Neuordnung dualer Studiengänge

	Individueller Bildungsabschnitt	Studienformat
Erstausbildung	mit Berufsausbildung	ausbildungsintegrierend (Bachelor)
	mit Praxisanteilen	praxisintegrierend (Bachelor) gestalteter Ausbildungsanteil beim Praxispartner
Weiterbildung	mit Berufstätigkeit	berufsintegrierend (Master/Bachelor) mit gestalteten Bezugnahmen
	mit Praxisanteilen	praxisintegrierend (Bachelor)

Quelle: Wissenschaftsrat 2013: 23

Untersuchungen zeigen, „(...) dass ein formeller Bezug der beiden Curricula von Hochschulstudiengang und anerkannter Berufsausbildung zumindest in den betrachteten Fallstudien nicht hergestellt wird" (ebd.). Das Fazit fällt insgesamt ernüchternd aus: „Zusammenfassend lässt sich festhalten, dass in den untersuchten dualen Studiengängen eine ‚echte' Verzahnung der Ausbildungsbereiche von Hochschule und Betrieb an kaum einer Stelle zu beobachten war" (ebd.).

Vor dem Hintergrund solcher Erkenntnisse plädiert der Wissenschaftsrat dafür, den Begriff des dualen Studiums zu schärfen und die Qualität besser zu sichern (vgl. Wissenschaftsrat 2013). Was die Begriffsschärfung anbelangt, so schlägt das Gremium vor allem eine klarere Trennung zwischen „begleitend" und „integrierend" vor. Als „dual" sollen demnach nur noch solche Studiengänge gelten, welche eine nachweisbare Verzahnung mit einer Ausbildung oder einem Beruf herstellen. Berufs- oder ausbildungsbegleitende Studiengänge sollen nicht mehr darunter fallen, wie Tabelle 1 verdeutlicht.

Gegen diesen Reformvorschlag bildet sich jedoch Widerstand aus dem Hochschulbereich. Es wird mitunter als schwierig erachtet, die Integration der Lernorte Hochschule, Berufspraxis und möglicherweise auch noch Berufsschule oder anderer überbetrieblicher Ausbildungsstätten zuverlässig zu garantieren. Auch wird eine

Einschränkung der Flexibilität befürchtet zum Beispiel in Fällen, in denen Studierende zu Beginn ihres dualen Studiums einen Arbeitsvertrag besitzen, diesen aber durch ungünstige Umstände verlieren und dann streng genommen nicht zu Ende studieren dürften. Zudem bieten Hochschulen häufig Studiengänge an, die wahlweise traditionell in Vollzeit oder aber auch dual studiert werden können. Eine Festlegung auf einen Studientyp würde die Handlungsspielräume sowohl für die Hochschule als auch für die Studierenden beschneiden, so die Kritik. Hinzu kommt, dass das duale Studium inzwischen als erfolgreiches Label aufgefasst wird, welches eine stetig wachsende Anziehungskraft auf Studieninteressierte ausübt. Würden nur noch die integrierenden Studienformate darunter gefasst und begleitende Angebote aussortiert, müssten Hochschulen ihre Kommunikations- und Werbestrategien teilweise umstellen. Vor dem Hintergrund dieser kontroversen Diskussion konnte sich der Reformvorschlag des Wissenschaftsrates zur Neuordnung der Typologie im dualen Studium bundesweit noch nicht durchsetzen.

Auch in den gesetzlichen Regelungen ist der Begriff des dualen Studiums nicht eindeutig bestimmt. In den meisten Landeshochschulgesetzen finden sich zwar Aussagen dazu, doch sind sowohl der Regelungsumfang als auch die vorgenommenen Charakterisierungen ausgesprochen heterogen.

Die wohl umfassendste hochschulgesetzliche Rahmung erfährt das duale Studium in Baden-Württemberg, dessen Landeshochschulgesetz diese Studienform in direktem Zusammenhang mit der Dualen Hochschule Baden-Württemberg (DHBW) behandelt (vgl. Baden-Württemberg 2014). In vergleichsweise detaillierter Form wird dort das duale Studium als eine Verbindung des Studiums an einer Studienakademie mit der praxisorientierten Ausbildung in den beteiligten Ausbildungsstätten definiert. Weitergehend charakterisiert wird es durch eine maximale Regelstudienzeit von drei Jahren, welche auch die Praxistätigkeit in den Ausbildungsstätten beinhaltet. Selbst die anvisierten Ziele werden angesprochen: Studierende sollen am Ende ihres Studiums die wissenschaftlichen Erkenntnisse und Methoden selbstständig in der Berufspraxis anwenden können.

Triales Studium

Das triale Studium ist eine Neuerung, die vereinzelt in Deutschland angeboten wird. Dabei handelt es sich um eine Kombination dreier Abschlüsse und zwar Gesellen- und Meisterbrief plus Bachelorgrad. Die Gesamtdauer dieser Qualifizierung ist mit vier bis viereinhalb Jahren veranschlagt. Die Ausbildungszeit wird von den üblichen drei auf zwei Jahre verkürzt. Zielgruppe sind leistungsstarke Personen mit allgemeiner Hochschulreife oder Fachhochschulreife. Triale Studiengänge gibt es beispielsweise in Fachrichtungen wie Handwerksmanagement oder Betriebswirtschaftslehre mit den Schwerpunkten Bank, Steuern und Industrie. Allerdings tun sich auch in diesem Segment Begriffsunklarheiten auf. So gibt es triale Studiengänge in der betrieblichen Bildung, die ähnlich wie im dualen Studium nur zwei Abschlüsse vergeben, sich dafür aber auf drei Lernorte erstrecken. Insbesondere die Handwerkskammern engagieren sich auf dem Gebiet des trialen Studiums. Hintergrund ist ein massiver Rückgang bei den Auszubildenden, dem auf diese Weise entgegengesteuert werden soll. Die Zahl der Lehrlinge im deutschen Handwerk sank von 588.000 im Jahr 1994 auf 371.000 im Jahr 2014 (vgl. Statista 2015).

Keine ausführliche Behandlung, aber zumindest eine Beschreibung des dualen Studiums findet sich in den Landeshochschulgesetzen von Bayern, Hamburg, Hessen und Rheinland-Pfalz sowie dem Universitätsgesetz des Saarlandes. Während in Bayern duale Studiengänge dadurch definiert werden, dass sie die Praxisanteile eines Studiengangs vertiefen oder eine berufliche Ausbildung in Form eines Verbundstudiums integrieren (2006), wird im Hochschulgesetz Hamburgs die Betonung auf die Koordination von Hochschule und Praxispartner gelegt (2001). In den Landeshochschulgesetzen von Rheinland-Pfalz (2010) und Hessen (2009) sowie dem saarländischen Universitätsgesetz (2004) wird das Studienmodell in erster Linie durch den Wechsel von Studien- und Praxisphasen und die Integration einer Ausbildung oder ein an deren Stelle tretendes berufliches Praktikum beschrieben. In den Hochschulgesetzen Bremens (2011) und Brandenburgs (2014) wird lediglich erwähnt, dass ein Ausbildungsvertrag Voraussetzung für die Zulassung zum dualen Studium ist.

Mancherorts ist das duale Studium in gesonderten Gesetzen zu den Berufsakademien verankert. Dies betrifft neben Brandenburg die Bundesländer Hamburg (2005), Hessen (2006), Niedersachsen (1994), Sachsen (1999), Schleswig-Holstein (2008), Thüringen (2006) und das Saarland (1996). Auch in Berlin hat es ein Berufsakademiegesetz gegeben, welches jedoch im Zuge der Eingliederung der Berufsakademie als eigenständiger Fachbereich in die heutige Hochschule für Wirtschaft und Recht (HWR) Berlin durch das Gesetz zur Eingliederung der Berufsakademie Berlin in die Fachhochschule für Wirtschaft (FHW) Berlin (2011) abgelöst wurde. Im Vergleich mit den erwähnten Hochschulgesetzen liefern diese Berufsakademiegesetze einen konkreteren rechtlichen Rahmen. Besonders erwähnenswert sind die Vereinbarungen und Ausbildungsrahmenpläne der Gesetze Hamburgs, Hessens, Niedersachsens, Schleswig-Holsteins sowie des Saarlandes, welche die zeitliche und inhaltliche Abstimmung der Theorie- und Praxisphasen konkretisieren. Weder eine Bezugnahme auf das duale Studium im Hochschulgesetz, noch ein eigenständiges Berufsakademiegesetz findet sich in Mecklenburg-Vorpommern und Nordrhein-Westfalen.

Wohin sich das duale Studium künftig weiterentwickeln wird und ob es dabei eine Annäherung zwischen den Bundesländern geben wird, ist offen. Eine der jüngsten Neuerungen ist das „triale Studium" (siehe Infokasten „Triales Studium"). Wie das nachfolgende Kapitel 1.2 zeigen wird, ist die Nachfrage nach dualen Studiengängen insgesamt stark angewachsen. So bieten beispielsweise die Fachhochschulen inzwischen fast ein Viertel ihrer Bachelorstudiengänge als duales Studium an (vgl. Autorengruppe Bildungsberichterstattung 2014: 123).

Insgesamt monieren Forscher bezogen auf die Durchlässigkeit zwischen beruflicher und akademischer Bildung in Deutschland allerdings zu geringe quantitative Effekte: „Nach wie vor fällt der Anteil der Hochschulen am gesamten Weiterbildungsmarkt in Deutschland mit deutlich weniger als zehn Prozent aller Teilnahmefälle sehr bescheiden aus. Der Anteil nichttraditioneller Studierender hat sich zwar in den letzten Jahren, unter anderem dank der ‚Meisterregelung' (Anerkennung beruflicher Fortbildungsabschlüsse als allgemeine Hochschulreife), auf etwa zwei bis drei Prozent aller Studienanfänger(innen) vergrößert, liegt aber immer noch unter dem der Absolvent(inn)en der herkömmlichen Einrichtungen des Zweiten Bildungsweges. (…) Die Zahl der berufsbegleitenden Studiengänge wächst an, ist aber insgesamt noch eher schmal" (Wolter/Banscherus 2013: 10). Die verbesserte Verknüpfung von Beruf und Studium steht zwar ganz oben auf der nationalen und europäischen Agenda, ist aber faktisch gesehen immer noch eher ein Desiderat, bei dessen Verwirklichung weiterhin viele Barrieren zu überwinden und Baustellen zu bearbeiten sind.

Die Perspektive der Hochschulforschung

Hybride Bildungsformen werden wichtiger

Die Konkurrenz zwischen beruflicher und akademischer Bildung hat zwar zugenommen, zugleich werden aber auch die Übergänge fließender. Die Bedeutung von Mischformen wie beispielsweise das duale Studium wächst. Andrä Wolter, einer der führenden Forscher im Bereich der Durchlässigkeit in Deutschland, analysiert die Entwicklungstrends und deren Hintergründe.

Andrä Wolter

Warum erlebt das Thema Durchlässigkeit zwischen beruflicher und akademischer Bildung gerade einen regelrechten Boom in Deutschland?
Ein Grund ist die demografische Entwicklung. Es ist absehbar, dass in den nächsten Jahren die Studienanfängerzahlen und die Studierendenzahlen sinken werden, selbst dann, wenn die Bildungsbeteiligung weiter ansteigt. Die Entwicklung wird nicht überall gleich verlaufen. Hochschulen in demografisch und ökonomisch schrumpfenden Regionen müssen sich Gedanken machen, wo sie neue Zielgruppen erschließen. Der zweite Grund ist, dass viele Bereiche der Wirtschaft sich Sorgen machen, nicht mehr genügend Fachkräfte mit akademischer Bildung zu bekommen. Und der dritte Grund ist, dass insbesondere aus Kreisen der Wirtschaft und von gewerkschaftlicher Seite für die Gleichrangigkeit der beruflichen Bildung gekämpft wird.

Das Verhältnis von Hochschul- und Berufsbildung ist traditionell von Konkurrenz geprägt, manche sprechen von einer starken Versäulung des Bildungssystems ...
Es gab in der Vergangenheit immer einen extrem kleinen Sektor, in dem sich die beruflichen Kompetenzen von Hochschul- und Berufsausbildungsabsolventen überschnitten haben. Die Konkurrenz um die knappe „Ressource Nachwuchs" besteht nicht traditionell, sondern ist erst in den vergangenen Jahren durch die Veränderung der Nachfrageströme im Bildungsbereich entstanden. Der Wettbewerb wird vor dem Hintergrund der kleiner werdenden Altersjahrgänge zunehmen.

Immer mehr junge Menschen ziehen ein Studium der Berufsausbildung vor. Wie ist dieser Trend zu bewerten?
Der Hybridsektor, also die Verknüpfung zwischen Theorie und Praxis, wird wichtiger. Auf Hochschulebene sind hier das berufsbegleitende Studium oder das duale Studium wichtige Komponenten. Auf der Ausbildungsebene ist die Frage interessant, wie es um die Zukunft der Fach- und Berufsfachschulen bestellt ist. Der Trend geht dahin, dass immer mehr Erstausbildungsgänge, die in Berufsfachschulen organisiert sind, und Fortbildungsangebote in die Hochschulen hineinwandern werden. Vor allem in die Fachhochschulen – das sieht man zum Beispiel bei den Erzieherinnen. Man kann diese Akademisierung in den Gesundheitsberufen auch schon beobachten. Möglicherweise wird diese bald auch bei Technikern, Fachwirten und Sozialwirten zunehmen.

Gerade das duale Studium hat in den zurückliegenden 15 Jahren ein starkes Wachstum erlebt. Sehen Sie hier Grenzen?
Es ist ein produktives Modell, das eine Reihe von Vorteilen bietet. Es bietet zum Beispiel eine Lösung des uralten Hochschulproblems mangelnder Praxisnähe. Doch dem Wachstum der dualen Studiengänge sind Grenzen gesetzt. Nicht alle Studiengänge sind dafür geeignet, sondern primär jene, wo berufliche Tätigkeit und Studium stark parallelisiert werden können, also bei den kaufmännischen Berufen, den Gesundheitsberufen, im Ingenieurbereich.

„Wenn man sich moderne Berufsbilder in technischen oder auch in kaufmännischen Berufen anschaut, dann ist es manchmal schwierig zu sagen, ob das noch berufliche Bildung ist oder schon Hochschulbildung."

Abgesehen davon, dass nicht alle Fachgebiete gut geeignet sind: Fallen Ihnen handfeste negative Aspekte des dualen Studiums ein?
Es gibt duale Studiengänge, die gar nicht mehr an Hochschulen stattfinden, sondern die Hochschulen machen nur noch die Abschlüsse, das Studium selbst wird ausgelagert. Das ist dann eine Art Franchise-Modell. An einigen Fachhochschulen läuft es so, dass einfach das alte Modell des Fachhochschulstudiums mit zwei Praxissemestern angereichert und dann „dual" genannt wird. Deshalb bin ich dafür, den Begriff des dualen Studiums möglichst eng zu definieren – das empfiehlt auch der Wissenschaftsrat: Dual darf sich ein Studiengang nur dann nennen, wenn eine systematische Verknüpfung von Studium und betrieblicher Praxis stattfindet. Systematisch heißt, es muss eine Kooperationsvereinbarung geben und das duale Prinzip muss in den Studiengangsordnungen oder Lehrplänen verankert sein. Zudem muss das Studium wissenschaftlichen Ansprüchen genügen.

Wie steht Deutschland bei der Durchlässigkeit zwischen beruflicher und akademischer Bildung im internationalen Vergleich da?
Einige Experten meinen, Deutschland sei rückständig. Doch ich teile diese Meinung nicht ganz. Man muss vorsichtig sein mit internationalen Vergleichen, denn berufliche Bildung ist völlig unterschiedlich organisiert in den Ländern. Ein Großteil der Ausbildungsgänge, die wir zum Beispiel in Fachschulen und Berufsfachschulen haben, ist woanders in die Hochschulen verlagert, weil es dort keine Berufsausbildung nach deutschem Modell gibt. Und man muss natürlich auch sehen: Die Studienberechtigtenquoten in anderen Ländern sind zum Teil deutlich höher als in Deutschland. Insgesamt wird man wahrscheinlich sagen können, dass Deutschland bei der Durchlässigkeit zwar nicht gerade einen Spitzenwert erreicht, aber es auch eine Reihe von Ländern gibt, die das Thema überhaupt nicht auf der Tagesordnung haben.

Der ehemalige Kulturstaatsminister und Philosophieprofessor Julian Nida-Rümelin spricht von einer „Überakademisierung" in Deutschland: Viel mehr junge Leute müssten in die Berufsbildung. Stimmen Sie ihm zu?
Der Vorwurf der Überakademisierung bezieht sich ja eigentlich auf Arbeitsmarktstrukturen. Doch auf dem Arbeitsmarkt sieht es nicht nach einer Überakademisierung aus. Ich führe selber Absolventenstudien in Sachsen durch: zuletzt die Erstbefragung von 10.000 sächsischen Hochschulabsolventen des Jahres 2013 und eine Wiederholungsbefragung von 2.500 Hochschulabsolventen der Jahrgänge 2006 und 2007, sechs Jahre nach Hochschulabschluss. Unsere Ergebnisse sind nahezu deckungsgleich mit denen anderer Studien: Es gibt kaum Arbeitslose und ein niedriges Maß an sogenannter inadäquater Beschäftigung. Deshalb würde ich auch nicht von Überakademisierung sprechen. Es existieren allerdings starke fachspezifische Unterschiede in den Beschäftigungschancen, deshalb gibt es auch Absolventengruppen mit eher prekären Beschäftigungsperspektiven.

Mit welchen Entwicklungen ist in den nächsten zehn Jahren zu rechnen, was die Durchlässigkeit zwischen beruflicher und akademischer Bildung betrifft?
Das Thema Durchlässigkeit wird seine Relevanz behalten. Unter anderem deshalb, weil es ja auch erkennbare Upgrading-Prozesse in der beruflichen Bildung gibt – in einigen Berufssparten beobachten wir erkennbare Qualifikationszuwachsprozesse. Wenn man sich mal moderne Berufsbilder in technischen oder auch in kaufmännischen Berufen anschaut, dann ist es manchmal schwierig zu sagen, ob das noch berufliche Bildung ist oder schon Hochschulbildung. Die Übergänge werden zunehmend fließend.

Andrä Wolter, Professor für Erziehungswissenschaftliche Forschung zum tertiären Bildungsbereich, leitet die Abteilung Hochschulforschung im Fachbereich Erziehungswissenschaften an der Humboldt-Universität zu Berlin. Zu seinen Arbeitsschwerpunkten zählen die Studierenden- und Absolventenforschung, nicht traditionelle Studierende und das lebenslange Lernen. Darüber hinaus wirkt er federführend an der Erstellung des Bundesbildungsberichts sowie an der Begleitforschung des Bund-Länder-Programms „Offene Hochschule" mit.

1.2 Entwicklung des dualen Studiums

In der Gesamtsicht ist das duale Studium immer noch ein relativ kleines Segment im Portfolio deutscher Hochschulen: Im Studienjahr 2012 schrieben sich rund vier Prozent der Studienanfänger für ein duales Studium ein (vgl. Autorengruppe Bildungsberichterstattung 2014: 123). Dennoch hat dieses hybride Modell mit seiner – wie auch immer gearteten – Verbindung von beruflicher und akademischer Bildung in den zurückliegenden Jahrzehnten ein kontinuierliches Wachstum erlebt.

Mit der zunehmenden Bedeutung dualer Studiengänge wurde die Erfassung darauf bezogener quantitativer Daten zu einer immer dringlicheren Aufgabe. Die Datenlage ist allerdings nach wie vor unübersichtlich und zudem in den verfügbaren Quellen von unterschiedlichen Erhebungsmethoden geprägt, sodass sich Angaben oft nur schwer vergleichen lassen (vgl. Krone 2015b: 19). Deshalb sollen zunächst ein paar Hintergrundinformationen gegeben werden, um auch die in diesem Kapitel verwendeten Ressourcen etwas besser einordnen zu können.

Eine Vorreiterrolle bei der Aufbereitung von Informationen rund um das duale Studium nimmt das beim Bundesinstitut für Berufsbildung (BIBB) angesiedelte Projekt „AusbildungPlus" ein. In einer Datenbank werden umfassende Informationen zum dualen Studium in Deutschland bereitgestellt (vgl. BIBB 2015b). Dabei muss jedoch berücksichtigt werden, dass die Daten überwiegend auf freiwilligen Angaben der Anbieter dualer Studiengänge beruhen und deshalb die tatsächliche Anzahl dualer Studiengänge und dual Studierender höher sein könnte. Detaillierte Daten zum dualen Studium sind darüber hinaus im nationalen Bildungsbericht der Autorengruppe Bildungsberichterstattung (vgl. Autorengruppe Bildungsberichterstattung 2014: 122 f.), dem Hochschulkompass der Hochschulrektorenkonferenz (HRK 2015) und der Datenbank des Akkreditierungsrates (Akkreditierungsrat 2015) enthalten. Zudem wurde bei der 2013 veröffentlichten 20. Sozialerhebung des Deutschen Studentenwerkes erstmals auch das duale Studium berücksichtigt (Middendorff et al. 2013: 16).

Die Datenquellen unterscheiden sich unter anderem durch die jeweilige Kategorisierung der dualen Studiengänge. So differenziert die Datenbank AusbildungPlus zwischen dualen Studiengängen der Erstausbildung, das heißt ausbildungs- und praxisintegrierenden Modellen, und Studiengängen der beruflichen Weiterbildung, das heißt berufsintegrierenden und -begleitenden Angeboten. Zur letztgenannten Kategorie zählen bei AusbildungPlus sowohl Bachelor- als auch Masterstudiengänge. Im nationalen Bildungsbericht der Autorengruppe Bildungsberichterstattung dagegen findet sich diesbezüglich eine andere Systematik.

Generell stellt die quantitative Erfassung der dualen Masterangebote noch ein Problemfeld dar, da sich hier Definitionsfragen besonders deutlich auswirken (vgl. auch Kapitel 1.1). Hier stellt sich in besonderem Maße die Frage nach der Abgrenzung von „dualen" gegenüber „traditionellen" Studienangeboten: Wo genau muss die Linie zwischen berufsintegrierenden und berufsbegleitenden Masterstudiengängen gezogen werden? Ist es eine praktikable Lösung, berufsbegleitende oder auch weiterbildende Masterangebote nicht mehr unter dem Label „dual" firmieren zu lassen, sondern nur noch berufs- und praxisintegrierende, wie es der Wissenschaftsrat vorschlägt? Diese Unklarheiten haben einen entscheidenden Einfluss auf die Möglichkeiten der Quantifizierung dualer Masterangebote.

Doch trotz der Verbesserungsbedürftigkeit der Datenlage lassen sich die Entwicklung des dualen Studiums und weiterführende Trends aussagekräftig beschreiben. So wurden bereits Mitte der 1970er-Jahre an den in Baden-Württemberg neu gegründeten Berufsakademien und vereinzelt an Fachhochschulen Programme etabliert, die eine über den Praxisbezug von Fachhochschulstudiengängen hinausgehende Verbindung von Studium und Berufspraxis anvisierten (vgl. Minks et al. 2011: 10, Wissenschaftsrat 1996: 8 f.). Eine erste größere Wachstumsphase dieser Angebote lässt sich in den 1990er-Jahren beobachten, wenngleich der Wissenschaftsrat 1996 erst knapp über 40 duale Studiengänge an den in diesem Zusammenhang besonders relevanten Fachhochschulen ausmachte (Wissenschaftsrat 1996: 8 f., vgl. Graf 2013: 98 f., Holtkamp 1996: 3 f.). Bis zum Jahr 2000 hat sich diese Zahl jedoch mehr als verdoppelt und beträgt nun um die 100 (Mucke/Schwiedrzik 2000: 5).

Nach der Jahrtausendwende setzten dann ein sich beschleunigendes Wachstum und eine Ausdifferenzierung der Angebote im dualen Studium ein. Selbst wenn man die Betrachtung auf den Kernbereich der ausbildungs- und praxisintegrierenden dualen Studiengänge beschränkt, ist die Dynamik des Wachstums mehr als deutlich, wie Tabelle 2 zeigt. So hat sich deren im Oktober 2014 in der Datenbank AusbildungPlus verzeichnete Anzahl gegenüber dem Jahr 2004 nahezu verdreifacht.

Ähnlich prägnant fällt die Entwicklung bei den dual Studierenden aus, deren Anzahl das Bundesinstitut für Berufsbildung (BIBB) auf knapp 95.000 im Jahr 2014 beziffert. Dabei ergeben sich erhebliche Unterschiede zwischen den Hochschultypen. Während an den Universitäten den Daten der Sozialerhebung des Deutschen Studentenwerks zufolge die Marke von einem Prozent dual Studierender nicht überschritten wurde, lag der Anteil an den Fachhochschulen bei bemerkenswerten zehn Prozent (vgl. Middendorff et al. 2013: 122 f.).

Insgesamt hat sich das duale Studium in den vergangenen Jahren nicht nur zu einem eigenständigen Segment, sondern auch zu einem der wachstumsstärksten Bereiche des deutschen Hochschulsystems entwickelt. Was die Anbieterstruktur angeht, so wurden entsprechende Studiengänge bis 2008 vorwiegend von Berufsakademien betrieben (vgl. Autorengruppe Bildungsberichterstattung 2014: 123). Nach dem Zusammenschluss mehrerer Berufsakademien zur Dualen Hochschule Baden-Württemberg (DHBW) im Jahr 2009 gewann dieses Studienmodell allerdings schnell an Popularität. Die Bedeutung der Fachhochschulen bei dieser Entwicklung unterstreicht auch Abbildung 4. Unter den im Oktober 2014 in der Datenbank AusbildungPlus verzeichneten ausbildungs- und praxisintegrierenden dualen Studiengängen waren auch die DHBW und die Berufsakademien nach wie

Tabelle 2: Quantitatives Wachstum der Zahl dualer Studiengänge und dual Studierender 2004–2014

Jahr	2004	2005	2006	2007	2008	2009	2010	2011*	2012*	2013*	2014*
Anzahl dualer Studiengänge	512	545	608	666	687	712	776	879	910	1.014	1.505
Angebote von Unternehmen	18.168	18.911	22.003	24.246	24.572	26.121	27.900	40.555	45.630	39.622	41.466
Studierende	40.982	42.467	43.536	43.220	43.991	48.796	50.764	59.628	64.093	64.358	94.723

* Werte beziehen sich ausschließlich auf Studiengänge für die Erstausbildung
Quelle: BIBB 2015a: 12; der starke Anstieg der Anzahl dualer Studiengänge und dual Studierender zwischen den Jahren 2013 und 2014 ist teilweise auch auf Änderungen bei der Datenerhebung zurückzuführen (vgl. BIBB 2015a: 5).

vor stark vertreten. Ausgeprägt ist zudem die Präsenz privater Anbieter, welche immerhin 18 Prozent der dualen Fachhochschulstudiengänge und sogar 45 Prozent der dualen Studiengänge an Berufsakademien auf sich vereinigen.

Charakteristisch für das Gesamtbild sind nach wie vor auch regionale Unterschiede (vgl. Autorengruppe Bildungsberichterstattung 2015). Was die Anzahl der Anfänger von dualen Studiengängen anbelangt, nimmt Baden-Württemberg mit über 9.000 Anfängern im Jahr 2012 eine einsame Spitzenposition ein, was sich vor allem durch die Existenz der DHBW mit neun Standorten im Bundesland erklärt. Zahlen im vierstelligen Bereich weisen ansonsten nur noch Bayern, Berlin und Nordrhein-Westfalen auf. Doch auch in Ländern, in denen die Studienanfängerzahlen noch vergleichsweise niedrig sind, zeichnet sich ein Wachstumstrend ab, wie etwa in Hessen, Rheinland-Pfalz, dem Saarland und Thüringen.

Trotz der regionalen Unterschiede verhält sich das Wachstum des dualen Studiums im Zeitverlauf weitestgehend konstant. Dennoch zeichnen sich in den vergangenen Jahren zwei auffällige neue Entwicklungen ab. Diese betreffen zunächst die bereits mehrfach angesprochene Ausdifferenzierung der Modelle des dualen Studiums. So zeigt sich eine tendenziell abnehmende Bedeutung der ausbildungsintegrierenden dualen Studiengänge und damit der Berufsausbildung als integralem Bestandteil dieser Studienform (vgl. Kapitel 1.1). Betrug laut Datenbank AusbildungPlus deren Anteil im Jahr 2011 noch 51 Prozent, ist er 2014 auf 39 Prozent gesunken. Verantwortlich hierfür ist die Zunahme von praxisintegrierenden dualen Studiengängen von 45 auf 49 Prozent, vor allem aber das deutliche Anwachsen der in Mischform durchgeführten Studienangebote von 4 auf 12 Prozent. Bei Letzteren handelt es sich insbesondere um duale Studiengänge, die wahlweise in der ausbildungsintegrierenden oder der praxisintegrierenden Variante studiert werden können.

Die zunehmende Heterogenität hängt unter anderem mit den spezifischen Entstehungsbedingungen dualer Studiengänge zusammen. Im Unterschied zu tradi-

Abbildung 4: Verteilung dualer Studiengänge auf Hochschultypen und Trägerschaft 2014

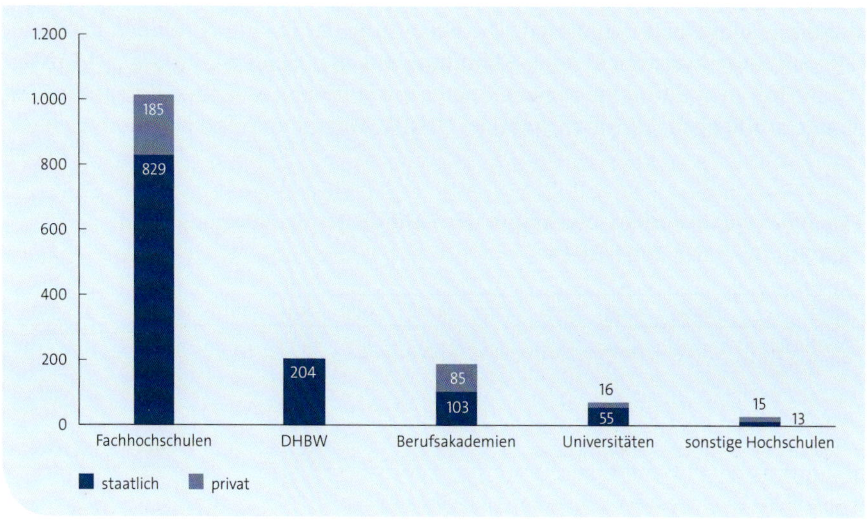

Hochschultyp	staatlich	privat
Fachhochschulen	829	185
DHBW	204	
Berufsakademien	103	85
Universitäten	55	16
sonstige Hochschulen	13	15

Quelle: BIBB 2015a: 8

Abbildung 5: Anteile ausgewählter Fächergruppen an der Gesamtheit der Studienanfänger im dualen Studium 2005–2012
in Prozent

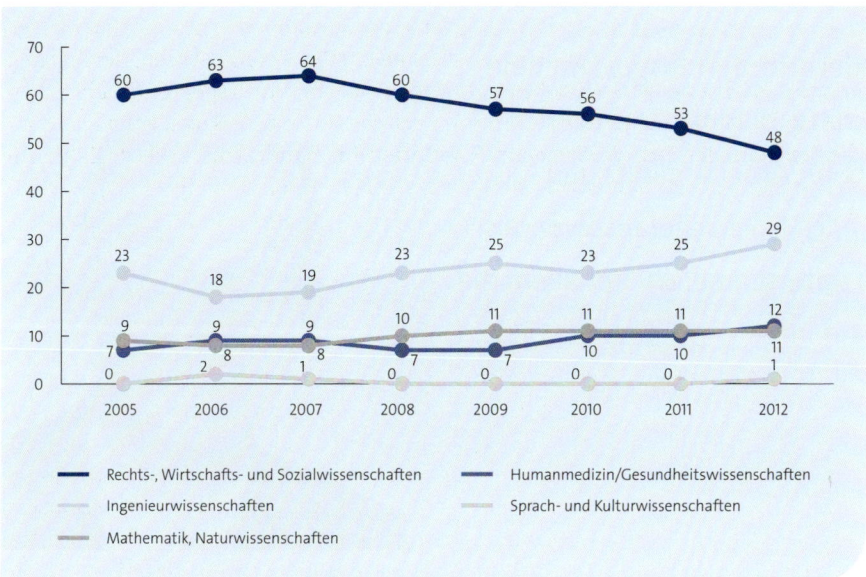

Quelle: CHE basierend auf Autorengruppe Bildungsberichterstattung 2015

tionellen Studienformen ist hierfür ein hinreichendes gemeinsames Interesse von Partnerorganisationen, Studierenden und Hochschulen ausschlaggebend. Dabei haben alle Stakeholder besondere Erwartungen an die dualen Angebote, zwischen denen bei der Ausgestaltung vermittelt werden muss. Hinzu kommen die jeweils regional spezifischen Rahmenbedingungen, angefangen bei den rechtlichen Regelungen bis hin zu den Eigenheiten der Wirtschaftsstruktur und individuellen Schwerpunktsetzungen der Hochschulen. Alles in allem stellen duale Studiengänge somit Ergebnisse der Vermittlung zwischen einer Vielzahl von Faktoren dar, die aufgrund der standortspezifischen Unterschiede ganz unterschiedlich ausfallen und so heterogene Modelle hervorbringen.

Hinzu kommt, dass durch das duale Studium immer wieder neue Fachgebiete und Berufsfelder erschlossen werden (vgl. BIBB 2015a: 8 f.). Zwar dominieren nach wie vor die Ingenieur- und Wirtschaftswissenschaften und auch die Informatik macht einen großen Anteil aus, doch in jüngerer Zeit hat sich ein differenzierteres Bild entwickelt, wie aus Abbildung 5 hervorgeht. In verschiedenen Bereichen wurde das Potenzial des dualen Studiums als innovativer Ausbildungsform erkannt, oftmals zusammenhängend mit Akademisierungstendenzen in den entsprechenden Berufsfeldern, wie sie sich etwa bei den Gesundheits- und Pflegeberufen beobachten lassen. Dementsprechend ist gerade auch im Bereich „Humanmedizin und Gesundheitswissenschaften" ein deutlicher Zuwachs zu verzeichnen.

Sowohl die verstärkten Bemühungen um mehr Durchlässigkeit zwischen beruflicher und akademischer Bildung als auch die sich verändernden Herausforderungen der Arbeitswelt, wie sie im nachfolgenden Interview mit dem Arbeitsmarktforscher Ulrich Walwei sichtbar werden, dürften die Nachfrage nach dualen Studiengängen in naher Zukunft vermutlich weiter fördern.

Die Perspektive der Arbeitsmarktforschung

Das Angebot an Akademikern wächst

Der wirtschaftliche Strukturwandel erfordert insgesamt eine Höherqualifizierung der Arbeitskräfte, diagnostiziert Ulrich Walwei, Vizedirektor des Instituts für Arbeitsmarkt- und Berufsforschung. Die Nachfrage nach Hochschulabsolventen ist allerdings branchenspezifisch unterschiedlich. Vor allem die exportorientierte Wirtschaft ist auf intelligente Dienste und Produkte angewiesen.

Ulrich Walwei

Die Entwicklung des Arbeitsmarkts wird gegenwärtig diskutiert. In welchen Bereichen rechnen Sie langfristig einerseits mit einem Fachkräftemangel und andererseits mit einem Überschuss an Arbeitskräften?
Etliches spricht dafür, dass es auch künftig einen Überschuss an Geringqualifizierten geben wird, die es schwer haben, auf dem Arbeitsmarkt Fuß zu fassen. Gleichzeitig wächst das Angebot an Akademikern. Wir gehen aber davon aus, dass Letzteres gut vom Markt aufgenommen wird. Was den Fachkräftemangel anbelangt, so erwarten wir diesen hauptsächlich bei Absolventen schulischer und betrieblicher Ausbildungen und zwar vor allem bei gewerblichen, technischen, sozialen und Gesundheitsberufen. Aufgrund des demografischen Wandels und des sich verändernden Bildungsverhaltens ist dort auf jeden Fall verstärkter Druck zu erwarten.

Trifft das wachsende Angebot an akademisch gebildeten Arbeitskräften wirklich überall auf eine ausreichende Nachfrage?
Gewisse Unterschiede zwischen den Berufsbereichen gibt es schon. In einigen Ingenieurberufen beispielsweise verläuft der Einstieg sehr gut. In geistes- und sozialwissenschaftlichen Berufen gestaltet sich die Arbeitssuche teilweise etwas langwieriger. Dennoch liegen die Erwerbstätigenquoten bei Akademikern insgesamt bei Weitem oberhalb dessen, was wir für andere Qualifikationsgruppen sehen. Umgekehrt gilt dasselbe auch für die Arbeitslosenquoten. Diese sind bei den Akademikern mit durchschnittlich 2,5 Prozent mit am niedrigsten. Nur bei Absolventen einer Fachschule, bei Technikern und Meistern ist die Erwerbslosigkeit vergleichbar gering. Ganz allgemein lohnt sich also eine akademische Ausbildung und eröffnet gute Beschäftigungsperspektiven.

Welche weiteren Faktoren – neben dem demografischen Wandel und dem Bildungsverhalten – bestimmen die Entwicklung auf dem Arbeitsmarkt?
Wichtig ist vor allem die betriebliche Nachfrage, die auf die Qualifikationsstruktur und damit auf den Bedarf nach Akademikern Einfluss nimmt. Im Zusammenhang mit dem Strukturwandel der Wirtschaft zeichnet sich gerade ein Höherqualifikationstrend ab. Speziell die exportorientierte Wirtschaft ist auf intelligente Dienste und Produkte angewiesen, besonders im Bereich Digitalisierung. Ein Übriges tut die Globalisierung, die deutsche Unternehmen zum Erfolg auf den Weltmärkten „verdammt". Auch dafür braucht die Wirtschaft Höherqualifizierte. Und da das Angebot an gut Qualifizierten steigt, werden die Betriebe darauf reagieren. Ob das dann langfristig auch mit den gleichen Bildungsrenditen einhergeht, wie es heute der Fall ist, muss man natürlich abwarten.

Lässt sich auch ein genereller Anstieg der Kompetenzanforderungen an Arbeitnehmer beobachten?
Im Vordergrund stehen die fachlichen Kompetenzen, die natürlich immer gegeben sein müssen und sich auch stetig weiterentwickeln. Sehr deutlich ist aber, dass auch die sozialen Kompetenzen eine immer größere Rolle spielen. In unserer

> „Speziell die exportorientierte Wirtschaft ist auf intelligente Dienste und Produkte angewiesen, besonders im Bereich Digitalisierung."

vernetzten Gesellschaft wird unter anderem die Fähigkeit zu kommunizieren immer wichtiger. Wir gehen auch davon aus, dass durch die Digitalisierung die Selbstständigkeit, Autonomie und Initiativkraft im Arbeitsleben immer stärkeres Gewicht haben werden. Teamfähigkeit wird heute als selbstverständlich vorausgesetzt. Nicht zu vergessen sind Sprachkenntnisse und Auslandserfahrungen, die angesichts wachsender Internationalität Vorteile auf dem Arbeitsmarkt bieten.

Welche Herausforderungen ergeben sich in diesem Kontext für den Wirtschaftsstandort Deutschland?
Das Wichtigste ist sicherlich, möglichst flächendeckend für gute Bildung zu sorgen, schon im frühkindlichen Alter, um einen guten Erwerbsverlauf zu fördern. Das bedeutet, Menschen dort abzuholen, wo sie sind, ihre ganz unterschiedlichen Talente, ob im praktischen, im theoretischen oder auch im hoch akademischen Bereich, zu erkennen und entsprechend zu fördern. Im Sinne des lebenslangen Lernens ist hier natürlich Weiterbildung ein wichtiges Stichwort.

Sehen Sie auch die Arbeitnehmer in eigener Sache in der Pflicht?
Insgesamt sollte sich jeder einzelne Beschäftigte angesprochen fühlen, sozusagen Unternehmer seiner eigenen Arbeitskraft zu werden und selbst in die eigene Bildung zu investieren.

Mit Blick auf den Hochschulbereich: Hat sich das Verhältnis von Studium und Beruf in den vergangenen Jahren verändert?
Zu beobachten ist, dass immer mehr junge Leute neben der theoretischen Ausbildung Praktika anstreben, um sich frühzeitig in bestimmten Berufsfeldern zu orientieren und dort Akzente zu setzen. Zugleich wollen sie einem möglichen künftigen Arbeitgeber signalisieren, in welche Richtung ihre Interessen gehen und welche Kompetenzen sie sich angeeignet haben. Das, was im dualen Berufsausbildungssystem immer schon als positiv betrachtet wurde, wird also offenbar auch für Studierende immer wichtiger.

Das heißt: Die jungen Leute gehen ihre berufliche Zukunft heute pragmatischer an?
Ich denke, dass viele junge Menschen Unternehmenserfahrungen so sehen: Wo lohnt es sich für mich oder was kann ein Unternehmen mir für meine Karriere anbieten, wo und wie kann ich mich dort weiterentwickeln? Und: Heutzutage wird der erste Arbeitgeber durchaus nicht als der letzte betrachtet. Deshalb ist es auch für jeden Betrieb eine Notwendigkeit, herauszustreichen, warum es sich lohnt, dort zu arbeiten.

Oft wird in diesem Zusammenhang die Durchlässigkeit zwischen beruflicher und akademischer Bildung diskutiert. Wie ist diese Debatte vor dem Hintergrund der Arbeitsmarktentwicklung zu sehen?
Das Thema Durchlässigkeit ist aus meiner Sicht extrem wichtig für das gesamte Bildungs- und Ausbildungssystem. Wir sprachen eben schon von den Geringqualifizierten. Gerade hier sind etwa modulare Angebote wichtig, die Menschen partiell und dann vielleicht auch mittelfristig komplett zu einem zertifizierten Abschluss führen. Das ist der eine Aspekt. Der zweite betrifft den Übergang vom beruflichen ins akademische System. Wenn man ihn erleichtert, kann man auch den Fachkräftemangel viel besser angehen. Und deshalb halte ich alles, was in Richtung duale Studiengänge geht, für sehr nützlich, ebenso einen offeneren Zugang zu den Hochschulen. Man kann so zwei Fliegen mit einer Klappe schlagen: nämlich einerseits mögliche Engpässe im Bereich der Fachkräfte besser angehen, andererseits aber auch wertvolle praktische Erfahrungen in die akademischen Berufe hineintragen. Das ist ganz sicher ein Gewinn für ein Land, das im Export sehr stark ist, von der Globalisierung profitiert und in dem immer auch die Lösungsorientierung sowie die Umsetzung eine große Rolle spielen.

Ulrich Walwei ist seit 1988 am Institut für Arbeitsmarkt- und Berufsforschung (IAB) tätig, der Forschungseinrichtung der Bundesagentur für Arbeit in Nürnberg. Neben seiner Funktion als Vizedirektor des IAB widmet er sich unter anderem der Erforschung langfristiger Arbeitsmarkttrends auch im Zusammenhang mit Veränderungen des deutschen Bildungssystems. Der promovierte Volkswirt ist darüber hinaus Lehrbeauftragter an der Universität Regensburg.

1.3 Theorie-Praxis-Verzahnung als zentrale Herausforderung

Schon der aus den 1970er-Jahren stammenden Gründungsidee nach zeichnen sich duale Studiengänge dadurch aus, dass sie mindestens zwei Lernorte miteinander verbinden, von denen einer, die Hochschule, eher dem Bereich „Theorie" und der andere, die Ausbildungs- beziehungsweise Arbeitsstätte, eher dem Bereich „Praxis" zuzuordnen ist. Dieser Anspruch ist das zentrale Charakteristikum dieser Studienform, das für alle Beteiligten einen herausragenden Stellenwert besitzt.

Nahezu ebenso alt wie dieses Konzept ist aber auch die Feststellung, dass sich die Verzahnung von Theorie und Praxis operativ nicht so einfach herstellen lässt. Bereits in den ersten Untersuchungen dualer Studiengänge wurden derartige Probleme klar herausgestellt (vgl. Holtkamp 1996: 5 f., Wissenschaftsrat 1996: 29 f.). Grundlegend konnte dort festgestellt werden, dass sowohl der Einfluss der Partnerorganisationen auf die Theoriephasen in der Hochschule als auch der Einfluss der Hochschulen auf die Praxisphasen in den Unternehmen nur gering ausgeprägt ist. Austauschbeziehungen bestanden zumeist auf der übergeordneten institutionellen Ebene und behandelten vorrangig zeitliche und andere formale Aspekte.

Schaut man auf die Ergebnisse aktueller Untersuchungen, scheint sich an diesem Sachverhalt grundlegend wenig geändert zu haben (vgl. Hähn 2015: 42 f., Kupfer et al. 2014: 19 f., Mucke/Schwiedrzik 2000: 5). Austauschprozesse zwischen Hochschulen und Partnerorganisationen finden vor allem in informeller Form statt und sind häufig auf organisatorische Aspekte begrenzt. Als entscheidende integrierende Instanz dualer Studiengänge, von der auch Verknüpfungen auf der inhaltlichen Ebene hergestellt werden, verbleiben damit vor allem die Studierenden selbst. Eines der kennzeichnenden Merkmale dualer Studiengänge ist somit gleichzeitig auch deren größte Herausforderung. Diese hat sich im Zuge der zunehmenden Ausdifferenzierung dualer Studienangebote noch einmal verschärft, wie die Diskussionen über die Begrifflichkeit „dual" erkennen lassen (vgl. Kapitel 1.1).

Die Verzahnung von Theorie und Praxis ist auch eine zentrale Herausforderung bei der Qualitätsentwicklung (vgl. Wissenschaftsrat 2013). Um die Bedeutung der Theorie-Praxis-Verzahnung detailliert erfassen zu können, ist es sinnvoll, verschiedene Ausprägungen zu unterscheiden. So kann Verzahnung auf der institutionellen, der inhaltlich-curricularen wie auch der organisatorischen Ebene hergestellt werden.

Die Bedeutung der Verzahnung auf der organisatorischen Ebene ergibt sich daraus, dass die dual Studierenden aufgrund der Parallelität von Studium und Praxistätigkeit bereits großen – vor allem zeitlichen – Belastungen ausgesetzt sind (vgl. Gensch 2014: 70 f., Hähn 2015: 42 f.). Kommen hier noch zusätzliche Schwierigkeiten hinzu, zum Beispiel aufgrund von Überschneidungen von Veranstaltungen in den Semesterferien und Praxisphasen, oder treten vermehrt Probleme mit der Erreichbarkeit wichtiger Anlaufstellen wie den Prüfungsbüros auf, ist die Studierbarkeit deutlich eingeschränkt. Ein reibungsloser Studienverlauf lässt sich ohne Abstimmung mit Blick auf organisatorische Aspekte kaum herstellen.

Weniger einfach in ihren direkten Wirkungen zu erfassen sind die Verzahnungsprozesse auf der inhaltlichen Ebene. Im Kern geht es hier um eine intensive Bezugnahme der Lehrveranstaltungen an der Hochschule auf die Praxis wie auch um eine systematische Einbindung theoretischer Elemente in den Praxisphasen. Eine derartige Verbindung von Theorie und Praxis gehört zu den profilbildenden Aspekten dualer Studiengänge, weil sie über eine reine Parallelität hinausgeht. Der kontinuierliche Wechsel der Lernorte ermöglicht es, dass Theorie und Praxis zueinander in Beziehung gesetzt werden können. Praktische Erfahrungen können theoretisch reflektiert und in neue Formen der Praxis überführt werden, wie auch die praktische Erprobung theoretischer Elemente als Anregung für die theoretische Auseinandersetzung genutzt werden kann. Damit kommt der Theorie-Praxis-Verzahnung eine zentrale Bedeutung hinsichtlich der Ergebnisse dualer Studiengänge zu, das heißt vor allem den angestrebten Kompetenzprofilen der Absolventen, die sich auch aus der Perspektive der Unternehmen von denjenigen von Absolventen klassischer Studiengänge unterscheiden (vgl. Kupfer et al. 2014: 31 f.).

Allgemein gilt, dass duale Studiengänge nicht gleich ihren Mehrwert für die beteiligten Akteure verlieren, wenn die Theorie-Praxis-Verzahnung nicht optimal klappt. Schließlich handelt es sich bei dualen Studiengängen nach wie vor überwiegend um Angebote, die in direkter Interaktion verschiedener Akteure, insbesondere der Hochschulen und Partnerorganisationen, entwickelt werden. Das bedeutet, dass sich der Zuschnitt dualer Studienangebote in erster Linie an der Zweckmäßigkeit für alle Beteiligten ausrichtet. Was das konkret bedeutet, kann je nach Branche und Standort durchaus unterschiedlich sein und muss in einem Aushandlungsprozess geklärt werden (vgl. Kapitel 1.2).

Zu den Hindernissen einer gelungenen Kooperation gehört ganz grundlegend die Tatsache, dass Hochschule und Berufspraxis aufgrund ihrer Zugehörigkeit zu unterschiedlichen Gesellschaftsbereichen (Wissenschaft/Bildung und Wirtschaft/Verwaltung) zwei ebenso unterschiedlichen Funktionslogiken folgen (vgl. Kupfer et al. 2014: 19 f.). Während auf der Hochschulseite die wissenschaftliche Freiheit und die Notwendigkeit, externe Anforderungen wie diejenigen der Akkreditierung zu berücksichtigen, angeführt werden können, sind dies auf der Seite der Partnerorganisationen deren Interesse an einer Einbindung der dual Studierenden in die regulären Betriebsabläufe sowie im Falle ausbildungsintegrierender Studiengänge die Ausbildungsrahmenordnungen, die nicht für den Einzelfall eines dualen Studiengangs geändert werden können.

Es ist davon auszugehen, dass die Theorie-Praxis-Verzahnung auch künftig zu den zentralen Herausforderungen bei dieser Studienform gehören wird. Patentrezepte gibt es – wie immer – nicht. Es wird hier auf individuelle Lösungen vor Ort ankommen, die den jeweiligen Ausgangsbedingungen Rechnung tragen. Das bedeutet nicht, dass Qualitätsanforderungen an duale Studiengänge, wie sie beispielsweise auch bei der Studiengangsakkreditierung eingefordert werden (vgl. Akkreditierungsrat 2010), außer Acht gelassen werden dürfen. Wie das nachfolgende Interview mit Susanne Müller vom Hauptverband der Deutschen Bauindustrie deutlich macht, sieht das auch die Unternehmensseite so. Die Arbeitgeber sind gefordert, ihren Beitrag zum Erfolg dualer Studiengänge zu leisten. Ohne Unterstützung können Studierende ihre Doppelbelastung durch Beruf und Hochschule oft nicht schaffen. Von einem Studienabbruch hat schließlich keiner etwas – weder der Studierende noch das Unternehmen.

Die Perspektive der Unternehmen

Als Arbeitgeber attraktiv bleiben

Aus Sicht von Susanne Müller vom Hauptverband der Deutschen Bauindustrie ist das duale Studium eine große Chance für Unternehmen, gut qualifizierte Nachwuchskräfte zu gewinnen. Allerdings gibt es diese nicht zum Nulltarif. Gefordert ist vielmehr tatkräftiges Engagement bei der Zusammenarbeit von Unternehmen mit den Hochschulen. Auch die Unterstützung junger Menschen bei der Bewältigung der Doppelbelastung durch Arbeit und Studium ist notwendig.

Susanne Müller

Ist das duale Studium für die Unternehmen Ihrer Branche eine Bereicherung oder eher eine Konkurrenz zur Berufsausbildung?
Das duale Studium ist für die Unternehmen der Bauindustrie in jedem Fall eine Bereicherung und steht auch nicht in Konkurrenz zu der klassischen Berufsausbildung. Das duale Studium ist etwas für Jugendliche, die eine Hochschulzugangsberechtigung haben und diese auch nutzen möchten, gerne aber neben dem Studium eine zusätzliche praktische Ausbildung absolvieren wollen. Für die klassische Berufsausbildung sind nach wie vor eher Real- oder Hauptschulabsolventen die Hauptzielgruppe.

Das heißt, duale Studienangebote sind aus Sicht der Bauindustrie wichtig, um Nachwuchs für gehobene Positionen zu gewinnen?
Ja, für uns ist das duale Studium wirklich wichtig, um leistungsstarken Jugendlichen einen attraktiven Einstieg in die Bauwirtschaft zu bieten. Denn es ist normalerweise bei vielen Ausbildungsberufen in der Bauwirtschaft nicht einfach, Abiturienten dafür zu begeistern. Und wenn man ihnen die Verbindung mit einem Studium bieten kann und damit auch einen ganz anderen Einstieg in ein Unternehmen, mit vielen Zukunftsoptionen, dann ist das ein echter Anreiz.

Ist denn der Bedarf an Absolventen dualer Studiengänge in Ihrer Branche in den vergangenen Jahren gestiegen?
Auf jeden Fall. Jährlich kommen neue Studiengänge dazu – und die werden definitiv auch nachgefragt. Der Bedarf ist offensichtlich sehr groß.

In welchen Unternehmensbereichen werden die Absolventen dualer Studiengänge besonders gebraucht?
In den Unternehmen der Bauindustrie ist das klassische Einsatzfeld für Bauingenieure die Bauleitung, wo es um die verantwortliche Betreuung von Bauprojekten geht. Und dort ist es eben sehr von Vorteil, wenn man nicht nur das Bauingenieurstudium hat, sondern auch eine gewerbliche Ausbildung, weil man dann die Abläufe auf einer Baustelle auch tatsächlich gut beurteilen und einordnen kann. Man wird auch von den Baustellenfachkräften ganz anders wahrgenommen, wenn die wissen, dass der- oder diejenige auch mal so eine Ausbildung durchlaufen hat und weiß und am eigenen Leib erfahren hat, was sie machen. Die Erfahrung zeigt, dass Mitarbeiter, die – in Anführungszeichen – nur ein klassisches Bauingenieurstudium und keine zusätzliche gewerbliche Ausbildung absolviert haben, diesbezüglich eine vergleichsweise längere Eingewöhnungsphase benötigen, um akzeptiert zu werden.

Und wo genügt eine reine Berufsausbildung?
Mit einer klassischen Berufsausbildung hat man natürlich auch viele Einsatz- und Aufstiegsmöglichkeiten. Die Bauwirtschaft benötigt dringend gewerbliche Fachkräfte, nicht nur Bauingenieure. Je nach Bedarf und Interesse bieten sich vielfältige Fortbildungsoptionen. Die höchste berufliche Qualifikation ist der Polier, der neben dem Bauleiter auch der Chef auf der Baustelle ist.

„Der junge Mann oder die junge Frau sollte keineswegs
das Gefühl haben, irgendwo dazwischen zu hängen."

Welche Kompetenzen sollten dual Studierende an der Hochschule erwerben, die sie nicht in der betrieblichen Praxis vermittelt bekommen?
Dazu gehört ganz klar das wissenschaftliche Denken und Arbeiten, der Erwerb übergeordneter analytischer Fähigkeiten und Überblickswissen. Absolventen sollten eben auch die Ingenieurwissenschaft gelernt haben und nicht nur das klassisch Praktische, das sie schwerpunktmäßig in der Ausbildung vermittelt bekommen. Ein großer Vorteil ist auch, wenn die dual Studierenden auf dem neuesten Stand der Forschung sind und dieses Wissen ins Unternehmen hineintragen können. Somit ist die Anbindung an eine Hochschule auch zugleich ein Gewinn für das Unternehmen.

Für welche Unternehmen in der Bauwirtschaft ist es besonders attraktiv, ein duales Studium anzubieten?
Grundsätzlich ist es interessant für alle, die mit Bauingenieuren arbeiten und ausbilden. Und das sind durchaus nicht nur Großunternehmen, sondern auch Mittelständler. Gerade wenn man weniger Beschäftigte hat, kann es interessant sein, eine Person im Unternehmen zu haben, die sowohl das Know-how einer gewerblichen Fachkraft mitbringt als auch den Ingenieurhintergrund.

Sehen Sie auch Probleme beim Zusammenspiel zwischen Theorie und Praxis?
Ich glaube, die Herausforderung ist zunächst, als Unternehmen jemanden zu motivieren, die Doppelbelastung und den hohen Aufwand – Studium und Ausbildung parallel – zu bewältigen. Ebenso wichtig ist die gute Kooperation zwischen den Partnerorganisationen. Unternehmen und Hochschule müssen sich aufeinander einlassen können. Beide Seiten sollten nach Möglichkeit ihre gewohnten Pfade ein Stück weit verlassen und etwas Gemeinsames voranbringen, damit alle Seiten etwas davon haben.

Welche Erfolgsfaktoren für eine Kooperation zwischen Unternehmen und Hochschule gibt es aus ihrer Erfahrung?
Alle Beteiligten müssen sich darüber im Klaren sein, wie die Kooperation läuft und wann welche Phase startet: Wann stehen die Ausbildung und die Praxisphasen im Vordergrund, wann – im Gegenzug – das Hochschulstudium? In dem Fall können zum Beispiel die Unternehmen den Studierenden nicht immer beanspruchen, wenn sie ihn dringend auf der Baustelle brauchen. Der junge Mann oder die junge Frau sollte keineswegs das Gefühl haben, irgendwo dazwischen zu hängen. Am besten funktioniert es immer, wenn zwischen Unternehmen und Hochschule ein guter persönlicher Kontakt besteht und man sich regelmäßig austauscht. Und beide Seiten sind für das Funktionieren dieses Kontakts und des gesamten dualen Studiums verantwortlich.

Wie unterstützen Sie als Verband diesen Bereich?
Wir informieren natürlich regelmäßig über alle Ausbildungsmöglichkeiten in der Bauindustrie und auch über neue duale Studiengänge. Da es sich meist um regionale Kooperationen handelt, sind unsere Landesverbände hier auch stark involviert und suchen den Kontakt zu regionalen Hochschulen.

Müsste nicht auch die individuelle Ansprache der jungen Leute verstärkt werden? Viele Interessierte erfahren nur zufällig vom dualen Studium.
Ja. Das ist ein ganz wichtiger Aspekt! Natürlich muss man dafür werben. In den Regionen, in denen das duale Studium in Kooperation mit den bauindustriellen Akteuren angeboten wird, wird dafür auch Öffentlichkeitsarbeit gemacht. Vonseiten des Hauptverbandes betreiben wir im Internet die Informationsseite „Werde Bauingenieur" über die Ausbildung zum Bauingenieur. Diese enthält auch Informationen zum dualen Studium. Ich sehe die Ansprache von Studieninteressierten nicht nur als Aufgabe der Hochschulen, sondern durchaus auch der Unternehmen, die ja höchst interessiert daran sind, gut ausgebildete Fachkräfte zu gewinnen.

Susanne Müller arbeitet als Geschäftsführerin des Kompetenzzentrums für Berufsbildung und Personalentwicklung (KOBI) beim Hauptverband der Bauindustrie e.V. in Berlin. Zuvor war sie von 2006 bis 2012 als Referentin bei der Bundesvereinigung der deutschen Arbeitgeberverbände (BDA) in der Abteilung Bildung tätig. Susanne Müller hat Rechtswissenschaften in Saarbrücken und Bologna studiert.

1.4 Vor- und Nachteile des dualen Studiums

Was die Nachfrage und die Arbeitsmarktchancen der Absolventen anbelangt, scheint das duale Studium ein Erfolgsmodell zu sein. Doch gibt es neben der schwierigen Theorie-Praxis-Verzahnung auch noch andere Problemfelder oder gar Nachteile? Die Frage nach dem Mehrwert des dualen Studiums aus Sicht zentraler Akteure – Studierende, Unternehmen und Hochschulen – verdient einen genaueren Blick.

Aus Sicht der Studierenden lassen sich vor allem drei zentrale Gründe für die Attraktivität dualer Studiengänge identifizieren (vgl. Gensch 2014: 63 f., Hähn 2015: 34 f., Krone 2015a: 15):
- die finanzielle Absicherung während der Ausbildungsphase,
- die Aussicht auf die Übernahme durch den Praxispartner nach Abschluss des dualen Studiums und
- die allgemein guten Berufs- und Karrierechancen sowie die enge Verbindung von Theorie und Praxis.

Viele dual Studierende erhalten über die gesamte Studienzeit hinweg, das heißt auch für die Phasen am hochschulischen Lernort, eine Vergütung von den Partnerorganisationen. In einigen Fällen kommen weitere monetäre Unterstützungsleistungen wie die Übernahme von Studiengebühren hinzu. Die damit geschaffene finanzielle Absicherung und die Entlastung von der Notwendigkeit, zur Finanzierung von Lebenshaltungs- und Studienkosten einem Nebenerwerb nachzugehen, spielt für viele dual Studierende eine zentrale Rolle bei der Entscheidung zugunsten dieser Studienform (vgl. Hähn 2015: 37). Nun sind aufgrund der engen Taktung dualer Studiengänge die Möglichkeiten für Nebenerwerbstätigkeiten prinzipiell stark eingeschränkt, weshalb die Vergütung weniger ein Bonus als vielmehr eine Notwendigkeit ist. Umso problematischer gestaltet sich ein duales Studium ohne eine hinreichende Vergütung, was durchaus vorkommt (vgl. Gensch 2014: 44 f.). Ähnlich problematisch sind Formen der Vergütung, die nicht die gesamte Zeitspanne des dualen Studiums abdecken oder nur bestimmte Phasen (ebd.: 48 f.). Einheitliche Vergütungsregelungen über verschiedene Unternehmen oder Studiengänge hinweg sind jedoch bisher noch die Ausnahme.

Einen weiteren Attraktivitätsfaktor stellen den dual Studierenden zufolge die mit dem Abschluss verbundenen Berufs- und Karrierechancen dar. Zum einen geht es hier um die Aussicht auf eine direkte Übernahme durch den ausbildenden Betrieb im Anschluss an das duale Studium. Doch auch über den direkten Einstieg hinaus sehen sich dual Studierende mit der von ihnen gewählten Studienform hinsichtlich der allgemeinen Chancen auf dem Arbeitsmarkt und der Karrieremöglichkeiten gut positioniert (vgl. Gensch 2014: 99 f.). Von einigen wird dies sogar explizit als ein Vorteil gegenüber traditionellen Studiengängen benannt (vgl. ebd.: 61 f.). Nicht immer ganz so einfach gestalten sich im Gegenzug die Übergänge innerhalb des akademischen Bereichs. Insbesondere Absolventen dualer Studiengänge an Berufsakademien können auf Hürden beim Übergang in Masterangebote stoßen, die den durchlässigkeitsfördernden Charakter dualer Studiengänge in Teilen konterkarieren.

Viele dual Studierende geben den starken Praxisbezug dualer Studiengänge und die bereits während der Ausbildung erfolgende Verbindung von Theorie und Praxis als einen wichtigen Einflussfaktor auf die Entscheidung zugunsten eines dualen Studiums an (vgl. Hähn 2015: 35). Hervorgehoben wird in diesem Zusammenhang vor allem die damit einhergehende gute Vorbereitung auf das spätere Berufsleben und zwar unabhängig davon, ob eine direkte Übernahme nach Abschluss des dualen Studiums durch den Arbeitgeber erfolgt oder nicht (vgl. Gensch 2014: 61 f.).

Ganz ohne Schattenseiten ist das duale Studium aber trotz aller Vorteile nicht, wie das nachfolgende Interview mit dem mittlerweile als Software Engineer beschäftigten Absolventen Maximilian Schmidt zeigt. Während Studierende traditioneller Studiengänge in der vorlesungsfreien Zeit weitreichende Freiräume genießen, steht bei den dual Studierenden zumeist die Praxistätigkeit auf dem Programm. Viel Spielraum für andere Aktivitäten bleibt dann oft nicht mehr, häufig auch nicht während der fordernden Theoriephasen, bei denen zu den regulären Veranstaltungen oft ein größeres Pensum an Selbststudium hinzukommt. Schließlich stellt bereits die Koordination von Studium und Praxistätigkeit selbst eine Herausforderung dar, zumal wenn die Abstimmungsprozesse zwischen den beteiligten Lernorten defizitär sind. Neben zeitlichen und organisatorischen Aspekten betrifft dies auch die für dual Studierende in diesem Zusammenhang besonders wichtige Betreuung durch die Hochschule, die von den Studierenden nicht in allen Fällen als hinreichend angesehen wird (vgl. ebd.: 71 f.).

Wohl im Bewusstsein der mit dem dualen Studium verbundenen Belastungen achten die Unternehmen bei der Bewerberauswahl sehr stark auf den Schulabschluss und dessen Noten (vgl. ebd.: 32 f.). Dies geht zulasten weiterer relevanter Faktoren wie dem Interesse an den Studien- und Praxisinhalten oder praktischen Befähigungen. Dies stellt unter anderem ein Hindernis für die häufig mit dualen Studiengängen in Verbindung gebrachte Zielsetzung der Erschließung neuer Zielgruppen für ein Studium dar.

Zu den benannten zentralen Motiven beziehungsweise Gruppen von Motiven kommen weitere, in Teilen spezifische hinzu. So sehen Studierende in ausbildungsintegrierenden dualen Studiengängen einen besonderen Vorteil in der Möglichkeit, mit dem Hochschul- und dem Berufsbildungsabschluss gleich zwei Abschlüsse zu erwerben (vgl. Hähn 2015: 37), was ebenfalls für einige Unternehmen ein relevanter Aspekt ist, und dies in kurzer Zeit – verglichen mit einem konsekutiven Erwerb beider Abschlüsse. Sofern der Berufsbildungsabschluss nicht über die Externenprüfung erlangt wird, kommt hiermit aber ein weiterer Lernort hinzu. Neben dem sich damit erhöhenden Koordinationsaufwand ergibt sich hinsichtlich des Verhältnisses von Hochschule und Berufsschule die Aufgabe, die Inhalte aufeinander abzustimmen, da Doppelungen bei der Behandlung der Lehrstoffe zu einer unnötigen Mehrfachbelastung der dual Studierenden führen. Für Personen, die bereits einen Berufsbildungsabschluss erworben haben, können duale Studiengänge hingegen die Möglichkeit eröffnen, sich ohne Aufgabe des Beschäftigungsverhältnisses wissenschaftlich weiter zu qualifizieren.

Bei den Arbeitgebern stellt sich die Frage nach dem Mehrwert dualer Studiengänge vor allem aus der Perspektive der Personalpolitik. Mit der Beteiligung an dualen Studiengängen erhoffen sich die Partnerorganisationen häufig Vorteile bei der Rekrutierung und der Bindung von Personal (vgl. Hähn 2015, 34 f.). Infolge der sich vielerorts verschärfenden Probleme bei der Rekrutierung geeigneter Mitarbeiter sind Unternehmen auf neue Strategien angewiesen, unabhängig davon, ob es um den Grundbedarf an Mitarbeitern oder die Rekrutierung besonders leistungsstarker Kandidaten geht. Gerade kleine und mittlere Unternehmen, die für viele Kandidaten

Die Perspektive der Studierenden

Anstrengend, aber es lohnt sich

Zielstrebig hat Maximilian Schmidt zunächst sein duales Bachelorstudium in Elektrotechnik an der Fachhochschule Südwestfalen absolviert und mit nun 25 Jahren noch ein Masterstudium drangehängt. Dabei hilft ihm, dass sein Arbeitgeber, die Firma Delta Energy Systems, ihm einen Mentor an die Seite stellt. Trotzdem bleibt bei so viel Dynamik manchmal auch etwas auf der Strecke.

Maximilian Schmidt

Was hat Sie motiviert, sich für ein duales Studium zu entscheiden?
Ich wollte nie nur komplett studieren, weil es mir wichtig war, gleichzeitig Berufserfahrung zu sammeln. Deshalb kam mir das duale Studium sehr entgegen.

Hat es für Sie eigentlich eine Rolle bei der Entscheidung gespielt, dass man von Anfang an ein normales Ausbildungsgehalt bezieht?
Auf jeden Fall. Weil man dann wesentlich unabhängiger ist. Man braucht während des Studiums ja auch keinen Nebenjob und muss sich nicht mit dem BAföG-Amt herumschlagen oder einen Studienkredit aufnehmen.

Wie haben Sie von der Möglichkeit eines dualen Studiums erfahren?
Um die Abiturzeit herum gab es verschiedene Veranstaltungen, zu denen dann Mitarbeiter des Arbeitsamtes und Mitarbeiter verschiedener Organisationen kamen. Sie haben das duale Studium vorgestellt. Ich habe mich danach noch weiter zu dem Thema eingelesen und anschließend im Internet nach offenen Stellen gesucht.

Haben Sie Ihre Informationen ausschließlich im Internet recherchiert?
Ich habe auf den Seiten mit Stellenangeboten gezielt nach Angeboten zum dualen Studium gesucht. In verschiedenen Stellenanzeigen wurde es dann meist noch genauer beschrieben: der Aufbau, der zeitliche Ablauf. Denn das kann ja je nach Unternehmen und Hochschule unterschiedlich sein.

Auf welchen Seiten haben Sie nach den Stellen gesucht?
Hauptsächlich auf den Seiten der Arbeitsagentur. Dort war am meisten zum Thema zu finden.

Welche Vorteile Ihres dualen Bachelorstudiums sehen Sie rückblickend gegenüber einer reinen Berufsausbildung?
Gut finde ich, dass man beim dualen Studium gleich einen höheren Abschluss miterwirbt. Außerdem vermittelt das Studium viel mehr Hintergrundwissen als eine reine Ausbildung, wo man in der Regel vorgegeben bekommt, wie die Dinge zu funktionieren haben, mehr aber nicht. Sehr interessant ist, dass man sich die Theorie, die man in der Vorlesung gehört hat, dann in der Firma gleich in der praktischen Umsetzung anschauen kann. Das hat enorm dabei geholfen, Zusammenhänge besser zu verstehen.

Gibt es aus Ihrer Sicht auch Nachteile am dualen Studium?
Der zeitliche Aufwand ist wesentlich höher als bei einem normalen Studium. Man muss dabei vor allem im Blick behalten, dass die Arbeit im Unternehmen nicht zu kurz kommen darf und dass man seine Arbeitszeit geregelt bekommt. Und dann bleibt eben auch das typische Studentenleben ein wenig auf der Strecke. Durch den Job hat man nicht drei Monate in den Semesterferien Zeit, um beispielsweise lange Reisen zu machen und sich einfach in der Welt umzuschauen. Das ist schon alles sehr fokussiert und lässt wenig Freiraum.

> „Ich habe den Eindruck, dass bei den Zugangs-
> voraussetzungen für das duale Studium oft zu sehr
> nur auf die Noten geachtet wird."

Hatten Sie denn trotzdem das Gefühl, ins Campusleben eingebunden zu sein? Oder sind die dual Studierenden mehr oder weniger unter sich geblieben?
Nein, man fühlte sich auf jeden Fall einbezogen. Unsere Lehrveranstaltungen waren ja nicht speziell für dual Studierende, sondern wir haben an denen des normalen Studiengangs teilgenommen. Und während wir unseren wöchentlichen Tag im Unternehmen verbracht haben, hatten die anderen entsprechend frei.

Was hat Ihnen konkret geholfen, den Spagat zwischen Arbeit und Studium zu bewältigen?
Die Aufteilung der einzelnen Phasen war ganz gut organisiert. Eigentlich braucht man für den Bachelor dreieinhalb Jahre. Der duale Bachelor an meiner Hochschule in Soest wurde aber auf viereinhalb Jahre verlängert. Das heißt: In den ersten beiden Jahren ist es ein normales Studium. Wobei man einen Tag pro Woche frei hat, den man dann im Betrieb verbringen kann. Und nach den ersten vier Semestern ist dann ein komplettes Jahr hochschulfrei. Während dieser Zeit bereitet man sich mit einem Abschlussprojekt auf die Prüfung vor der Industrie- und Handelskammer vor. Danach wird das Studium normal fortgesetzt, in den Semesterferien arbeitet man im Betrieb.

Gibt es in Ihrer speziellen Situation auch Unterstützung am Arbeitsplatz?
Ja, klar. Ich habe einen festen Ansprechpartner, einen Mentor, der selber studiert hat und sich insofern mit beiden Welten gut auskennt.

Haben Sie zusätzlich eine individuelle Betreuung durch die Hochschule bekommen?
Eher weniger. Die Hochschule hat vor allem darauf geachtet, dass der Studienplan möglichst reibungslos funktioniert. Für spezielle Fragen zum Lernstoff hätte ich Tutorien in Anspruch nehmen können. Das musste ich aber nicht, weil ich genug Unterstützung und Material durch die Firma bekommen habe.

Mit Blick auf Ihr abgeschlossenes duales Bachelorstudium: Was ließe sich dort noch verbessern?
Ich habe den Eindruck, dass bei den Zugangsvoraussetzungen für das duale Studium oft zu sehr nur auf die Noten geachtet wird. Das bedeutet, dass Leute, die inhaltliches Interesse haben, leistungsbereit sind und eigentlich sehr passend wären, keine Chance bekommen, wenn sie im Abitur keinen so guten Notendurchschnitt geschafft haben. In solchen Fällen kommt häufig direkt eine Absage, ohne die Chance zu einem Vorstellungsgespräch. Das finde ich schade.

Wem würden Sie das duale Studium empfehlen, wem davon abraten?
Großes Interesse am fachlichen Inhalt ist natürlich die Grundvoraussetzung. Wenn man sich dafür entscheidet, nur um einfach irgendwas zu machen, wird man sich selbst schwer motivieren können, abends und bis in die Nacht hinein noch Aufgaben zu erledigen. Belastbar muss man auf jeden Fall sein. Für alle, die schnell Kontakte zur Industrie knüpfen wollen und schnell nach dem Studium in den Beruf einsteigen wollen, ist es das Richtige. Für Leute dagegen, die nicht wirklich wissen, was sie studieren wollen und ob sie überhaupt studieren wollen, wäre es wohl besser, sich erstmal vielleicht ein, zwei Semester ein normales Studium anzugucken, bevor man direkt mit einem dualen Studium und der Doppelbelastung einsteigt.

Wie schätzen Sie Ihre Karrierechancen durch das duale Studium ein?
Ich denke schon, dass ich durch das duale Studium gute Karrierechancen habe. Ich habe meine Fähigkeiten ja bereits praktisch unter Beweis gestellt.

Könnten Absolventen eines klassischen Studiengangs dies durch Praktika oder regelmäßige Semesterferienarbeit nicht auch erreichen?
Nein, ich denke nicht. Denn wenn man Praktika oder Semesterferienjobs nur alle sechs Monate mal für einen Monat macht, hinterlässt man sicherlich nicht in dem Maße einen bleibenden Eindruck. Und generell kommt es im Unternehmen natürlich gut an, wenn Studierende durch ein duales Studium hohe Belastbarkeit zeigen.

Maximilian Schmidt arbeitet als Software Engineer bei der Firma Delta Energy Systems GmbH, Standort Soest/Westfalen. Nach seinem Abitur 2009 studierte er zunächst im dualen Bachelorstudiengang Industrielle Informatik – Automatisierungstechnik und erwarb sowohl den Abschluss Bachelor of Engineering als auch Elektroniker für Geräte und Systeme. Derzeit absolviert er ein berufsbegleitendes Masterstudium mit dem Schwerpunkt Systems Engineering and Engineering Management.

nicht die primären Anlaufstellen sind, sowie Unternehmen in Regionen mit einem geringen Fachkräfteangebot, zum Beispiel infolge von Abwanderungsbewegungen, sind von dieser Problematik betroffen (vgl. Kupfer et al. 2014: 30 f.). Mittels des dualen Studiums können nun (leistungsstarke) Kandidaten bereits frühzeitig rekrutiert und längerfristig an das Unternehmen gebunden werden.

Dies belegt auch eine Befragung von 123 deutschen Unternehmen, durchgeführt von Deloitte Deutschland im Rahmen eines Pro-bono-Projekts für den Stifterverband für die Deutsche Wissenschaft (vgl. Deloitte 2015). Unternehmen aus verschiedenen Branchen und unterschiedlicher Größe, von unter 50 bis über 50.000 Mitarbeiter, nahmen an der Befragung teil, wobei jedoch über die Hälfte der Gruppe der Großbetriebe mit zwischen 250 und 50.000 Mitarbeitern angehört. Von den befragten Unternehmen sind 99 bereits in Kooperation mit einer oder mehreren Hochschulen unterschiedlichen Typs und Trägerschaft am dualen Studium beteiligt. Hinsichtlich der Fachbereiche dominieren der allgemeinen Verteilung dualer Studiengänge auf die verschiedenen Fachbereiche entsprechend die Wirtschafts- und Ingenieurwissenschaften sowie die Informatik. Wie Abbildung 6 zeigt, gibt die große Mehrheit der Befragten an, dass die von ihnen beschäftigten dual Studierenden nach Abschluss des Studiums bislang zumindest mittelfristig eine berufliche Perspektive im Unternehmen hatten.

Dabei werden die Mitarbeiter, denen ein duales Studium ermöglicht wird, nach Erreichen ihres akademischen Grades offenbar in hohem Maße als Fach- und Führungskraft eingesetzt, wie Abbildung 7 deutlich macht. Insgesamt zeigt sich, dass im Vergleich mit der Rekrutierung klassischer Studienabsolventen die Vertrautheit der dual Studierenden mit dem Unternehmen ein deutlicher Vorteil sein kann, wenn auch nicht zwingend. Immerhin geben die befragten Unternehmen an, dass durchschnittlich 30 Prozent der Absolventen dualer Studiengänge mittelfristig nicht im Unternehmen verblieben sind. Allgemein schätzen viele Unternehmen die Tatsache, dass die Absolventen dualer Studiengänge gute Kenntnisse des operativen Geschäfts beziehungsweise der Inhalte der Berufsausbildung besitzen (vgl. Kupfer et al. 2014: 25 f.), da sich hiermit je nach Arbeitsfeld ganz spezifische Vorteile verbinden – wie auch Susanne Müller vom Hauptverband der Bauindustrie im vorausgegangenen

Abbildung 6: Verbleib dual Studierender im Unternehmen nach Abschluss des Studiums
in Prozent

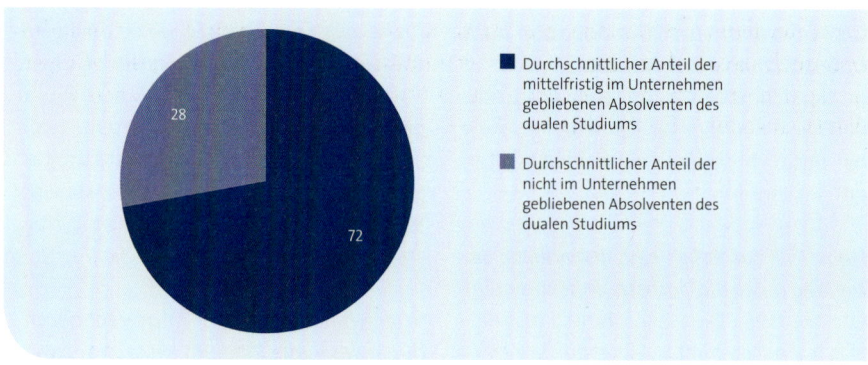

Quelle: Deloitte 2015: 40; N=99; Fragestellung: Wie viele Ihrer Absolventen des dualen Studiums, die durch das Unternehmen ausgebildet wurden, sind mittelfristig (3–5 Jahre) in Ihrem Unternehmen geblieben? Modifizierte Fassung.

Abbildung 7: Beschäftigungsposition nach Abschluss des dualen Studiums im Unternehmen
in Prozent

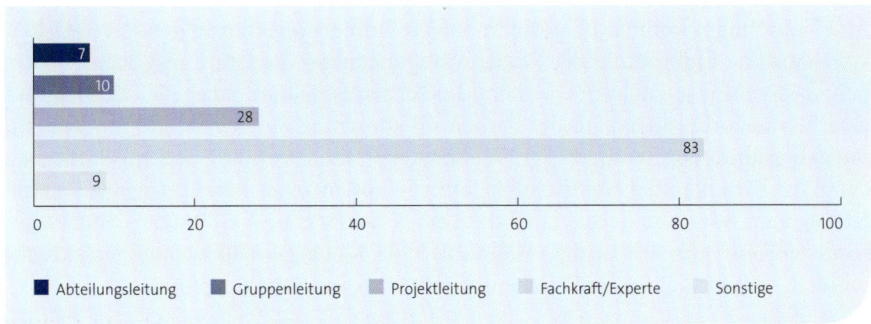

Quelle: Deloitte 2015: 41; N = 123; Fragestellung: In welchen Funktionsbereichen werden im Fall einer Übernahme duale Absolventen in Ihrem Unternehmen eingesetzt? Mehrfachnennungen möglich.

Interview erläuterte. Mitunter kritisch betrachtet werden vor diesem Hintergrund jedoch Bestrebungen der Absolventen dualer Studiengänge, sich nach Abschluss des dualen Studiums von dem operativen Geschäft zu entfernen.

Sofern das duale Studium vor allem als personalpolitisches Instrument zur Rekrutierung und Bindung von Mitarbeitern genutzt wird, erhalten die Interessen der Bewerber selbst ein größeres Gewicht. Dies zeigt sich auch am Beispiel der dualen Masterangebote, die eher auf die explizite Nachfrage der Studierenden und eine entsprechende Anpassung der Partnerorganisationen zurückgehen, denn auf genuine Interessen der Partnerorganisationen selbst. Wie bereits an den teilweise von Unternehmensseite kritisch beäugten Bestrebungen der Absolventen dualer Studiengänge, sich von dem operative Geschäft zu entfernen, zu sehen war, fügt sich das duale Studium insofern nicht immer nahtlos in die Personalpolitik der Unternehmen ein.

Ein weiterer kritischer Punkt aus Unternehmensperspektive sind die Kosten, welche durch den Aufwand der Abstimmung mit der Hochschule und der spezifischen Betreuung dual Studierender entstehen. Gerade kleine und mittelgroße Unternehmen, die weder über umfangreiche Kapazitäten im Bereich der Personalentwicklung verfügen, noch regelmäßig größere Kohorten dual Studierender entsenden, sehen sich hier mit einem großen Aufwand konfrontiert (siehe auch das Interview mit der Unternehmerin Marion Gottschalk auf Seite 54). Das Ausmaß des Aufwands ist aber auch davon abhängig, wie die Abstimmungsprozesse zwischen den Kooperationspartnern gehandhabt und welche Unterstützungsangebote gegebenenfalls von den Hochschulen für die Betreuer in den Unternehmen vorgehalten werden. Einen besonderen Faktor stellen hier Mittlerorganisationen zwischen Hochschulen und Partnerorganisationen dar, zum Beispiel die Kammern oder landesweite Dachverbände für das duale Studium, die über eine Bündelung von Aktivitäten im Bereich der Kooperation gerade kleinere Unternehmen entlasten können (vgl. Kupfer et al. 2014: 20).

Die positiven Effekte des dualen Studiums für Unternehmen gehen auch über den Bereich der Personalpolitik hinaus. Ein Vorteil, der sich sowohl für Unternehmen als auch für Hochschulen durch eine vertiefte Kooperation ergeben kann, betrifft den Bereich Forschung und Entwicklung (vgl. Hähn 2015: 38 f.). Durch die bei dualen Studiengängen ablaufenden Austauschprozesse können gemeinsame Ideen entwickelt und anwendungsbezogene Forschungsprojekte generiert werden.

An Hochschulen können über die in dualen Studiengängen erfolgende verstärkte, systematische Einbindung der Praxis Anregungen für die Lehre insgesamt entstehen, das heißt also auch für die nicht dualen Studiengänge. Aktuelles Wissen und neue Herausforderungen aus der Berufswelt können in die Lehr- und Lernprozesse zeitnah einbezogen werden (vgl. Wissenschaftsrat 1996: 36). Auch erhöht sich damit die Fähigkeit der Hochschulen, auf von außen an sie herangetragene Bedarfe zu reagieren, was zum Beispiel in Zeiten eines verstärkten Wettbewerbs um Studierende Vorteile mit sich bringt (Hähn 2015: 41 f.). Allgemein können sich Hochschulen – sofern das ihrem Profil entspricht – als praxisnah profilieren.

Zu den Voraussetzungen für ein Gelingen des dualen Studiums gehört, dass intensive Austauschprozesse zwischen den Lernorten auch wirklich stattfinden. Teil der hier bestehenden Hürden sind die Strukturen der Hochschulen. Die verschiedenen Besonderheiten dualer Studiengänge führen mitunter dazu, dass diese in gewissem Maße quer zu dem üblichen Studienbetrieb liegen und die strukturellen Voraussetzungen an den Hochschulen nicht immer den damit einhergehenden Bedarfen entsprechen (vgl. Wolter et al. 2014: 103 f.), so wenn es um die flexible Anpassung von Studieninhalten an die Praxistätigkeit oder eine intensive Betreuung dual Studierender durch Dozenten geht. Dies gilt gerade in denjenigen Fällen, in denen die dualen Studienangebote an der jeweiligen Hochschule nur vereinzelt vorkommen oder allgemein Skepsis gegenüber einer allzu starken Praxisorientierung und engen Kooperationen mit der Wirtschaft vorherrschen, wie es insbesondere an Universitäten der Fall ist.

Schon mit Blick auf die Durchlässigkeit zwischen beruflicher und akademischer Bildung konnte festgestellt werden, dass trotz vielfältiger Bemühungen in diesem Bereich Wirkungen in der Breite bisher ausblieben. Gleiches lässt sich für die letztgenannten Fälle auch im Hinblick auf die positiven Effekte dualer Studiengänge auf die Hochschulen feststellen. Universitäten, die bis auf wenige Ausnahmen das Thema „duales Studium" eher stiefmütterlich behandeln, könnten in einigen Bereichen von einer stärkeren Orientierung in Richtung Praxis und engeren Kooperationen mit externen Partnern im Bereich der Lehre profitieren, wie auch das nachfolgende Interview mit Hans-Christoph Reiss, Geschäftsführer der Dualen Hochschule Rheinland-Pfalz, zeigt. Hier muss allerdings nach Fächern unterschieden werden. Während naturwissenschaftlich-technische und wirtschaftswissenschaftliche Fächer an Universitäten oft relativ dicht an der Praxis arbeiten, gehen geistes- und sozialwissenschaftliche Fächer eher auf Abstand.

Ebenso wenig wie eine gelungene Verzahnung von Theorie und Praxis stellen sich die weiteren Vorteile dualer Studiengänge von selbst ein. Das gilt sowohl für Universitäten als auch für Fachhochschulen und Berufsakademien. Nicht zuletzt die problematischen Aspekte dualer Studiengänge aus der Perspektive verschiedener Stakeholder zeigen, dass eine Reihe von Herausforderungen explizit angegangen werden muss. Sowohl bei der Einrichtung dualer Studiengänge als auch bei deren Weiterentwicklung sollten deshalb die anvisierten positiven Effekte explizit als Ziele berücksichtigt werden und zwar über den gesamten Umsetzungsprozess hinweg. Grundlegend ist hier, wie die erwarteten Mehrwerte definiert und mittels der Qualitätsentwicklung in die Ausgestaltung der dualen Studienangebote eingebracht werden.

Ein zentraler Punkt dabei ist vor allem auch, geeignete didaktische Modelle für berufstätige Studierende zu entwickeln und zu implementieren: „In diesem Kontext ist zu erproben, wie etwa durch stärkere Projektarbeit, Praxisverzahnung, straffere zeitliche Organisation, Blockunterricht und gestaltete Selbstlernangebote den Voraussetzungen und Erfahrungen berufstätiger Studierender besser entsprochen werden kann" (Hanft 2013: 26). Ziel ist es, neben einer stärkeren Einbeziehung beruflicher Erfahrungen in die Hochschullehre auch individualisierte Formen des Lernens zu ermöglichen: „Für die Planung von passgenauen Angeboten werden mehr Informationen über die Voraussetzungen von Studierenden, ihre Erwartungen und ihr Studierverhalten benötigt. Zentral erscheint dabei ein Beratungsangebot zur Entwicklung individueller Karrierepfade, um Transparenz und Perspektiven zu schaffen" (ebd.). Die Verknüpfung von Studium und Beruf konfrontiert Hochschulen also in didaktischer Hinsicht mit zum Teil neuen und anspruchsvollen Herausforderungen, die sich nicht einfach nebenbei in den Arbeitsalltag integrieren lassen. Vielmehr erfordern sie in mancher Hinsicht ein Umdenken und erzeugen bei der Umsetzung gerade in der Anfangsphase einen erheblichen Mehraufwand sowohl beim Lehrpersonal als auch in der Administration. Die Bereitschaft dazu ist an deutschen Hochschulen insgesamt betrachtet nicht sehr ausgeprägt.

Derzeit sind es einzelne Hochschulen, die sich auf dem Feld der Durchlässigkeit zwischen beruflicher und akademischer Bildung besonders profilieren. Ob eine Einrichtung auf diesem Gebiet aktiv wird, hängt von den Anreizen ab, die sich ihr bieten. Entweder es lohnt sich in finanzieller Hinsicht, wie beispielsweise bei den im Rahmen des Programms „Offene Hochschule" von Bund und Ländern geförderten Modellprojekten (vgl. Wolter/Banscherus 2013), oder generell bezogen auf die eigene Existenzsicherung. So zeigen Analysen (vgl. CHE 2015), dass sich insbesondere auch solche Hochschulen im Bereich der Durchlässigkeit zwischen Beruf und Studium engagieren, die darauf angewiesen sind, Zielgruppen mit geeigneten Angeboten aktiv anzusprechen. Dabei handelt es sich vor allem um private Hochschulen, die sich aus Studiengebühren finanzieren, oder um staatliche Institutionen, die aufgrund ihrer regionalen Lage besondere Maßnahmen ergreifen müssen. Experten halten diese Einzelaktivitäten allerdings für zu wenig (vgl. Hanft 2013) und mahnen die Notwendigkeit eines flächendeckenden Kulturwandels im deutschen Hochschulsystem an.

Die Perspektive der Hochschulen

Kein „Kann", sondern ein „Muss"

Als Geschäftsführer der Dachorganisation Duale Hochschule Rheinland-Pfalz ist Hans-Christoph Reiss davon überzeugt, dass ausbildungs- und praxisintegrierende Studienangebote ins Portfolio jeder Hochschule gehören. Zumindest, wenn auf dem Arbeitsmarkt Bedarf dafür besteht. Bei der Gestaltung der Studiengänge und der Auswahl der Studierenden sind jedoch einige Erfolgsfaktoren zu beachten.

Hans-Christoph Reiss

Was verstehen Sie unter „dualem Studium"?
Das Modell nach dem rheinland-pfälzischen Hochschulgesetz zielt auf die ausbildungs- und praxisintegrierenden Varianten ab, hat also die berufliche Erstausbildung im Blick. Es gibt natürlich auch noch andere Modelle. Im gleichen Paragrafen findet man den Hinweis, dass auch berufsintegrierende und berufsbegleitende Studienangebote zur Weiterbildung angeboten werden – das ist jedoch nicht das, was das Land Rheinland-Pfalz in erster Linie unter dualem Studium versteht.

Lohnt sich die Einrichtung dualer Angebote für die Hochschulen in jedem Fall?
Ja, denn das ist heute keine „Kann"-Leistung mehr, sondern ein „Muss". Dies gilt vor allem für Fachhochschulen, aber in bestimmten Bereichen auch für Universitäten. Hochschulen bilden ja die Masse der Studierenden nicht für den wissenschaftlichen, sondern für den außerhochschulischen Arbeitsmarkt aus. Deshalb gehören duale Studiengänge selbstverständlich dazu. Gibt es beispielsweise eine starke Nachfrage im pharmakologischen Bereich, weil viele Unternehmen der Branche in der Region angesiedelt sind, dann ist es absolut sinnvoll, entsprechende Studiengänge anzubieten. Ist die Zielgruppe dagegen zu klein und ist es auch politisch nicht gewollt, dann wird die Hochschule kein Angebot nachhaltig vorhalten können.

Gibt es auch Beispiele für eine sehr kleine Zielgruppe, die bedient wird – weil es politisch gewollt ist?
Ja. Wir haben in Rheinland-Pfalz beispielsweise den Studiengang Archäologische Restaurierung der Universität Mainz. Es ist wichtig, dass die Universität dieses – im Übrigen sehr renommierte – Angebot aufrechterhält. Denn auch, wenn es nicht viele Studierende in diesem Studiengang gibt, weil er hochspezialisiert ist, werden trotzdem Personen mit genau dieser praxisbezogenen Ausbildung gesucht.

Wie eng sollte die Kooperation der Hochschule mit den Praxispartnern im dualen Studium sein?
Einzelne Leistungsteile, die im Unternehmen erbracht werden, sollten im Kontext des Studiums als Leistung anerkannt werden. Das ist eine wichtige und notwendige Form der Kooperation, um sicherzustellen, dass auch die Entwicklungen, die sich am Markt vollziehen, in der hochschulischen Ausbildung mit umgesetzt werden.

Bestehen Austauschmöglichkeiten zur Förderung der Zusammenarbeit?
Es gibt eine Landeskommission für duale Studiengänge, die im Hochschulgesetz verankert ist. In dieser sind Unternehmen, aber auch Gewerkschaften, die Politik, Hochschulen, die Studierenden selbst und die Kammern und Verbände vertreten. Der Sinn dieser Kommission ist, die Voraussetzungen des Arbeitsmarktes und die Interessen der unternehmerischen Praxis in die Studiengänge zu integrieren. Wir haben darüber hinaus Regionalkonferenzen, bei denen Hochschulen Unternehmen in ihrem Umfeld kontaktieren. Auf Hochschulebene finden wir häufig Gründungs- und Lenkungsbeiräte für die dualen Studienangebote, um die Nähe und

> „Hochschulen bilden die Masse der Studierenden für den außerhochschulischen Arbeitsmarkt aus. Deshalb gehören duale Studiengänge selbstverständlich dazu."

die Verbindung zwischen den Praxispartnern und der jeweiligen Hochschule zu stärken und sie zu befähigen, möglichst an einem Strang zu ziehen. Davon profitieren dann auch die dual Studierenden.

Welche besonderen Fähigkeiten und Kompetenzen bringen gerade dual Studierende ins Studium ein?
Das variiert natürlich von Branche zu Branche. Aber womit die Studierenden die Lehrveranstaltungen auf jeden Fall bereichern, sind Erfahrungen im Lösen praktischer Probleme. Viele zeigen zudem von Anfang an eine starke Zielorientierung. Sie beschäftigen sich am Ende ihrer Schulzeit bereits deutlich stärker mit der Frage, womit sie sich in ihrem Berufsleben befassen wollen, als das ein klassischer Vollzeitstudierender tut.

Sollte es für dual Studierende besser separate Lehrveranstaltungen geben oder gemeinsame mit traditionell Studierenden?
Hier in Rheinland-Pfalz sind wir der Meinung, dass es sinnvoll ist, gesonderte Lehrveranstaltungen für dual Studierende anzubieten, insbesondere für diejenigen, die ausbildungsintegrierend studieren. Weil diese Gruppe wegen der hohen Lernstoffdichte vielleicht eine etwas intensivere Betreuung braucht. Wir haben aber auch im Rahmen von Modellversuchen die Möglichkeit eröffnet, in gemischten Gruppen zu studieren.

Was ist das Ergebnis?
Diejenigen, die in gemischten Gruppen studieren, äußern häufig, sie hätten einen höheren Lernerfolg. Die berufsintegrierten Studierenden sagen, sie profitierten von der Unvoreingenommenheit der ausbildungsintegrierten Kommilitonen, die nach einfachen, weniger komplexen Lösungen suchten. Während die ausbildungsintegrierten Studierenden in diesen gemischten Gruppen sagen: „Wir profitieren von den Erfahrungen, die die berufsintegrierten Studierenden haben." Es scheint also ein Modell zu sein, das sich befruchtet.

Was können Hochschulen tun, um ein duales Studium für alle Beteiligten erfolgreich zu gestalten?
An erster Stelle sollte die Recherche auf dem Arbeitsmarkt stehen, um herauszufinden, welcher Bedarf an Fach- und Führungskräften besteht. Speziell die Fachhochschulen, die ja meist stark in ihrer Region verankert sind, sollten die Versorgung der regionalen Unternehmen und Verwaltungen mit ihren Absolventen im Blick haben. Zweitens ist der Kontakt zu den Kammern – wie die der Industrie und des Handwerks – wichtig. Und natürlich auch zum zuständigen Ministerium, denn als Hochschule möchte man das Ganze ja adäquat finanziert beziehungsweise refinanziert bekommen. Nicht zu vergessen: Hochschulen sollten den Kontakt zu Schulen und damit zu ihren künftigen Studierenden pflegen.

Wie suchen Sie Ihre Studierenden aus? Worauf achten Sie?
Es ist wichtig, junge Leute zu finden, die die richtigen Fähigkeiten mitbringen, um das Studium erfolgreich zu absolvieren. Wir als Hochschulen haben zum Beispiel Studierfähigkeitstests, die wir über unseren Virtuellen Campus Rheinland-Pfalz, abgekürzt VCRP, anbieten können. Das heißt, da kann jeder im Onlineverfahren seine Fähigkeiten und Fertigkeiten ergründen. Es gibt auch einzelne Hochschulen, die Auswahlverfahren mit entsprechenden Tests durchführen. Das läuft zentral über das Zentrum für Qualitätssicherung, eine Serviceeinrichtung des Hochschulevaluierungsverbundes Südwest an der Universität Mainz. Bei den ausbildungsintegrierenden Studiengängen haben die Unternehmen natürlich bereits vor uns Kontakt zu den dual Studierenden. Die Voraussetzung für die Immatrikulation ist ja der Nachweis, dass sie einen Ausbildungsplatz haben. Das Unternehmen hat sie also bereits einem ersten Eignungstest unterworfen.

Hans-Christoph Reiss ist Professor für Wirtschaftswissenschaften an der Hochschule Mainz mit den Arbeitsschwerpunkten Management von Non-Profit-Organisationen (NPO), Dienstleistungsmanagement sowie Controlling und Finanzen. Zugleich ist er Geschäftsführer der Dualen Hochschule Rheinland-Pfalz. Diese Serviceeinrichtung ist die Dachmarke für die vielfältigen dualen Studienangebote im Bundesland und berät zudem auch alle am dualen Studium Interessierten.

1.5 Dual international

Im internationalen Vergleich weist das in Deutschland übliche duale Studium einige Besonderheiten auf. Der grundlegende Ansatz einer engeren Verbindung von Studium und Praxis findet sich aber auch in anderen Staaten, wenngleich die konkreten Umsetzungen häufig nicht mit dem deutschen Modell des dualen Studiums übereinstimmen (vgl. Graf 2013: 19 f. & 95). Beispielhaft hierfür sind dem Prinzip der *alternance* folgende Studiengänge in Frankreich, bei denen ebenfalls ein Wechsel zwischen den Lernorten Betrieb und Hochschule stattfindet (vgl. Graf et al. 2014: 31 f.). Auch in den USA bieten einige Technical Colleges und Community Colleges Studiengänge in Form von *co-operative education* an, bei denen Studium und Praxistätigkeit miteinander verbunden werden (ebd.: 35).

Eine Reihe von Ländern ist gegenwärtig von ähnlichen Umwälzungen in Richtung mehr Durchlässigkeit betroffen, wie sie im Kapitel 1.1 für den deutschen tertiären Sektor analysiert wurden: steigenden Übertrittsquoten in das Hochschulsystem, einer damit einhergehenden Heterogenisierung der Studierendenschaft und zunehmenden Anforderungen an die Hochschulen aus anderen Gesellschaftsbereichen, darunter die Arbeits- und Berufswelt. Gerade in Europa haben in diesem Zusammenhang die in den vergangenen Jahren zu beobachtenden wirtschaftlichen Entwicklungen einen starken Einfluss gehabt, darunter die vielerorts hohe Jugendarbeitslosigkeit. Verstärkend hat sich zudem der Einfluss politischer Initiativen wie der Bologna-Prozess ausgewirkt, der mit seiner Fokussierung auf Lernergebnisse und der der Employability von Studienabsolventen zugeschriebenen Bedeutung neue Sichtweisen auf die Hochschulbildung gefördert hat (Camilleri et al. 2013: 12 f.).

Studienprogramme beziehungsweise Institutionen, die vor diesem Hintergrund bemüht sind, die Verbindung zwischen Studium und Berufswelt zu stärken, werden in Europa häufig unter den Begriff *professional higher education* gefasst, wohingegen international mit Blick auf Studienprogramme, die Studium und Praxistätigkeit miteinander verbinden, der Begriff *cooperative and work integrated education* verbreitet ist (vgl. Haas 2015: 159). Internationale, insbesondere europäische Entwicklungen in diesem Bereich sind für die Situation in Deutschland aus zwei Gründen relevant. Zum einen können ähnlich gelagerte Diskussionen über die Möglichkeit, Studium und Berufswelt miteinander zu verbinden, Anregungen für das duale Studium in Deutschland bereithalten. Im Hinblick auf Auseinandersetzungen im europäischen Raum kommt hinzu, dass der Bereich der *professional higher education* genauso von den übergreifenden Entwicklungen wie der Einrichtung eines Europäischen Hochschulraums betroffen ist, wie alle anderen Studienbereiche auch. Zum anderen gewinnen die Existenz und die jeweilige Ausgestaltung derartiger Angebote im Rahmen der Internationalisierung dualer Studiengänge an Bedeutung. Zu den Faktoren, die die im Falle dualer Studiengänge häufig nur schwer zu realisierenden Austauschprogramme fördern können, gehört die Möglichkeit, Partnerschaften mit Hochschulen einzugehen, die ähnliche Programme anbieten.

Was die Diskussionen im europäischen Raum angeht, unternimmt gegenwärtig die European Assocation of Institutions in Higher Education (EURASHE) den Versuch, Fragen zu beantworten, die in ähnlicher Form auch die aktuelle Diskussion in Deutschland bestimmen:

- Welche Angebote im Bereich der *professional higher education* gibt es gegenwärtig?
- Wie sind diese in die nationalen Bildungssysteme eingebettet?
- Wie lassen sich diese Angebote definieren und charakterisieren?
- Was bedeutet Qualität spezifisch auf diese Studienform bezogen?

Das im Infokasten zum HAPHE-Projekt dargestellte europäische Modell einer länderübergreifenden Charakterisierung und Qualitätssicherung praxisorientierter Programme im Hochschulbereich hat mit der Schwierigkeit zu kämpfen, dass sich die in Europa bestehenden Professional-Higher-Education-Angebote teilweise stark voneinander unterscheiden. Dies umfasst die Organisationsform der Anbieter, die Level des Europäischen Qualifikationsrahmens, auf dem diese Angebote verortet werden, und das Verhältnis dieser Angebote zu dem Rest des Hochschulbereichs, was zum Beispiel mögliche Übergänge angeht (Camilleri et al. 2013: 6 & 23 f.). Ebenfalls sehr unterschiedlich fallen die Formen der Verbindung zwischen den Anbietern und den an den Studiengängen beteiligten Partnerorganisationen aus, wie sie in Teilen in den gesetzlichen Rahmenbedingungen oder den Curricula festgelegt sind (ebd.: 29 f.).

Mit Blick auf die von dem HAPHE-Projekt aufgegriffenen Fragen nach der Charakterisierung praxisorientierter Angebote ergibt sich in puncto Heterogenität im europäischen Kontext ein ähnliches Bild wie in Deutschland hinsichtlich der unterschiedlichen Studienformen. Trotzdem konnte im Rahmen des Projekts folgende gemeinsame Definition erarbeitet werden: *„Professional Higher Education is a form of Higher Education that offers a particularly intense integration with the world of work in all its aspects, including teaching, learning, research and governance and at all levels of the overarching Qualifications Framework of the European Higher Education Area"* (HAPHE Consortium 2014: 5).

Projekt „Harmonising Approaches to Professional Higher Education in Europe (HAPHE)"

Seit 2012 widmet sich das von der European Assocation of Institutions in Higher Education (EURASHE), einem europäischen Verband von Hochschulen mit einer besonders praxisorientierten Ausrichtung, geleitete Projekt „Harmonising Approaches to Professional Higher Education in Europe (HAPHE)" Programmen und Institutionen der *professional higher education* in Europa (EURASHE 2015, vgl. Camilleri et al. 2013). Insgesamt elf Anbieter derartiger Angebote aus ganz Europa, darunter die Duale Hochschule Baden-Württemberg, verfolgen mit dem Projekt das übergeordnete Ziel, diesen Bereich im europäischen Vergleich zu untersuchen und daran anknüpfend zu einer Harmonisierung der Ansätze beizutragen – um somit insgesamt die Entwicklung dieses Sektors und die Qualität der dort verorteten Angebote zu fördern.

Im engen Austausch mit weiteren Vertretern aus den Bereichen Bildung, Wirtschaft und Gesellschaft verfolgt das Projekt unter dem übergeordneten Ziel verschiedene Teilziele, darunter eine Bestandsaufnahme und Charakterisierung der Angebote im Bereich *professional higher education*, die Arbeit an gemeinsamen Qualitätsstandards sowie die Ermittlung und Verbreitung von *good practices*.

Als Kernelement praxisorientierter Angebote wird also die enge Beziehung zur Arbeits- und Berufswelt identifiziert, die in einem weiten Sinne neben Unternehmen auch zivilgesellschaftliche Organisationen und den öffentlichen Sektor umfasst (vgl. Camilleri et al. 2013: 19 f., Haas 2015: 160). Dieses Merkmal bestimmt weitergehend auch den Versuch, systematisch Kerneigenschaften von Professional-Higher-Education-Angeboten herauszuarbeiten (vgl. HAPHE Consortium 2014: 6 f.). Differenziert nach drei Ebenen – Strategie und Leitbild, Lehre und Lernen sowie Forschung, Entwicklung und Innovation – wird für verschiedene Aspekte betrachtet, wie sich dort eine enge Beziehung von Studienangeboten zur Arbeits- und Berufswelt auswirken kann und welche Mindestanforderungen erfüllt sein müssen, damit die Programme dem Bereich der *professional higher education* zugerechnet werden können.

Zu den Mindestanforderungen auf der ersten Ebene gehören dem HAPHE-Modell zufolge die Einbindung von Praxisvertretern in die Entwicklungsprozesse von Strategie und Leitbild, eine Fokussierung bei den Zielen der Angebote auf berufsrelevante Fertigkeiten und Kompetenzen im Sinne der Employability und anwendungsorientierte Forschung sowie ein starker regionaler Fokus.

Weitaus differenzierter fällt die Betrachtung der für die Zuordnung zum Bereich *professional higher education* notwendigen Eigenschaften auf der Ebene der Lehr- und Lernprozesse aus. Diese beginnt mit der Curriculumentwicklung, bei der sich praxisorientierte Studienangebote dem HAPHE-Projekt zufolge durch die Einbindung von Praxisvertretern sowie die bereits angesprochene Fokussierung auf praxisrelevante Fertigkeiten und Kompetenzen abgrenzen. Hinsichtlich der Lehr- und Lernmethoden wird unter anderem auf die Bedeutung aktivierender, kooperativer Methoden und erfahrungsbasierten Lernens verwiesen sowie auf dementsprechend ausgestaltete Prüfungsformen. Dazu komplementär wird bei den Lerninhalten das Aufgreifen konkreter Situationen und Probleme aus der Praxis, die im Rahmen der Angebote mit theoretischen Inhalten in Verbindung gebracht werden sollen, als eine Mindestanforderung angesprochen. Schließlich werden auch Besonderheiten hinsichtlich der anvisierten Lernergebnisse benannt, die in direkter Beziehung zu den Anforderungen der Berufs- und Arbeitswelt stehen, aber darüber hinausgehend auch die für ein innovatives und eigenständiges Arbeiten in einer sich stetig wandelnden Arbeitswelt notwendigen Kompetenzen einschließen sollten. Für die Rahmenbedingungen der Lehr- und Lernprozesse werden ebenfalls Mindestanforderungen formuliert, so für die Lernumgebung, die sich dem HAPHE-Projekt nach ganz grundlegend durch die Einbindung von zwei Lernorten auszeichnet, unter besonderer Betonung der Reflexion der Theorie in den Praxisphasen. Auch die Lehrenden werden unter den Rahmenbedingungen angesprochen, und zwar die Notwendigkeit, dass diese sowohl über akademische Qualifikationen als auch über praktische Erfahrungen verfügen.

In dem letzten Bereich, Forschung, Entwicklung und Innovation, bestehen dem HAPHE-Projekt zufolge die Mindestanforderungen unter anderem darin, dass hier eine Orientierung an der Arbeitswelt und den Bedürfnissen der Gesellschaft stattfindet, Anregungen aus diesen Bereichen aufgegriffen und für diese Akteure relevante Ergebnisse angestrebt werden.

Welche Anregungen hält nun diese Auseinandersetzung mit der Charakterisierung und den Mindestanforderungen an Programme der *professional higher education* für die Diskussion in Deutschland bereit? Neben den vielen Gemeinsamkeiten beider Diskussionen fallen vor allem drei Dinge ins Auge:

1) Dies ist erstens die konsequente Berücksichtigung der Auswirkungen einer engen Beziehung der Programme zur Berufs- und Arbeitswelt auf eine Vielzahl von Aspekten, insbesondere im Bereich der Lehr- und Lernprozesse. Unter besonderer Berücksichtigung der in den Strategien und Leitbildern sowie Lernergebnissen beschriebenen Wirkungen dieser Verbindung eröffnet diese Perspektive einen breiten Blick auf die Vielfalt der Verzahnungsmöglichkeiten beziehungsweise die Vielfalt möglicher Stellschrauben für die Verzahnung von Theorie und Praxis. Damit ergibt sich zumindest theoretisch die Möglichkeit, die Verbindung der Lernorte „Hochschule" und „Praxis" in vielerlei Hinsicht zu entwickelnd und Schwerpunktsetzungen systematisch sichtbar zu machen.

2) Bei dem zweiten Aspekt handelt es sich um die Bandbreite an praxisorientierten Angeboten im europäischen Raum, die über diejenige dualer Studiengänge in Deutschland hinausgeht. So finden sich neben den auch in Deutschland anzutreffenden Angeboten im Bachelor- und Masterbereich in anderen europäischen Ländern auch Programme sowohl im Bereich der Kurzstudiengänge wie auch auf der Ebene der Promotion. Damit zeigt sich auf der europäischen Ebene, wie Angebote der *professional higher education* wesentlich stärker in die Perspektive des lebenslangen Lernens eingebettet werden können, als es zumindest gegenwärtig in Deutschland noch der Fall ist.

3) Eine dritte interessante Anregung betrifft den in Deutschland bisher nur selten explizit aus der Sicht des dualen Studiums betrachteten Bereich von Forschung, Entwicklung und Innovation. Zwar wird das duale Studium unter anderem auch als Wegbereiter intensivierter Kooperationen gesehen, ein Zusammendenken der beiden Bereiche ist hingegen seltener anzutreffen und bleibt eine der Entwicklungsaufgaben für die Zukunft.

Zeitgleich mit dem sich in Europa ausweitenden Interesse an Professional-Higher-Education-Programmen insgesamt hat sich in einigen europäischen und außereuropäischen Ländern ein großes Interesse an dem dualen Studium in Deutschland herausgebildet. Wie im Falle des dualen Ausbildungssystems interessieren sich andere Länder für die mit diesen Angeboten einhergehenden Möglichkeiten, gerade auch hinsichtlich der positiven Auswirkungen auf die wirtschaftliche Entwicklung (Graf et al. 2014: 11). Unterstützt wird dies durch das Interesse im Ausland agierender deutscher Unternehmen, die die von ihnen geschätzten Ausbildungsformen auch dort nutzen möchten.

Die sich an diese Interessenlage anschließende Frage nach den Möglichkeiten des Transfers des dualen Studienmodells ins Ausland ist auch für die Anbieter dualer Studiengänge in Deutschland interessant. So gehört die Existenz von Studienangeboten im Ausland, die dem dualen Studium ähneln, zu denjenigen Faktoren, die Austauschprogramme für Studierende und damit die Internationalisierung dualer Studiengänge fördern können. Sie können unter anderem bestehende Hürden bei der Anrechnung von im Ausland erbrachter Leistungen auf ein Studium in Deutschland verringern und so einen entscheidenden Beitrag zr Verbesserung studentischer Mobilität leisten.

Dass Auslandsaufenthalte im Rahmen dualer Studiengänge nicht immer von den Studierenden absolviert werden können, zeigt unter anderem auch die Deloitte-Unternehmensbefragung. So gibt dort knapp die Hälfte der 99 befragten deutschen Unternehmen, die ein duales Studium anbieten, an, dass sie dual Studierenden von

Abbildung 8: Einschätzung der Wichtigkeit der Internationalität dualer Studiengänge aus Unternehmenssicht im Vergleich zu anderen Qualitätskriterien
in Prozent

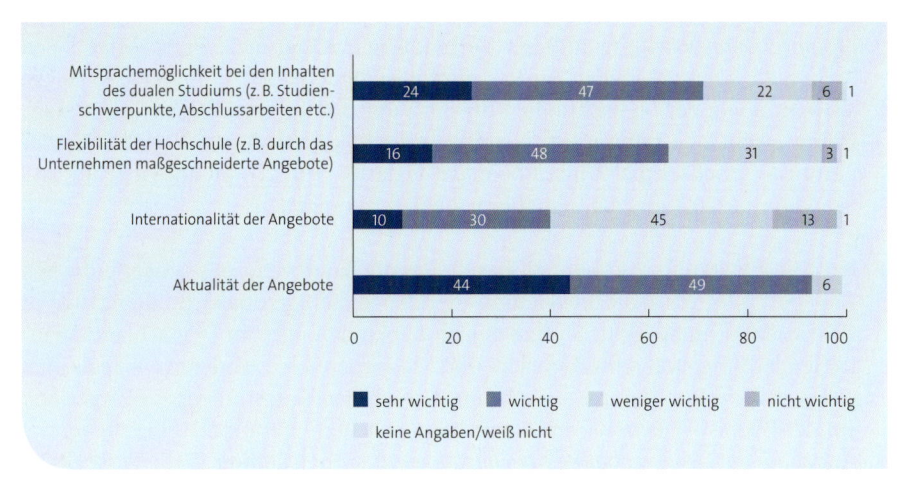

Kriterium	sehr wichtig	wichtig	weniger wichtig	nicht wichtig	keine Angaben/weiß nicht
Mitsprachemöglichkeit bei den Inhalten des dualen Studiums (z. B. Studienschwerpunkte, Abschlussarbeiten etc.)	24	47	22	6	1
Flexibilität der Hochschule (z. B. durch das Unternehmen maßgeschneiderte Angebote)	16	48	31	3	1
Internationalität der Angebote	10	30	45	13	1
Aktualität der Angebote	44	49	6		

Quelle: Deloitte 2015: 9; N = 99; Frage: Wie wichtig sind Ihrer Meinung nach folgende Qualitätskriterien für ein duales Studium bei der Kooperation mit einer Hochschule? Gerundete Prozentwerte

Firmenseite keine Möglichkeiten bieten, Auslandserfahrungen zu sammeln (vgl. Deloitte 2015: 37). Mit diesem Befund korrespondiert auch ein anderes Ergebnis der Deloitte-Befragung, wonach die Unternehmen die Internationalität dualer Studiengänge als vergleichsweise unwichtig einschätzen, wie Abbildung 8 deutlich macht. Dies widerspricht der immer wieder – gerade von Wirtschaftsseite – erhobenen Forderung, wonach Berufseinsteiger möglichst über eine ausgeprägte interkulturelle Kompetenz verfügen sollen. Überraschend ist dieses Ergebnis auch vor dem Hintergrund, dass es sich bei knapp 60 Prozent der befragten Unternehmen um Großbetriebe mit 250 bis 50.000 Mitarbeitern handelt, die in der Regel auf internationalen Märkten unterwegs sind. Möglicherweise sehen sie es eher als Aufgabe der Hochschule an, für geeignete Maßnahmen der Internationalisierung zu sorgen und nicht als ihre eigene.

Doch welche Optionen gibt es, die Einrichtung von Angeboten im Ausland zu fördern, die den dualen Studiengängen in Deutschland ähneln? Ein „Export" des dualen Studiums im engeren Sinne, das heißt die Übertragung des gesamten Systems auf ein anderes nationales Bildungssystem, erscheint aufgrund der internationalen Differenzen kaum machbar. Viele der Eigenschaften des dualen Studiums sind spezifisch aus der Situation in Deutschland erwachsen, zum Beispiel dem Dialog der Sozialpartner und der etablierten Tradition der, auch finanziellen, Beteiligung der Unternehmen an der Ausbildung, und entziehen sich insofern einer einfachen Übertragung. Deshalb scheint der Transfer einzelner Elemente eher möglich zu sein (vgl. Graf et al. 2014: 27).

Für den Transfer einzelner Elemente lassen sich verschiedene Erfolgsbedingungen wie auch Ansatzpunkte zur Förderung identifizieren (ebd.: 28 f. & 52 f.). Relevant sind grundlegend die politischen, sozialen und wirtschaftlichen Kontextbedingungen in den jeweiligen „Zielländern", etwa der Druck auf die Unternehmen bei der Rekrutierung geeigneter Mitarbeiter, wie auch die Unterschiede zwischen den jeweiligen institutionellen Strukturen im Bildungssystem. Hinzu kommt als ein wichtiger Faktor das Ansehen, das berufliche Bildungsgänge im Ausland genießen, da hiervon vor allem die Beteiligungsmotivation Studieninteressierter abhängig ist. Ansatzpunkte für einen Transfer stellen weitergehend Bildungsgänge dar, bei denen bereits in irgendeiner Form Studium und Berufspraxis miteinander verbunden werden, wie auch bereits bestehende Austauschbeziehungen im Bildungsbereich. Schließlich ist ein hinreichendes Interesse der beteiligten Akteure, von staatlichen Institutionen über Hochschulen bis zu Unternehmen, notwendig, sowohl auf deutscher als auch auf der Gegenseite. Entlang dieser Linien können sich Transfermöglichkeiten und damit einhergehend Ausgangspunkte für vertiefte Kooperationen im internationalen Raum ergeben – wie sie gegenwärtig noch die Ausnahme bilden.

Sowohl die Diskussion der Professional-Higher-Education-Angebote im europäischen Raum als auch das Thema des Transfers des dualen Studiums ins Ausland zeigen, dass die gegenwärtigen Entwicklungen in Deutschland in ein internationales, innovatives Entwicklungsfeld eingebunden sind, von dessen Berücksichtigung und aktiver Mitgestaltung die Bemühungen um die Weiterentwicklung der Qualität dualer Studiengänge in Deutschland profitieren können.

2 Qualitätsentwicklung dualer Studienangebote: Strategien und Tools

2.1 Überblick über Themen und Analyserahmen

2.1.1 Bearbeitete Handlungsfelder im Qualitätsnetzwerk

Wie in Kapitel 1 deutlich wurde, bietet das duale Studium Studierenden, Unternehmen und Hochschulen einen hohen Mehrwert, aber es besteht auch Bedarf an einer kontinuierlichen qualitativen Weiterentwicklung. Das Herzstück bildet hierbei die Integration von Theorie und Praxis. Das Management dieser problemanfälligen Schnittstelle ist für die beteiligten Akteure – vor allem Hochschule, Unternehmen, Berufsschulen, Kammern, überbetriebliche Ausbildungsstätten – jeden Tag aufs Neue eine Herausforderung. Empirische Studien kommen zu dem Schluss, dass die Schwierigkeiten „(…) vor allem damit zusammenhängen, dass Theorie und Praxis nicht nur unterschiedliche Wissenstypen, sondern auch unterschiedliche Organisationen mit ihrer je eigenen institutionellen Logik repräsentieren" (acatech 2014: 24). Vor diesem Hintergrund konzentrierte sich ein großer Teil der Aktivitäten des vom Stifterverband für die Deutsche Wissenschaft initiierten Qualitätsnetzwerks Duales Studium auf eine engere Verzahnung zwischen den am dualen Studium beteiligten Lernorten.

Ausgehend von den in der Einleitung dieser Publikation vorgestellten Fragestellungen, mit denen sich das Qualitätsnetzwerk zwei Jahre auseinandersetzte, wurden in den einzelnen Projekten – teilweise auf Basis eigens für diesen Anlass erhobener empirischer Daten – Strategien und Tools für die qualitätsorientierte Weiterentwicklung dualer Studienangebote erarbeitet. Bis zum Frühjahr 2015 entstanden in den Netzwerkhochschulen zehn schriftliche Expertisen (Näheres dazu siehe Quellenverzeichnisse). Einzelne Elemente daraus werden in diesem Kapitel näher vorgestellt und mit zusätzlichen Informationen aus der Literatur sowie aus eigens durchgeführten Experteninterviews angereichert.

Im zentralen Bereich der Theorie-Praxis-Verzahnung stehen vor allem qualitätsverbessernde Maßnahmen zur Transferkompetenz bei Lehrenden und Studierenden im Mittelpunkt, aber auch die Managementebene wird angesprochen.

- **Didaktische Transferkompetenz der Lehrenden**
  Lehrbeauftragte decken inzwischen einen großen Teil der Lehre an Hochschulen ab. Dabei handelt es sich um Personen, die nicht fest zum Lehrkörper einer Hochschule gehören, sondern auf freiberuflicher Basis punktuell Lehrveranstaltungen durchführen. Wie die festangestellten Lehrenden im dualen Studium sind auch Lehrbeauftragte mit der spezifischen Herausforderung konfrontiert, einen Transfer zwischen Wissenschaft und Berufspraxis herstellen zu müssen. Das erfordert geeignete didaktische Fähigkeiten. Diese sicherzustellen, ist schon bei festangestellten Lehrenden oft nicht einfach.

Bei Lehrbeauftragten ist es aufgrund ihrer nur sporadischen Anwesenheit in der Hochschule zum Teil noch schwieriger. Für die Sicherung und Fortentwicklung einer hochwertigen Lehr- und Lernqualität ist es deshalb wichtig, diesen Personenkreis von seiner Rekrutierung an in geeigneter Form zu begleiten. Dafür wurde von der Berufsakademie (BA) Sachsen ein Befragungsinstrument entwickelt und eingesetzt, dessen Ergebnisse die Basis für die anschließende Erstellung eines Index für Lehrkompetenz bilden. Davon abgeleitet werden Empfehlungen für die systematische und qualitätsfördernde Integration von Lehrbeauftragten vonseiten der Hochschule (vgl. Gröckel et al. 2015). Ein spezifischer Weg, Lehrbeauftragte zu gewinnen, ist die Einbindung von Alumni aus dem dualen Studium einer Hochschule. Hierzu hat die Technische Hochschule Mittelhessen (THM) ein Mentoringkonzept entwickelt, welches mit Lehrtandems arbeitet und zudem über ein hochschuldidaktisches Netzwerk Fortbildungsmöglichkeiten bereitstellt (vgl. Danne/Wiesner 2015).

Nicht nur für Lehrbeauftragte, sondern für alle Hochschullehrenden stellt sich im dualen Studium die Frage, wie sie die Erfahrungen und das Wissen, das die Studierenden in Ausbildung oder Beruf sammeln, für die Seminararbeit nutzbar machen können. Die Parallelität von Berufstätigkeit und Lernen an der Hochschule erfordert nicht nur spezifische, sondern zum Teil auch innovative didaktische Handlungsformen. Vor diesem Hintergrund hat die Fachhochschule (FH) Bielefeld untersucht, welche Methoden zur Explikation beruflichen Wissens innerhalb des Studiums bereits erfolgreich eingesetzt wurden und welche Ideen sich darüber hinaus noch generieren lassen (vgl. Beaugrand et al. 2015). Die Ergebnisse wurden in einem Expertenworkshop diskutiert und mündeten in die Erstellung eines Kompendiums, welches insgesamt 36 didaktische Verfahren beschreibt und so von Hochschullehrenden unmittelbar angewandt werden kann.

- **Erwerb von Transferkompetenz bei Studierenden**
Die Verbindung zwischen Wissenschaft und Berufspraxis findet zwar maßgeblich im Kopf der Studierenden statt, doch sie brauchen dafür geeignete institutionelle Rahmenbedingungen und inhaltliche Unterstützung. Um diese in möglichst hoher Qualität bereitstellen zu können, müssen Hochschulen systematisch und kontinuierlich Wissen über die Kompetenzentwicklung der Studierenden generieren und diese auch mit den Kompetenzanforderungen von Hochschule, Praxispartnern und den Studierenden selbst in Einklang bringen. Vor diesem Hintergrund hat die FOM Hochschule für Oekonomie und Management in Essen zwei Verfahren entwickelt und eingesetzt, die an ein Modell des Transferlernens im dualen Studium angelehnt sind (vgl. Schulte 2015). Dabei handelt es sich um eine Unternehmensbefragung, mit deren Hilfe der Stellenwert beruflich relevanter Kompetenzen aus betrieblicher Sicht ermittelt werden und eine

Studierendenbefragung, welche eine Evaluation des fortlaufenden Kompetenzerwerbs im dualen Studium ermöglicht, sowie, in abgewandelter Form, auch die Ermittlung der entsprechenden Erwartungen der Studierenden. In eine ähnliche Richtung, wenn auch mit einem etwas anderen methodischen Zugang, bewegt sich der Ansatz der Universität Kassel. Hier wurden auf Basis der Ergebnisse einer Studierendenbefragung Verbesserungsvorschläge zur Kooperation der Lernorte entwickelt, in deren Zentrum der Kompetenzerwerb der Studierenden steht (vgl. Wochnik/Thiel de Gafenco 2015). Eine Form der direkten persönlichen Unterstützung dual Studierender zeigt die THM auf: Alumni coachen Studierende (vgl. Danne/Wiesner 2015). Ziel ist die Vermittlung von Selbstkompetenz, das heißt die Fähigkeit zum eigenverantwortlichen und reflektierten Handeln, und die Verbesserung des Studienerfolgs. Die Coaches werden von der Hochschule auf ihre Tätigkeit vorbereitet und bei ihrer Arbeit begleitet.

- **Übergreifendes Prozessmanagement**
  Die Kooperation zwischen Hochschule einerseits und Praxispartnern andererseits erzeugt eine Reihe von Schnittstellen, die anfällig für Missverständnisse und Dysfunktionen sind. Deshalb bedürfen sie eines geeigneten Managements. Ein wesentlicher Baustein hierzu ist ein übergreifendes Prozessmanagement, welches darauf abzielt, die Abläufe auf beiden Seiten zu verzahnen und möglichst reibungsfrei zu gestalten. Zwei Ziele stehen dabei im Vordergrund: zum einen bei allen Beteiligten durch transparente Verfahren und Standardisierungen größtmögliche Handlungssicherheit zu erzeugen und zum anderen ein Frühwarnsystem zu etablieren, welches durch regelmäßige Überprüfungen rechtzeitig mögliche Fehlentwicklungen sichtbar macht und Interventionen ermöglicht. In diesem Sinne hat die Hochschule für angewandte Wissenschaften (HAW) München spezifische Lösungen für die Organisation dualer Studiengänge entwickelt (vgl. Ulhaas/Winterhalder 2015). Es stehen nunmehr Modellierungen zentraler Prozesse des dualen Studiums wie zum Beispiel die Anbahnung und der Abschluss von Kooperationsvereinbarungen oder die Auswahl der Studierenden zur Verfügung. Zudem werden Hinweise zum flankierenden Einsatz eines Qualitätszirkels gegeben, dem Vertreter aus Hochschulen, Unternehmen, Kammern und Interessenverbänden angehören.

Abgesehen von der Herausforderung einer verbesserten Theorie-Praxis-Verzahnung gibt es noch weitere offene Baustellen bei der Qualitätsentwicklung des dualen Studiums. Wichtige Punkte in diesem Zusammenhang sind neben der Erschließung neuer Zielgruppen (vgl. Wolter et al. 2014: 95–97) vor allem auch die Reaktion auf eine steigende Nachfrage dualer Bachelorabsolventen nach einem anschließendem Masterstudium (vgl. Wissenschaftsrat 2013: 33–34) sowie auf Forderungen nach einer stärkeren Internationalisierung des dualen Studiums (vgl. Graf et al. 2014: 11 f.). Auch hierzu wurden von den Netzwerkhochschulen Handlungsansätze erarbeitet.

- **Erschließung neuer Zielgruppen**
  Die Debatte zum Thema „Durchlässigkeit" betrifft nicht nur diejenige zwischen beruflicher und akademischer Bildung (vgl. Kapitel 1.1), sondern umfasst auch die soziale Dimension. In diesem Kontext sollen auch Personen aus bildungsfernen Bevölkerungsschichten, die bislang im Studium eher unterrepräsentiert sind, verstärkt für ein Hochschulstudium interessiert werden. Dazu zählen auch Jugendliche aus Migrantenfamilien. Die Westfälische Hochschule mit ihren Standorten in Gelsenkirchen, Bocholt und Recklinghausen besitzt langjährige Erfah-

rung mit der Ansprache junger Menschen mit Migrationshintergrund. Sie gehört zu den ersten Hochschulen in Deutschland, die ein Talentscouting bei dieser Gruppe betreiben. Vor diesem Hintergrund hat die Westfälische Hochschule analysiert, warum Jugendliche mit diesem biografischen Merkmal bislang so wenig im dualen Studium repräsentiert sind (vgl. Gibas 2015). In Gesprächsrunden mit Unternehmensvertretern, Lehrern und Beratern der Agentur für Arbeit wurden die gewonnenen Erkenntnisse reflektiert und am Ende regionale Strategien für pragmatische Problemlösungen identifiziert.

Ein anderer Aspekt bei der Erschließung neuer Zielgruppen betrifft die wirtschaftsstrukturelle Dimension. Bislang engagieren sich vor allem größere Unternehmen im Rahmen dualer Studiengänge, während kleinere und mittlere Unternehmen (KMU) zum Teil eher zurückhaltend agieren. KMU haben im Gegensatz zu Großunternehmen häufig das Problem, nur vereinzelt Mitarbeiter ins duale Studium entsenden zu können. Insbesondere Hochschulen in ländlichen Gebieten haben jedoch eher Kooperationspartner aus dem KMU-Bereich. Infolgedessen können sie nicht auf eine kontinuierliche Nachfrage setzen, sondern müssen sich auf Schwankungen einstellen. Vor diesem Hintergrund gibt die FH Brandenburg auf Basis einer Unternehmensbefragung Handlungsempfehlungen für die Ausgestaltung dualer Studienangebote unter Einbeziehung von KMU (vgl. Schwill et al. 2015).

- **Dualer Master**
Die meisten dualen Studienangebote konzentrieren sich auf grundständige Bachelorabschlüsse. Weiterführende duale Masterstudiengänge sind noch in der Minderzahl. Gegenstand häufig geäußerter Kritik ist, dass duale Masterstudiengänge nur schwer von herkömmlichen berufsbegleitenden oder weiterbildenden Studiengängen abzugrenzen sind. Was im Masterstudium im Unterschied dazu geleistet werden muss, ist die Integration der Berufspraxis. Für diesen Bereich hat die Duale Hochschule Baden-Württemberg (DHBW) analysiert, welche Gestaltungsmerkmale von dualen Masterstudiengängen erfüllt werden sollten. Dabei wird die Perspektive der Praxispartner mit einbezogen (vgl. Beedgen et al. 2015). Zudem werden auf Basis von Umfragedaten Gründe, die für oder gegen die Aufnahme eines solchen Masterstudiums sprechen, aus Sicht von Studierenden aufgezeigt.

- **Internationalisierung**
Durch die Globalisierungsprozesse in der Wirtschaft steigen die Anforderungen an die interkulturelle Kompetenz und die Fremdsprachenkompetenz der Mitarbeiter. Das hat Rückwirkungen auf das duale Studium. Die Hochschule für Wirtschaft und Recht (HWR) Berlin hat genauer untersucht, welcher Bedarf an Internationalisierung aus Perspektive von Studierenden und Unternehmen besteht, welche Instrumentarien in den Hochschulen bereits in welchem Ausmaß angewendet werden und welche Verbesserungsmöglichkeiten daraus abgeleitet werden können (vgl. Bustamante et al. 2015). Darüber hinaus wird ausgeleuchtet, unter welchen Bedingungen es sich für Hochschulen lohnt, im Rahmen dualer Studienangebote gemeinsame Doppelabschlüsse mit ausländischen Partnerhochschulen zu schaffen.

2.1.2 Modell für ein systematisches Qualitätsmanagement

Ziel des Kapitels 2 ist es, Anregungen für ein systematisches Qualitätsmanagement (QM) dualer Studiengänge zu geben. Deshalb werden die identifizierten Elemente in einem theoretisch fundierten und vielfach erprobten Modell (vgl. Abbildung 9) eines hochschuladäquaten QM-Systems verortet (vgl. Nickel 2007, Nickel 2014).

Durch die Einordnung soll deutlich werden, auf welche Ebenen sich die aufgezeigten Vorgehensweisen beziehen und welche Rolle sie im Gesamtgefüge spielen. Das betrifft beispielsweise auch die mögliche Kombination mit bereits etablierten Instrumenten und Verfahren des QM, denn jede Hochschule in Deutschland betreibt bereits in irgendeiner Weise eine Qualitätssicherung im Bereich Studium und Lehre. Die in diesem Kapitel vorgestellten Strategien und Tools sollen keine Sonderrolle spielen, sondern sich in das QM-Konzept integrieren.

Das Besondere an QM-Systemen ist, dass sie einen Zusammenhang zwischen verschiedenen Handlungsfeldern herstellen: Strategien müssen entwickelt und in angemessene Strukturen überführt, angemessene Ressourcen bereitgestellt, Prozesse adäquat ausgestaltet, Ergebnisse gemessen und Erkenntnisse zur Zielerreichung für die Weiterentwicklung der Angebote genutzt werden. Sie folgen einem Regelkreisprinzip bestehend aus Planung, Umsetzung, Überprüfung der Ergebnisse und Feststellen von Verbesserungsmöglichkeiten (Plan, Do, Check, Act; vgl. Zollondz 2002: 78 f.). Dabei ist von großer Wichtigkeit, dass neben den Vorstellungen der Hochschulmitglieder auch die Anforderungen aus dem Umfeld einer Hochschule Eingang in die Zielplanung finden: „Die Ausformung eines Qualitätsverständnisses im Hochschulraum lässt sich als soziales Konstrukt verstehen, an dessen Gestaltung in der Regel mehrere Anspruchsgruppen beteiligt sind. Zu nennen sind hier zunächst gesellschaftliche, durch Hochschulpolitik und Öffentlichkeit vertretene Auffassungen dessen, was als gute oder schlechte Qualität zu werten ist" (Schmidt

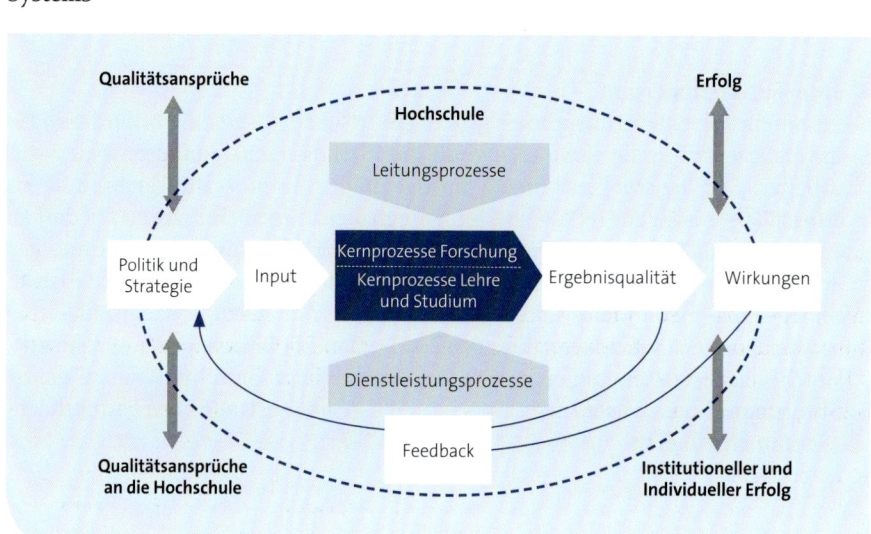

Abbildung 9: Grundmodell eines hochschuladäquaten Qualitätsmanagement-Systems

Quelle: Nickel 2014: 5

2010: 11). Qualität bemisst sich stets an Bezugsgrößen, das heißt nachdem eine Hochschule definiert und operationalisiert hat, was sie unter Qualität versteht, muss sie Referenzstandards festlegen. Erst im Vergleich zeigt sich, ob eine Leistung gut oder schlecht ist.

Bei QM-Systemen handelt es sich um eine Kombination aus strategischem Management und Qualitätssicherung, deren oberstes Ziel es ist, möglichst hochwertige Leistungen in Forschung, Lehre und Studium herzustellen. Da der Gegenstand des vorliegenden Handbuchs das duale Studium ist, beziehen sich die Ausführungen allerdings nicht auf die Forschung, sondern nur auf Lehre und Studium. Kerngedanke ist, dass Lehrende, Studierende, Leitungskräfte und Verwaltungsmitarbeiter zusammenwirken müssen, damit möglichst gute Lehr- und Lernergebnisse entstehen können. Qualität wird so zu einer Gemeinschaftsleistung von Personen aus unterschiedlichen Arbeitsbereichen und aus unterschiedlichen Rollen. Vor diesem Hintergrund sollten Strukturen, Inputs und Prozesse so gestaltet werden, dass sie die Handlungen möglichst stimmig in Beziehung zueinander setzen. Das dahinterliegende Bild ist das eines Kooperationssystems (vgl. Barnard 1970) hochschulinterner Akteure, die sich in einem gesellschaftlichen Umfeld bewegen, mit dem sie in Interaktion stehen. Gerade für das duale Studium ist – wie bereits festgestellt – der Austausch mit externen Stakeholdern sehr wichtig.

Die im Folgenden dargestellten Strategien und Tools zur (Weiter-)Entwicklung dualer Studienangebote sind eine Auswahl. Diese speist sich größtenteils aus den Arbeitsergebnissen des Qualitätsnetzwerks, zieht aber auch weitere Quellen hinzu. Aufgegriffen werden vor allem solche Elemente, die für Hochschulen und Praxispartner eine generelle Nützlichkeit entfalten können. Eine 100-prozentige Übertragbarkeit der aufgegriffenen Strategien und Tools auf andere Kontexte kann es naturgemäß nicht geben. Gerade duale Studienangebote sind häufig Ergebnisse individueller Vermittlungsprozesse zwischen den gegebenen Rahmenbedingungen und den Erwartungen der beteiligten Akteure, weshalb sich mitunter regional sehr unterschiedliche Modelle entwickelt haben. In den anschließenden Kapiteln geht es deshalb darum, Beispiele und Anregungen für den Verbesserungsprozess in Lehre, Studium, Leitung und Dienstleistungsbereichen zur Verfügung zu stellen, die für möglichst viele Anbieter dualer Studiengänge relevant sind.

2.2 Die Ebene „Strategie"

Angemessene und kohärente Zielsetzungen bilden die zentrale Grundlage für die Planung, Durchführung und auch die Evaluation dualer Studienangebote. Insofern sind sie das erste zentrale Handlungsfeld eines umfassenden Qualitätsentwicklungsprozesses. Die für eine Hochschule strategisch, das heißt mit Blick auf den mittelfristigen Organisationserfolg, relevanten Ziele können mithilfe verschiedener Vorgehensweisen identifiziert und zu einem Strategiekonzept zusammengeführt werden (vgl. Scheidegger 2001: 39 f., Nickel 2007, Boentert/von Lojewski 2010). Strategische Ziele geben der Qualitätsentwicklung ihre Richtung und setzen Schwerpunkte. Voraussetzung ist, dass sie für diesen Zweck auch geeignet sind, da „(…) letztlich auch bei ausgezeichneten Strukturen und Prozessen die Ergebnisse ungenügend sein können, wenn die Ziele nicht angemessen waren" (Schmidt 2010: 15). Wesentliche Eignungskriterien sind neben der inhaltlichen Passung vor allem die Umsetzbarkeit und Überprüfbarkeit der Ziele. Dies wird vor allem dann erreicht, wenn die Zielplanung auf validen Informationen beruht. Deshalb nimmt im Kapitel 2.2 bezogen auf das duale Studium die Bedarfs- und Angebotsplanung großen Raum ein. Darüber hinaus werden als wichtige Querschnittsthemen Internationalisierungs- und Marketingstrategien behandelt.

2.2.1 Bedarfs- und Angebotsanalyse mit Blick auf (potenzielle) Partnerorganisationen

Als ein gemeinsames Projekt von Hochschulen, Praxispartnern, Studierenden und gegebenenfalls weiteren Stakeholdern leben duale Studienangebote von dem Interesse und dem Engagement der beteiligten Akteure. Das gemeinsame Interesse an einem aufgrund der Verzahnung von Theorie und Praxis für alle Beteiligten attraktiven Bildungsangebot ist das verbindende Element dieser Kooperation. Über das grundlegende Interesse hinaus haben die Partner jedoch mitunter ganz spezifische Erwartungen, sodass sich duale Studienangebote notgedrungen in einem Spannungsfeld divergierender Interessen bewegen.

Von der Berücksichtigung der verschiedenen Interessen hängt nicht nur die Nachfrage nach den Angeboten und damit deren Nachhaltigkeit ab, sondern ebenfalls die Angebotsqualität, die auch immer die Berücksichtigung der Anforderungen der Stakeholder impliziert. Eine der Aufgaben auf Ebene der strategischen Planung besteht deshalb darin, die Interessen und Erwartungen verschiedener Stakeholder detailliert zu ermitteln. Dazu gehören neben den Unternehmen auch die Kammern sowie weitere Institutionen und Verbände im Bereich der beruflichen Bildung. Darüber hinaus ist es wichtig, sich ein genaues Bild von dem bestehenden Angebot an dualen Studiengängen im Einzugsgebiet der Hochschule zu machen und dadurch Informationen über eine mögliche Wettbewerbssituation zu erhalten. Wie das genau funktionieren kann, sollen drei Beispiele zeigen.

2.2.1.1 Sondierung regionaler Anforderungen

Da das duale Studium in Brandenburg bisher wenig etabliert ist, gibt es weder einen Erfahrungsaustausch zwischen den Hochschulen des Landes dazu, noch liegen ausreichende Erkenntnisse zum grundlegenden Bedarf und den spezifischen Erwartungen der Unternehmen vor. Um diese Lücke zu füllen, wurde von der FH Brandenburg ein mehrstufiges Verfahren der Bedarfs- und Erwartungsermittlung entwickelt, mittels dessen sich allgemein wichtige Erkenntnisse zu (potenziellen) Partnerorganisationen gewinnen lassen.

Mit dem ersten Schritt des Verfahrens wird eine grundlegende Einschätzung des Nachfragepotenzials im Einzugsgebiet der Hochschule über die verfügbaren Statistiken zum Fachkräftebedarf vorgenommen. Betrachtet werden dazu die nach Branchen und erforderlichen Abschlüssen differenzierten Nichtbesetzungsquoten für Fachkräftestellen im Zeitverlauf, die Aufschluss darüber geben, in welchen Bereichen der Wirtschaft sich das Interesse an neuen, innovativen Rekrutierungsinstrumenten und Ausbildungsformaten wie dem dualen Studium konstant auf hohem Niveau bewegen könnte. Ergänzend werden Erkenntnisse anderer in diesem Bereich aktiver Anbieter dualer Studiengänge herangezogen, die weitere Hinweise auf Nachfragepotenziale liefern.

Die so gewonnenen ersten Ansatzpunkte lassen sich in einem zweiten Schritt über den direkten Austausch mit wesentlichen Stakeholdern und Wettbewerbern konkre-

Abbildung 10: Interviewpartner im Zuge einer Bedarfsanalyse der Fachhochschule Brandenburg

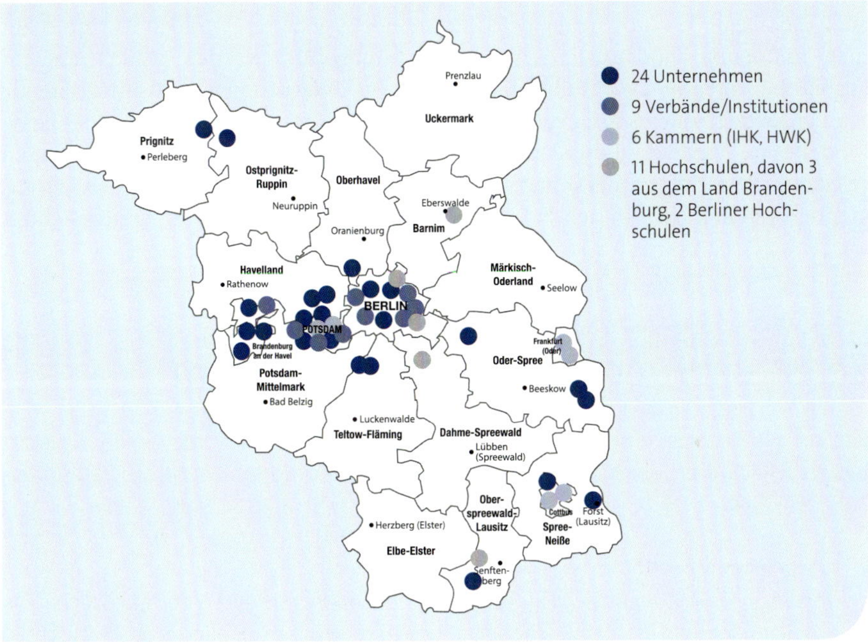

Quelle: Schwill et al. 2015: 26

tisieren (vgl. Abbildung 10). An der FH Brandenburg wurden dazu standardisierte Interviews geführt, darunter auch mit insgesamt 23 Unternehmen der Region. Deren Auswahl erfolgte auf der Grundlage der Aufstellung der TOP 100 Unternehmen der „Märkischen Allgemeinen Zeitung" für Berlin/Brandenburg im Jahr 2012. Zusätzlich wurden einige Unternehmen aus den Zukunftsclustern Energie und Logistik befragt. Im Mittelpunkt der Interviews standen unter anderem der Informationsstand der Unternehmen zum dualen Studium, bereits bestehende Beteiligungen an dualen Studienangeboten, die dahinterstehende Motivation sowie Anforderungen und Erfahrungen mit dieser Studienform. Ähnliche Interviews wurden auch mit weiteren Experten durchgeführt, darunter Vertreter von Unternehmensverbänden, der Agentur für Arbeit, der Handwerkskammern sowie der Industrie- und Handelskammern.

Um schließlich eine für die Entwicklung strategischer Ziele wichtige breite Datenbasis zu erhalten, besteht der dritte Schritt in der Befragung einer größeren Anzahl von Unternehmen aus dem gesamten Einzugsgebiet. Der hierzu an der FH Brandenburg entwickelte Fragebogen (Näheres dazu siehe Arbeitsmaterialien 1, Seite 124) knüpft direkt an die in den beiden ersten Schritten gewonnenen Erkenntnisse an, weshalb er auch auf die dort als besonders relevant identifizierte Gruppe der kleinen und mittleren Unternehmen ausgerichtet wurde. Orientiert an im Vorfeld ermittelten Hinweisen auf kritische Themenbereiche und aus Unternehmenssicht wichtige Aspekte werden von dem Fragebogen über 28 vorwiegend geschlossene Fragen differenzierte Informationen zu dem Potenzial des dualen Studiums im Einzugsgebiet und notwendigerweise zu berücksichtigenden Interessen der Unternehmen erhoben. Um der jeweils spezifischen Ausgangssituation gerecht zu werden, wird bei einem Großteil der Fragen zwischen Unternehmen, die bereits duale Studiengänge anbieten, und Unternehmen, die in diesem Feld noch nicht aktiv sind, unterschieden.

Als Motivation, ein duales Studium im Unternehmen anzubieten, wurde von den Antwortenden mehrfach die Verzahnung von Theorie und Praxis, die frühzeitige Mitarbeiterbindung als eine sinnvolle Ergänzung der dualen Berufsausbildung, aber auch die soziale Verantwortung des Unternehmens genannt. Von den 23 Unternehmen, mit denen standardisierte Interviews durchgeführt wurden, präferieren acht ausbildungsintegrierende Studiengänge und zehn Unternehmen praxisintegrierende Studiengänge (Näheres dazu vgl. Kapitel 1.1). Zwei Unternehmen bilden über beide Modelle aus. Aus Sicht dieser Unternehmen sind also beide Modelle gleichermaßen relevant. Diese Erkenntnis sollte aufseiten der Hochschule sowohl bei der Verbesserung bestehender als auch bei der Einrichtung neuer Angebote berücksichtigt

Zeitstrukturmodelle im dualen Studium

Bei den ausbildungs- und praxisintegrierenden Studiengängen werden in der Literatur hauptsächlich drei verschiedene Zeitstrukturmodelle unterschieden (vgl. Ratermann 2015: 194–198):

- **Integriertes Modell**
  Von Beginn des Studiums an wird ein permanenter Wechsel der Lernorte vollzogen. Die Studierenden sind in jeder Woche sowohl im Unternehmen als auch in der Hochschule und der Berufsschule oder anderen überbetrieblichen Lernorten (optional). Die gesamte Studienstruktur muss an die Praxisphasen in den Unternehmen und gegebenenfalls an Berufsschulzeiten angepasst sein.

- **Blockmodell**
  Die Studierenden sind längere zeitliche Blöcke abwechselnd im Unternehmen und in der Hochschule. Der eventuelle Besuch der Berufsschule oder eines anderen überbetrieblichen Lernorts wird entsprechend integriert. Die Zeitblöcke sind in der Regel aufgeteilt nach dem Semester, in dem die Lehrveranstaltungen an der Hochschule besucht werden, und der vorlesungsfreien Zeit, in der im Unternehmen gearbeitet wird. Darüber hinaus kann auch ein reines Praxissemester integriert werden, welches zum Beispiel das Ablegen der Kammerprüfung im Rahmen der Berufsausbildung beinhaltet.

- **Teilsepariertes Modell**
  Ein Teil der Berufsausbildung wird zeitlich vom Studium abgekoppelt. Dies geschieht beispielsweise durch ein dem Studium vorgeschaltetes Jahr, welches die Studierenden nur im Unternehmen verbringen, um sich auf ihre Berufsausbildung oder -praxis konzentrieren zu können. Die übrige Zeit gibt es dann einen Wechsel zwischen dem Besuch der Lehrveranstaltungen an der Hochschule im Semester und der Arbeit im Unternehmen in den Semesterferien. Im weiteren Verlauf kann auch in dieses Modell ein reines Praxissemester integriert werden, das zum Beispiel das Ablegen der Kammerprüfung im Rahmen der Berufsausbildung beinhaltet.

Darüber hinaus kann auch ein Fernstudienmodell zur Anwendung kommen, bei dem die Lehrveranstaltungen weitgehend im E-Learning- beziehungsweise Distance-Learning-Verfahren absolviert werden. Hierbei fallen die Präsenzphasen an der Hochschule deutlich sporadischer aus als bei den anderen drei genannten Zeitstrukturmodellen (vgl. BIBB 2013: 34).

werden. Eine weitere aufschlussreiche Information in diesem Zusammenhang ist zum Beispiel auch, dass 98 Prozent der von der FH Brandenburg befragten Unternehmen als zeitliche Struktur ein Blockmodell bevorzugen, bei welchem die Studierenden größere Zeitspannen in den Partnerorganisationen verbringen und nicht ständig zwischen den Lernorten hin und her wechseln (siehe Infokasten „Zeitstrukturmodelle im dualen Studium"). Dieser Befund deckt sich mit dem Ergebnis bundesweiter Studien, wonach das Blockmodell am weitesten verbreitet ist (BIBB 2013: 34). Davon ausgehend sollte eine Hochschule im Rahmen ihrer strategischen Planung prüfen, inwiefern diese Zeitstruktur im bestehenden oder geplanten dualen Studienangebot ebenfalls als die geeignetste angesehen wird oder ob andere Modelle zu Anwendung kommen sollten.

2.2.1.2 Kompetenzerwartungen von Unternehmen

Ein weiterer zentraler Punkt für die strategische Entwicklung und Positionierung eines dualen Studienangebots ist der Kompetenzerwerb dual Studierender. Im Zuge des Bologna-Prozesses müssen mittlerweile für alle Studiengänge Qualifikationsziele ausgewiesen werden, die dem besonderen Profil des jeweiligen Angebots entsprechen. Dies ist auch maßgeblich für die Akkreditierung durch eine der in Deutschland zugelassenen Agenturen (vgl. Akkreditierungsrat 2010: 5). In den Qualifikationszielen sollen sich vor allem die angestrebten Lernergebnisse (*learning outcomes*) in Form zu erwerbender Kompetenzen widerspiegeln (vgl. Schaeper/Wildt 2010). Auch in der beruflichen Bildung spielt der Kompetenzerwerb eine zentrale Rolle – zunächst seit den 1990er-Jahren in der dualen Erstausbildung und mit zeitlicher Verzögerung nun auch in der beruflichen Aufstiegsfortbildung (vgl. Rehbold/Hollmann 2014). Vor diesem Hintergrund hat die Abstimmung der Kompetenzanforderungen zwischen Hochschule und Praxispartnern einen hohen Stellenwert.

Mit der Frage, wie die von den Partnerorganisationen erwarteten Kompetenzprofile der Absolventen dualer Studiengänge aussehen, hat sich die FOM beschäftigt. Als Ergebnis dieser Auseinandersetzung wurde das dort erarbeitete Befragungsinventar zur speziell auf duale Studiengänge ausgerichteten Messung des Kompetenzerwerbs von Studierenden (ausführlicher hierzu siehe Kapitel 2.5) auch für die Befragung von Partnerorganisationen nutzbar gemacht (Fragebogen siehe Arbeitsmaterialien 2, Seite 124). In einer ersten Erhebung konnte dabei festgestellt werden, dass nicht nur die Studierenden selbst, sondern auch die Partnerorganisationen Kompetenzen im Bereich des Theorie-Praxis-Transfers eine hohe Bedeutung zuschreiben, was einen wichtigen Ansatzpunkt für die Planung der Qualifizierungsziele darstellt. Neben den bei allen Studiengängen relevanten Bereichen der Fach-, Methoden-, Kommunikations-, Kooperations- und personalen Kompetenz (vgl. Braun 2008) interessieren im Hinblick auf duale Studiengänge vor allem Kompetenzen, die mit den dort gegebenen Möglichkeiten des Transfers von Lernergebnissen zwischen verschiedenen Lernkontexten zusammenhängen. Dieser spezifischen Transferkompetenz (siehe Infokasten „Definition Transferkompetenz", Seite 52) kommt deshalb ein hoher Stellenwert zu, weil damit das prägende Spezifikum des dualen Studiums, die Theorie-Praxis-Verknüpfung (vgl. Kapitel 1.3), berührt ist.

Die von der FOM erzielten Ergebnisse einer Befragung von 100 Unternehmen erlauben kein repräsentatives Meinungsbild der deutschen Wirtschaft insgesamt. Bei der Stichprobe handelt es sich um Kooperationspartner, die aus dem spezifischen Blickwinkel der FOM ausgewählt wurden und sich in ihrer Zusammensetzung

Abbildung 11: Einschätzung der Wichtigkeit des Kompetenzerwerbs im dualen Studium durch Partnerunternehmen der FOM Hochschule für Oekonomie und Management

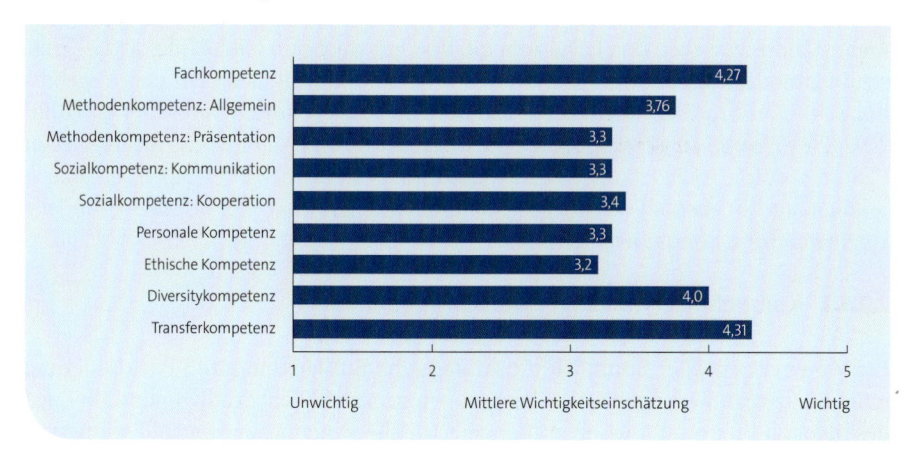

Fachkompetenz	4,27
Methodenkompetenz: Allgemein	3,76
Methodenkompetenz: Präsentation	3,3
Sozialkompetenz: Kommunikation	3,3
Sozialkompetenz: Kooperation	3,4
Personale Kompetenz	3,3
Ethische Kompetenz	3,2
Diversitykompetenz	4,0
Transferkompetenz	4,31

Skala: 1 Unwichtig – 3 Mittlere Wichtigkeitseinschätzung – 5 Wichtig

Quelle: Schulte 2015: 36; schriftliche und telefonische Befragung von 100 Unternehmen bundesweit, davon 36 Prozent Konzerne mit 500 oder mehr Beschäftigten, 36 Prozent Unternehmen mit 250–499 Beschäftigten, 9 Prozent mit weniger als 50 Beschäftigten; Mittelwerte auf Basis einer fünffach abgestuften Likert-Skala

nicht unbedingt mit den Zielgruppen anderer Hochschulen decken müssen. Dennoch zeigen die erhobenen Daten einen Trend, den auch andere Hochschulen als Anhaltspunkt für die eigenen Meinungsbildungsprozesse nutzen können. Wie Abbildung 11 zeigt, messen die Praxispartner sowohl der Transferkompetenz als auch der Fachkompetenz (verstanden als Fähigkeit, unter anderem einen Überblick über die Themen eines Faches oder mehrerer Fächer geben, komplizierte Sachverhalte aus dem Fachgebiet anschaulich darstellen sowie Widersprüche und Ähnlichkeiten der Inhalte herausarbeiten zu können) die höchste Priorität bei. Relativ hoch eingeschätzt wird darüber hinaus auch die Bedeutung der Diversity-Kompetenz (die Fähigkeit, mit Personen anderen und gleichen Geschlechts, Alters, anderer Ethnie oder sexueller Orientierung zusammenarbeiten zu können). Solche Erkenntnisse sind unter anderem hilfreiche Parameter für die Bildung und spätere Überprüfung von Qualifikationszielen dualer Studiengänge mit entsprechender Rückwirkung auf die inhaltliche Gestaltung der Lehrveranstaltungen.

Definition Transferkompetenz

Der Begriff Transferkompetenz stammt aus der beruflichen Bildung (vgl. Seidel 2012) und wurde im Rahmen der Arbeit des Qualitätsnetzwerks Duales Studium auch auf den Hochschulkontext übertragen: „Transferkompetenz ist die Fähigkeit, in einer Situation Gelerntes erfolgreich in eine andere Situation übertragen zu können, und diese Erfahrung aktiv zu nutzen. Personen mit viel Transferkompetenz wenden daher beispielsweise ihr fachliches Wissen besser in neuen beruflichen Situationen an, achten stärker darauf, wie sich dieses Wissen dort bewährt, und nutzen diese Erfahrungen dann erfolgreicher beim weiteren Lernen in ihrem Fach. Ebenso nutzen sie öfter die Erfahrungen, die sie in ihrer beruflichen Praxis machen, in Situationen, in denen sie ihr fachliches Wissen erweitern sollen" (Schulte 2015: 33).

Dabei geht es nicht darum, dass Hochschulen einseitig die Wünsche der Unternehmenspartner berücksichtigen. Vielmehr sollten neben den von der Hochschule selbst für wichtig erachteten wissenschaftlichen Kompetenzanforderungen auch die Erwartungen der Studierenden mit beachtet werden. Es geht hier also um einen Abgleich unterschiedlicher Perspektiven, der in eine von der Hochschule als hauptverantwortliche Instanz zu treffende strategische Entscheidung mündet.

2.2.1.3 Kooperative Workshops

Angesichts der Vielfalt von Interessen reicht es oftmals nicht, die Erwartungen der Stakeholder durch Befragungen zu ermitteln, da diese mitunter stark differieren können. Um die durch qualitative und quantitative Erhebungen gewonnenen Erkenntnisse zu operationalisieren sowie entstandene Fragen und kritische Punkte zu klären, kann die anschließende Durchführung von moderierten Workshops oder Gruppendiskussionen hilfreich sein. Wenngleich über dieses Instrument keine repräsentativen Daten erhoben werden können, besteht doch ein entscheidender Vorteil darin, dass bislang nicht oder zu wenig beachtete Aspekte in den Diskussions- und Entscheidungsprozess eingespeist werden können. Mit Blick auf eine verbesserte Ausgestaltung des Theorie-Praxis-Transfers hat die Universität Kassel Gruppendiskussionen mit unterschiedlichen Stakeholdern durchgeführt.

Übergreifendes Ziel des Projekts der Universität Kassel war es, die Unterschiedlichkeit der „auf berufliche Facharbeit ausgerichtete[n] Praxiszeit im Unternehmen" und der „auf wissenschaftliche Kompetenz ausgerichteten Ausbildung an der Universität" in ihren Auswirkungen auf den angestrebten Theorie-Praxis-Transfer bei den Studierenden detaillierter zu untersuchen (Wochnik/Thiel de Gafenco 2015: 4). Im Rahmen zweier Workshops wurden verschiedene Themen gemeinsam von Unternehmens- und Berufsschulvertretern diskutiert. Der erste Workshop fand vor und der zweite Workshop nach einer ebenfalls zu dem Projekt gehörigen Evaluation unter Studierenden zur Erkenntnis von Verbesserungsmöglichkeiten im dualen Studienangebot der Universität Kassel (Näheres dazu siehe Kapitel 2.5) statt.

Nach der Sondierung und Konkretisierung der Thematik im Rahmen der ersten Diskussion wurden in der zweiten Diskussion explizit die Ergebnisse der parallel durchgeführten Studierendenbefragung aufgegriffen. Die Gruppendiskussion wurde als Methode gewählt, da von der Natürlichkeit der Diskussionssituation realitätsgerechtere Ergebnisse erwartet wurden. Um in diesem Sinne optimale Bedingungen zu schaffen, fand die Diskussion innerhalb der regelmäßig jedes Semester zusammenkommenden Koordinierungsgruppe für das duale Studium an der Universität Kassel statt. So konnte sichergestellt werden, dass alle Beteiligten direkt von der Thematik betroffen sind und einen ähnlichen Bezug dazu haben. Im Gegenzug ergab sich hieraus als Anforderung an die Durchführung, dass über die Moderation gegebenenfalls bereits bestehenden Gruppendynamiken mit negativem Einfluss auf die Ergebnisqualität entgegengewirkt werden muss. Für die weitere Arbeit mit den Ergebnissen wurden die Diskussionsprotokolle inhaltsanalytisch ausgewertet. Über die Zusammenfassung der Diskussionsinhalte in möglichst aussagekräftigen Kategorien konnten so die für die Teilnehmer besonders wichtigen Themen identifiziert werden. Insgesamt ergab sich durch die zeitliche Taktung und das Aufeinanderaufbauen der Workshops ein kontinuierlicher Kommunikationsfluss, der von allen Seiten als produktiv empfunden wurde.

Zielgruppenspezifische Angebote

Innenansichten aus dem Mittelstand

Attraktive Qualifizierungsmöglichkeit auf der einen Seite, herausfordernde Umsetzung auf der anderen – auf welche Probleme mittelständische Unternehmen beim dualen Studium stoßen und wie sie gemeinsam mit den Hochschulen gelöst werden können, erläutert Marion Gottschalk, geschäftsführende Gesellschafterin der ILLE Papier-Service GmbH.

Marion Gottschalk

Ihr Unternehmen nutzt bereits seit 13 Jahren das duale Studium. Wie fügt sich diese Ausbildungsform in die Personalpolitik Ihres Unternehmens ein?
Angefangen haben wir damit als Ergänzung zu unserem bestehenden Ausbildungsangebot. Doch im Gegensatz zum Anfang, wo es eben nur eine reine Zugabe war, ist es heute ein Hauptbestandteil – und rückt tendenziell ein wenig an die Stelle der kaufmännischen Ausbildung, zumindest für Abiturienten.

Bei dualen Studiengängen stellt sich natürlich die Frage, welche Bedeutung der Verbindung der beiden Lernorte Hochschule und Betrieb zukommt?
Diese Verbindung und die Praxisphasen als Teil des Studiums sind für mich das Herzstück. Ganz wichtig ist hier die Betreuung der Studierenden durch die Hochschule, deren Professoren jederzeit als Ansprechpartner bereitstehen. Außerdem werden nicht nur die Studierenden von den Dozenten betreut, sondern indirekt auch das Unternehmen, gerade die Betreuer hier vor Ort.

Welche weiteren Faktoren gibt es, die aus Ihrer Sicht eine gelungene Kooperation zwischen Ihrem Unternehmen und der Hochschule auszeichnen?
Beispielsweise sind die Unternehmen, also auch mein Unternehmen, in verschiedene Gremien an der Hochschule eingebunden. Teilweise werden Unternehmensmitarbeiter an der Hochschule als Dozenten eingesetzt. Dadurch bilden sich Netzwerke, auch zu anderen Unternehmen, das empfinde ich als sehr fruchtbar. Wichtig ist natürlich auch, wie man miteinander umgeht: offen, unkompliziert und schnell reagierend, wenn es etwas zu klären gibt. Wenn man mit irgendwelchen Wünschen oder auch mit Kritik kommt, wird schnell nach einer praktikablen Lösung gesucht und diese zeitnah umgesetzt. Das ist unglaublich hilfreich.

Großunternehmen verfügen über umfassende Kapazitäten im Bereich der Personalentwicklung und können jährlich Kohorten von zehn und mehr dual Studierenden entsenden. Ergeben sich im Vergleich hiermit besondere Herausforderungen für ein mittelständisches Unternehmen wie das Ihre?
Ja, auf jeden Fall, denn für all die gemeinsamen Aktivitäten und Absprachen mit der Hochschule muss natürlich zusätzliche Arbeitszeit investiert werden, die von unseren Mitarbeitern als Extraengagement geleistet wird. Und auch fachlich ist es natürlich so, dass die Betreuer sich zunächst in die jeweils spezifische Materie des Studiums einarbeiten müssen.

Sehen Sie das auch als Chance für die Betreuer?
Absolut. Denn sich so sehr in die Materie hineinzubegeben, hat natürlich auch einen enormen Weiterbildungseffekt für alle Betreuer. Sie lernen sehr viel dazu und machen es deshalb sehr gerne, auch wenn das viel Arbeit bedeutet.

Was können Hochschulen dazu beitragen, um die Belastung für die Mitarbeiter Ihres Unternehmens zu reduzieren?
Grundsätzlich sind Einführungsveranstaltungen für die Betreuer hilfreich. Nützlich sind außerdem die Veranstaltungen an

„Im Masterstudium ist es schwieriger, Studium und Praxis miteinander zu vereinbaren, als im Bachelorstudium."

der Hochschule, bei denen Studierende verschiedener Unternehmen präsentieren. Davon haben nicht nur die Studierenden etwas, sondern davon profitieren auch wir als Unternehmen, weil wir uns so Anregungen für künftige Praxisphasen holen können. Im Vergleich mit den anderen sehen wir, was bei uns in der Betreuung gut gelaufen ist und was weniger gut.

Eine Frage zu den Kompetenzen Ihrer Studierenden: Wodurch zeichnen sich Absolventen dualer Studiengänge aus?
Sie haben einen sehr guten Überblick über das Unternehmen, haben sehr gute praktische Fähigkeiten und lernen, so denke ich, auch im Studium, diesen guten Überblick noch mit theoretischem Input zu verstärken. Sie können sehr gut präsentieren und bei diesen Präsentationen lernen sie, zu strukturieren und selbstständig zu arbeiten.

Stichwort „Internationalität": Ihr Unternehmen hat einen internationalen Aktionsradius. Ergeben sich daraus besondere Anforderungen an die Kompetenzen, die die dual Studierenden – beziehungsweise die Absolventen, die nach dem Abschluss weiterhin für Sie arbeiten – während des Studiums erwerben sollten?
Selbstständigkeit und Selbstorganisation sind sehr wichtig und selbstverständlich auch soziale, speziell interkulturelle Kompetenzen. Und es hilft enorm, wenn die Studierenden schon während ihres Studiums Auslandserfahrungen gesammelt haben.

Wie können die von Ihnen genannten interkulturellen Kompetenzen denn im Studium gezielt gefördert werden?
Auslandssemester und Praxisphasen im Ausland sind hierfür, wie schon gesagt, sehr wichtig. In unserem Fall kümmert sich die Hochschule um sehr viele organisatorische Dinge, sodass wir es in enger Zusammenarbeit schaffen, allen unseren dual Studierenden einen Auslandsaufenthalt zu ermöglichen. Mögliche Überschneidungen mit den Praxisphasen können dennoch nicht immer ausgeschlossen werden, sind es uns aber wert. Darüber hinaus sind Sprachunterricht und Seminare zur Schulung interkultureller Kompetenzen ebenso wichtig – gerne auch auf bestimmte Länder konzentriert, mit denen die Unternehmen hauptsächlich zu tun haben.

Wie schätzen Sie die Zukunft des dualen Studiums ein – in Ihrem Unternehmen, aber auch ganz allgemein?
Es hat auf jeden Fall Zukunft. Im Grunde ist es eine parallele Entwicklung zum Anstieg der Anzahl an Abiturienten, die bevorzugt den Bachelor an einer Hochschule erwerben möchten. Zusätzlich beobachten wir einen Trend hin zum anschließenden Master: Während die ersten Absolventen nicht am Master interessiert waren, nimmt die Nachfrage nach den Masterstudiengängen, auch dual, massiv zu.

Entspricht dieser Trend zum Masterstudium auch dem konkreten Bedarf Ihres Unternehmens?
Uns würde eigentlich der Bachelorabschluss reichen, von Fall zu Fall auch der normale Abschluss der Industrie- und Handelskammer. Doch der Wunsch nach Weiterbildung ist da – und das ist prinzipiell nicht schlecht. Es ist allerdings so, dass es im Master schwieriger wird, Studium und Praxis miteinander zu vereinbaren. Denn in der Regel bekommen die Absolventen nach dem Bachelor bereits ein Sachgebiet zugeteilt und das müssen sie dann zusätzlich neben dem Studium bewältigen. Das kann man nicht immer zeitlich elegant anpassen und wird dann eine Doppelbelastung für die Studierenden. Übrigens auch für das Unternehmen, weil natürlich zu spüren ist, dass die Masterstudierenden in dieser Zeit nicht ihre volle Leistung bringen können. Dennoch erwarten wir mit der zusätzlichen Theorie langfristig auch positive Effekte.

Als geschäftsführende Gesellschafterin der ILLE Papier-Service GmbH leitet Marion Gottschalk ein international agierendes Unternehmen im Bereich Hygieneartikel mit 140 Mitarbeitern am Stammsitz in Altenstadt in Hessen und über 450 Beschäftigten weltweit. Die 46-Jährige studierte nach ihrer Ausbildung zur Bankkauffrau die Fächer Volkswirtschaftslehre, Philosophie und Politologie. 2010 übernahm sie von ihrem Vater, dem Firmengründer Wilhelm Blatz, die Leitung der Firma.

2.2.2 Bedarfs- und Angebotsanalyse mit Blick auf (potenzielle) Studierende

Komplementär zu den Erwartungen und Anforderungen der (potenziellen) Partnerorganisationen ist für das QM dualer Studiengänge die Perspektive der (potenziellen) Studierenden ein zweiter wichtiger Bezugspunkt, vor allem im Rahmen der Strategieentwicklung. Das betrifft zum einen das Einspeisen von Evaluationsergebnissen in die Überprüfung und Veränderung strategischer Zielsetzungen, wie sie die Universität Kassel und die FOM in Essen im Rahmen von Studierendenbefragungen umgesetzt haben (Näheres dazu Kapitel 2.5). Zum anderen geht es auch um die Bearbeitung von Zukunftsthemen wie zum Beispiel die Frage nach der Weiterentwicklung des grundständigen Studienangebots in Richtung duales Masterstudium oder die Erschließung neuer Zielgruppen für das duale Studium, etwa Menschen mit Migrationshintergrund.

2.2.2.1 Einrichtung dualer Masterstudiengänge

Die Studierenden selbst äußern zunehmend den Wunsch, nach dem Bachelorabschluss weiterführende hochschulische Angebote im Masterbereich in Anspruch nehmen zu können (vgl. Wissenschaftsrat 2013: 14). Und die Unternehmen sind durchaus bereit, Mitarbeitern nach einem dualen Bachelorstudium auch ein duales Masterstudium zu ermöglichen, wie eine Befragung unter 123 Firmen ergab (vgl. Deloitte 2015: 50, siehe auch das Interview mit der Unternehmerin Marion Gottschalk, Seite 54). Damit avanciert die Frage nach dualen Masterangeboten zu einer der zentralen Zukunftsherausforderungen für Anbieter dualer Studiengänge. Im Gegensatz zu dualen Bachelorstudiengängen sind duale Masterstudiengänge noch nicht so verbreitet, wobei eine quantitative Erfassung der genauen Anzahl schwierig ist (vgl. Kapitel 1.2). Nach Auffassung des Wissenschaftsrates sollte auch im dualen Masterstudium eine Berufs- oder Praxisintegration stattfinden, das heißt berufsbegleitende Masterstudiengänge und (kostenpflichtige) Weiterbildungsmaster würden strenggenommen nicht unter das Label fallen (vgl. Kapitel 1.1). Ob das praktikabel ist oder nicht, wird noch diskutiert (vgl. BIBB 2015: 13). Häufig sind sich vermutlich weder Praxispartner noch Hochschulen dieser Abgrenzungsprobleme bewusst. Für sie stehen vielmehr die Machbarkeit und Passgenauigkeit des jeweiligen Studienangebots im Vordergrund. Im Folgenden sollen zwei Praxisbeispiele aus dem Kreis der Mitgliedshochschulen des Qualitätsnetzwerks Duales Studium zeigen, wie die Umsetzung von praxisintegrierenden Masterangeboten aussehen kann.

Das duale Masterstudium an der Technischen Hochschule Mittelhessen
Die THM bietet unter der Marke StudiumPlus zertifizierte duale Studiengänge an, deren Qualifikationsprofile in enger Abstimmung mit den sich beteiligenden Unternehmen festgelegt wurden. Zusätzlich zu Bachelorstudiengängen mit unterschiedlichen Fachrichtungen werden folgende drei duale Masterstudiengänge angeboten: der Studiengang Prozessmanagement mit den Fachrichtungen Steuerung von Geschäftsprozessen und Technische Prozesse, der Studiengang Technischer Vertrieb (beide Master of Science) und der Studiengang Systems Engineering mit den Fachrichtungen Maschinenbau und Elektrotechnik (Master of Engineering). Das duale Masterstudium ist konsekutiv angelegt, aber auch Studierenden mit einem vergleichbaren Bachelor- oder Diplomabschluss zugänglich (aktuell ca. 25 Prozent).

Verträge zwischen Hochschule und Unternehmen sowie zwischen Studierenden und Unternehmen regeln die Rahmenbedingungen für das duale Masterstudium. Hierzu gehört unter anderem, dass das Unternehmen dem Studierenden ausreichende zeitliche Kapazitäten für die Durchführung des dualen Studiums zur Verfügung stellt, insbesondere für die Präsenzphasen sowie das erforderliche Selbststudium. Das Fachkuratorium Master sorgt als paritätisch mit Hochschul- und Unternehmensvertretern besetztes institutionelles Gremium sowohl für die inhaltliche Weiterentwicklung der Masterstudiengänge als auch für die Anpassung der Curricula an aktuelle Fragestellungen der Wirtschaft. Zudem achten die Kuratoriumsvertreter auf die Expertise der Dozenten vor dem Hintergrund der praktischen Anwendbarkeit von aktuellem Wissen aus Lehre und Forschung und sichern die organisatorische Verzahnung der beiden Lernorte Hochschule und Betrieb. Jedes Modul und jede Projektphase des einzelnen Masterstudierenden werden zusätzlich umfassend von der QM-Beauftragten von StudiumPlus evaluiert. Hieraus werden eventuell nötige Veränderungen abgeleitet.

Die dualen Masterstudiengänge von StudiumPlus sorgen vor allem dadurch für die Theorie-Praxis-Verzahnung, dass in den Projektphasen die theoretischen Inhalte der Studienmodule integral in die Praxis übertragen werden können. Im Rahmen der zwei Projektphasen bearbeiten die Studierenden eigenständig und auf wissenschaftlicher Basis konkrete Fragestellungen aus der Unternehmenspraxis unter dem Blickwinkel neuester Forschungsergebnisse. So entwickeln sie besondere, übergreifende Methodenkompetenzen. Jedem Studierenden steht dabei sowohl ein Professor der Hochschule zur Seite, der den wissenschaftlichen Standard der Projektberichte garantiert, als auch ein Betreuer aus dem Unternehmen, der die unmittelbare Anwendbarkeit in der Wirtschaftsrealität sicherstellt. Im Sinne der anwendungsorientierten Forschung fungieren beide Betreuer im Projektverlauf als

Abbildung 12: Ablaufschema des dualen Masterstudiums an der Technischen Hochschule Mittelhessen

	Hochschule	Unternehmen
1. Semester	Pro Monat 2 Blöcke à 3 Tage, halbjährlich (20 CrP)	1. Projektphase semesterübergreifend (10 CrP)
2. Semester	Pro Monat 2 Blöcke à 3 Tage, halbjährlich (20 CrP)	2. Projektphase semesterübergreifend (20 CrP)
3. Semester	Pro Monat 2 Blöcke à 3 Tage, halbjährlich (20 CrP)	
4. Semester	Pro Monat 2 Blöcke à 3 Tage, halbjährlich (10 CrP)	
	Masterthesis und Kolloquium (15 + 5 CrP)	

Quelle: Danne/Wiesner 2015; separat angefordertes Material

Diskussionspartner und Coach und sind bei der abschließenden Präsentation des Projektberichts anwesend. Neben der Fachkompetenz werden auch Sozialkompetenz, Team- und Kommunikationsfähigkeit gezielt gefördert. Viele Partnerunternehmen nutzen die dualen Masterstudiengänge als Instrument der Personalentwicklung für Führungspositionen.

Die 120 Credit Points (CrP) werden bei allen drei Masterstudiengängen nach einem bestimmten Studienplan erworben (siehe Abbildung 12).

Das duale Masterstudium an der Dualen Hochschule Baden-Württemberg
Mit der Gründung des Center for Advanced Studies in Heilbronn im Jahr 2014 wurden alle dualen Masterangebote der DHBW an einem Ort gebündelt. Das Markenzeichen des dualen Masterstudiums am CAS besteht in der engen Verzahnung der Studieninhalte mit den Herausforderungen des Berufsalltags und vor allem der Erarbeitung von Projekten des Arbeitgebers mit anschließender Entwicklung umsetzungsreifer Konzepte. Die daraus hergeleiteten Maßnahmen und Ideen der Studierenden werden direkt in das Unternehmensgeschehen eingebunden.

Um zum Studium zugelassen zu werden, muss eine Kooperationsvereinbarung zwischen Studierenden und dem dualen Partnerunternehmen, die sogenannte Mastervereinbarung vorliegen. Das Studium ist modular aufgebaut. Ein Modul besteht beispielsweise aus insgesamt sechs Präsenztagen, die geblockt an zwei Terminen bearbeitet werden können. Die dazwischen liegenden Praxisphasen dienen der Nacharbeitung des vermittelten Stoffes sowie dessen Praxisintegration. Die Prüfungen für die absolvierten Module finden in der Regel im Semester statt. Die klar definierten Anwesenheitszeiträume stellen sicher, dass sowohl für die Berufstätigkeit als auch für die Studienphasen ausreichend Zeit zur Verfügung steht. Das Arbeitspensum eines Masterstudiengangs umfasst insgesamt 2.700 Stunden (90 ECTS-Punkte) und kann in einem oder zwei Jahren Regelstudienzeit absolviert werden, mit Möglichkeiten der flexiblen Verlängerung der Studienzeit. Hinzu kommt die Möglichkeit, bereits vor der Aufnahme des Masterstudiums einzelne

Abbildung 13: Mögliches Ablaufschema eines dualen Masterstudiums an der Dualen Hochschule Baden-Württemberg (Kombination von Weiterbildungsmodulen und Vollzeitmaster)

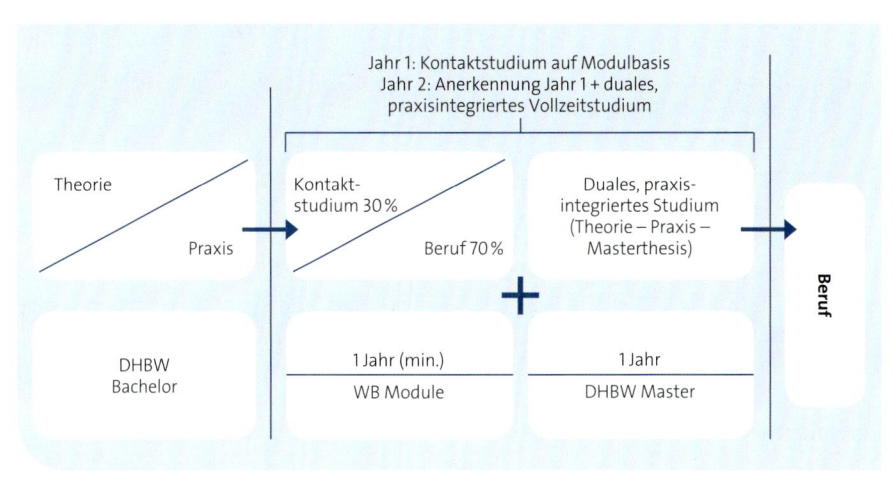

Quelle: Beedgen et al. 2015: 30

Module mit insgesamt bis zu 20 ECTS-Punkten im Rahmen von Kontaktstudien zu belegen, die dann auf ein späteres Masterstudium angerechnet werden können (siehe Abbildung 13). Eine Verbindung von Studium und verantwortungsvollen Aufgaben beim Praxispartner erfordert eine passende Abstimmung mit dem Arbeitgeber. Wichtige Aspekte sind dabei das Ausmaß praktischer Studienanteile (insbesondere bei der Masterarbeit) sowie die Definition eines Arbeitszeitmodells, welches ausreichend Freiraum für das Studium gewährleistet und dennoch den persönlichen sowie betrieblichen Anforderungen entspricht. Ob berufliche Belastungen, beispielsweise durch eine Freistellung und Teilarbeitszeit, reduziert werden können und infrage kommen, müssen Interessierte vor Beginn des Studiums selbst prüfen.

Um mehr Klarheit in den Bedarf nach einem dualen Masterstudium aus Sicht von Studierenden zu bringen, hat der Standort Mannheim der DHBW eine standardisierte, repräsentative Onlinebefragung durchgeführt. Um gleichzeitig auch die Perspektive der Partnerorganisationen einbinden zu können, wurden mit einigen Personalverantwortlichen eine Gruppendiskussion sowie mit weiteren Einzelpersonen Interviews durchgeführt. Bei der Auswahl der Partnerorganisationen wurde darauf geachtet, dass die Heterogenität hinsichtlich der Branche, Größe und Organisationsform abgedeckt wurde.

Für die differenzierte Ermittlung der Nachfrage und der Erwartungen Studierender hat die DHBW Mannheim eigens einen Fragebogen entwickelt (Näheres dazu siehe Arbeitsmaterialien 3, Seite 124). Neben dem Bedarf an Masterangeboten wurden mittels des Fragebogens die Motive pro und kontra die Aufnahme eines Masterstudiums erhoben. Von denjenigen Befragten, die Interesse äußerten, wurden zusätzlich die Anforderungen an diese Angebote erfragt:
- die spezifische Form des Studiums, ob Vollzeit, berufsbegleitend oder -integrierend,
- der angedachte Zeitpunkt für die Aufnahme des Masterstudiums, das heißt ob mit oder ohne zwischenzeitliche Berufstätigkeit,
- die Art der Institution, an der das Masterstudium angestrebt wird, sowie
- der gewünschte Studienbereich/-gang.

Schließlich wurden auch weitere Informationen zum gegenwärtigen Bildungsgang, darunter der Studienbereich und die Größe der dualen Partnerorganisation, und soziodemografische Angaben ermittelt. Mit diesen zusätzlichen Angaben sollten Personengruppen gefunden werden, in denen die Nachfrage nach Masterangeboten besonders hoch ist. Ausgewertet werden konnten insgesamt 1.952 Antworten von Studierenden der DHBW Mannheim. Angeschrieben worden waren alle 6.500 Studierenden dieses Standorts.

Die Ergebnisse bestätigten die Annahme, dass seitens der dualen Bachelorstudierenden ein Bedarf nach Masterangeboten besteht. Von den Befragten beabsichtigen rund 63 Prozent in jedem Fall oder zumindest wahrscheinlich ein Masterstudium aufzunehmen. Unentschlossen sind 21 Prozent, während 16 Prozent diese Option (wahrscheinlich) nicht in Betracht ziehen. Unter Berücksichtigung weiterer Auskünfte der Befragten konnte festgestellt werden, dass mehrere Faktoren Einfluss auf die Entscheidung haben und deshalb einige Gruppen häufiger an dualen Masterangeboten interessiert sind als andere. Dazu zählen: männliche Befragte, Personen mit einer besseren Abiturnote, Absolventen eines Gymnasiums, jüngere Personen und Personen gegen Ende ihres Studiums.

Von den Befragten, welche die Aufnahme eines Masterstudiums beabsichtigen, wurden vor allem extrinsische Gründe angegeben (vgl. Abbildung 14). Besonders häufig benannt wurden bessere Karriereperspektiven, die persönliche Weiterqualifikation, die besseren Verdienstmöglichkeiten sowie die fachliche Spezialisierung. Intrinsische Motive spielen dagegen eine geringere Rolle, so zum Beispiel das Interesse an den Studieninhalten oder die Selbstverwirklichung. Das Interesse an wissenschaftlicher Forschung oder einer anschließenden Promotion stellt nur für die Wenigsten eine Motivation für ein duales Masterstudium dar.

Es gibt aber auch eine Reihe von Gründen, die aus der Sicht derjenigen Befragten, die kein duales Masterstudium aufnehmen möchten oder noch unentschlossen sind, gegen die Aufnahme eines solchen Studiums sprechen, wie Abbildung 15 zeigt. Ganz oben auf der Liste der Gegenargumente rangieren vor allem der Wunsch nach einer berufspraktischen Tätigkeit, die bereits guten Berufsaussichten mit einem dualen Bachelorabschluss, die fehlende Motivation und die zu hohe zeitliche Belastung. Dagegen spielen subjektiv wahrgenommene Zugangsbarrieren eine untergeordnete Rolle. Nur vergleichsweise wenige Befragte betrachten die inhaltlichen Anforderungen des Studiums oder die Zulassungsvoraussetzungen als nicht erfüllbar. Auch an einem passenden Angebot scheint es nicht zu mangeln. Nur etwas über 16 Prozent der Befragten nennen dies als Grund gegen ein weiteres Studium.

Für die Strategieentwicklung interessiert über den grundlegenden Bedarf hinaus vor allem, in welchen Bereichen und zu welchem Zeitpunkt die Befragten ein duales Masterstudium aufnehmen möchten sowie an welcher Institution und nach welchem Modell. So fällt das prinzipielle Interesse an einer inhaltlichen Neuorientierung gegenüber dem Bachelorstudium unter den Befragten eher gering aus,

Abbildung 14: Gründe für die Aufnahme eines dualen Masterstudiums aus Sicht von Studierenden der Dualen Hochschule Baden-Württemberg, Standort Mannheim
in Prozent

	in Prozent
Bessere Karriereperspektiven	81,5
Bessere Verdienstmöglichkeiten	67,0
Fachliche Spezialisierung	53,6
Interesse an den Inhalten	31,9
Persönliche Weiterqualifikation	69,3
Möglichkeit wissenschaftlich zu forschen	13,5
Möglichkeit zur Promotion	25,4
Selbstverwirklichung	33,6

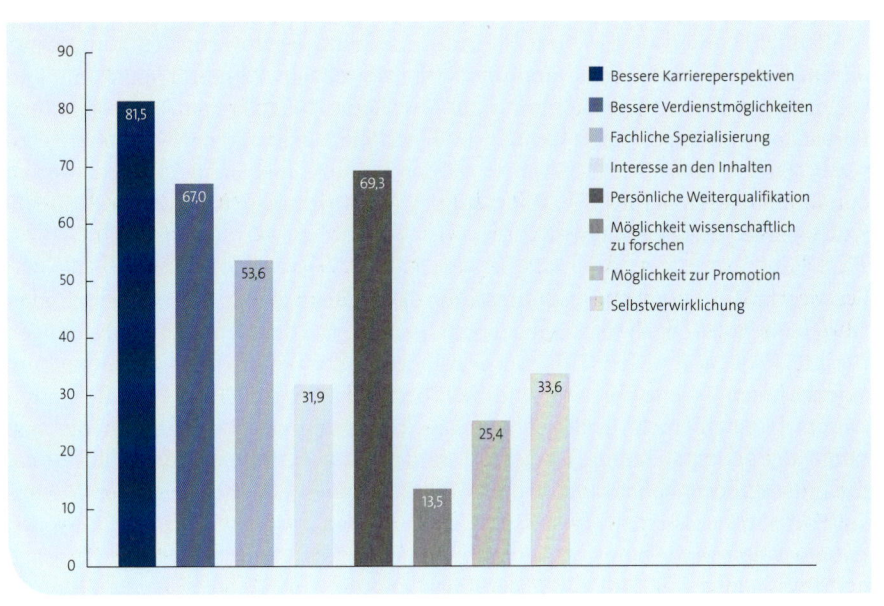

Quelle: Beedgen et al. 2015: 24; N = 1.278; Mehrfachnennungen waren möglich

Abbildung 15: Gründe gegen die Aufnahme eines dualen Masterstudiums aus Sicht Studierender der Dualen Hochschule Baden-Württemberg, Standort Mannheim
in Prozent

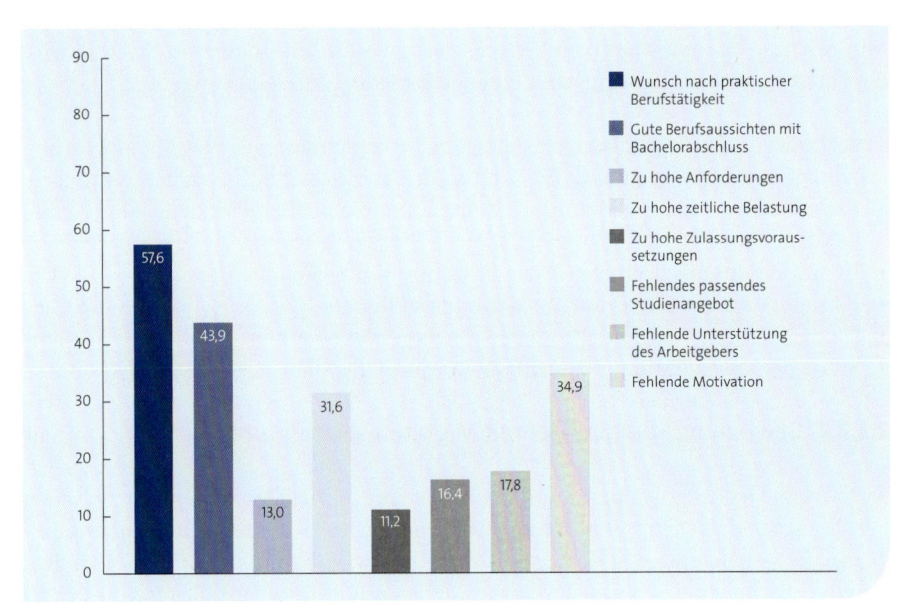

Grund	Prozent
Wunsch nach praktischer Berufstätigkeit	57,6
Gute Berufsaussichten mit Bachelorabschluss	43,9
Zu hohe Anforderungen	13,0
Zu hohe zeitliche Belastung	31,6
Zu hohe Zulassungsvoraussetzungen	11,2
Fehlendes passendes Studienangebot	16,4
Fehlende Unterstützung des Arbeitgebers	17,8
Fehlende Motivation	34,9

Quelle: Beedgen et al. 2015: 23; N = 674; Mehrfachnennungen waren möglich

wenngleich es fachspezifische Unterschiede gibt. Die Studierenden der Betriebswirtschaftslehre streben nur zu neun Prozent ein Studium in einem anderen Bereich an, bei den Studierenden im Fachbereich Technik sind es hingegen rund 27 Prozent. Hinsichtlich des angedachten Zeitpunkts der Studienaufnahme ergeben sich größere Diskrepanzen. Demnach würde etwa die Hälfte das Masterstudium gerne direkt an das Bachelorstudium anschließen, ein Drittel würde hingegen bevorzugen, erst ein paar Jahre Berufserfahrung zu sammeln.

Mit Blick auf die gewünschte Hochschulform für das Masterstudium ist ein Großteil noch unentschlossen. Relativ stark nachgefragt sind die Universitäten, obwohl diese im dualen Studium insgesamt sehr viel weniger Angebote als Fachhochschulen beziehungsweise Hochschulen für angewandte Wissenschaften oder Berufsakademien bereithalten (vgl. Kapitel 1.2). Auch bezogen auf die gewünschte Studienform – unabhängig von der Studienrichtung Wirtschaft oder Technik – ist noch über ein Viertel unentschlossen. Allerdings ist eine leichte Präferenz für ein berufsbegleitendes Masterstudium erkennbar, obwohl dies strenggenommen nicht unter das Label „dual" fällt (vgl. Kapitel 1.1).

Von den Partnerorganisationen der DHBW Mannheim wird das duale Masterstudium überwiegend begrüßt. Um gute Mitarbeiter im Unternehmen halten zu können, sind die Betriebe bereit, ihnen eine akademische Anschlussperspektive zu bieten. Eine prinzipielle Bereitschaft zur finanziellen Unterstützung der dualen Masterstudierenden wird deshalb für denkbar gehalten. Konkrete Anforderungen an die Inhalte bestehen vonseiten der Unternehmen kaum. Als wichtig benannt werden ein geringer Grad an Spezialisierung sowie Flexibilität bei der Wahl der Studieninhalte durch die Studierenden. Zudem wird von den Partnerorganisationen betont, dass auf die Vermittlung sozialer und persönlicher Kompetenzen, Führungsdenken und analytische Fähigkeiten Wert gelegt werden sollte. Dazu zählen auch verpflichtende englischsprachige Lehrveranstaltungen. Sehr wichtig ist für die Partnerorganisationen die Koordination von Studium und Berufstätigkeit, vor allem die Abstimmung der Arbeits- und Studienzeiten. Zu den zentralen Anforderungen gehört hier die Minimierung der außerhalb des Betriebs verbrachten Zeit. In diesem Kontext wird die Nutzung von E-Learning- und Blended-Learning-Modellen angeregt.

Ausgehend von den Ergebnissen der Befragungen wurden an der DHBW Mannheim fünf Handlungsempfehlungen für die Einrichtung dualer Masterstudienangebote entwickelt:
- Für unterschiedliche Zielgruppen sollten unterschiedliche Modelle eingerichtet werden.
- Es sollten interdisziplinäre Studienangebote entwickelt werden.
- Es sollte eine gezielte Frauenförderung stattfinden.
- Innovative Lehr- und Lernformate sollten genutzt werden.
- Strategische Maßnahmen zur MINT-Förderung sollten etabliert werden.

2.2.2.2 Gewinnung Studierender mit Migrationshintergrund

Auch wenn Hochschulen insgesamt noch zu wenig für die Durchlässigkeit zwischen beruflicher und akademischer Bildung tun (vgl. Kapitel 1.1), werden sie alleine aufgrund der bevorstehenden demografischen Entwicklung mittelfristig doch in größerem Umfang vor der Herausforderung stehen, Bildungspotenziale erschließen zu müssen. Einerseits wird sich die Gesamtnachfrage nach einem Studium zwar trotz der insgesamt schrumpfenden Zahl der Schulabgänger zunächst auf relativ hohem Niveau einpendeln, doch langfristig ist mit einem Absinken der Zahl an Studieninteressierten zu rechnen (vgl. KMK 2014). Zu den in diesem Zusammenhang immer wieder genannten Gruppen, die verstärkt angesprochen werden sollten, gehören Personen mit Migrationshintergrund (Wolter et al. 2014: 67). Das Ruhrgebiet ist eine Region, in deren Bevölkerung sich traditionell ein überdurchschnittlich hoher Anteil dieser Personen findet. Vor diesem Hintergrund hat sich die Westfälische Hochschule mit Sitz in Gelsenkirchen in ihrem Projekt im Rahmen des Qualitätsnetzwerks intensiv mit der Gewinnung von Studieninteressierten mit Migrationshintergrund für das duale Studium beschäftigt.

Den Ausgangspunkt bildet die Feststellung, dass der Anteil dieser Gruppe in den dualen Studiengängen an der Westfälischen Hochschule bei lediglich vier Prozent liegt, wohingegen deren Anteil am gesamten Studienangebot der Hochschule 40 Prozent beträgt. Es besteht in dieser Hinsicht also eine auffällige Diskrepanz zwischen dem dualen und dem herkömmlichen Studium. Die Unterrepräsentanz der türkischstämmigen Jugendlichen, die wiederum einen großen Anteil der Personen mit Migrationshintergrund in der Region ausmachen, ist mit einem Anteil von einem Prozent noch einmal stärker ausgeprägt. Dies ist das Ergebnis einer Befragung von Erstsemestern an der Westfälischen Hochschule in Gelsenkirchen (Fragebogen siehe Arbeitsmaterialien 4, Seite 124). Insgesamt entsteht so eine Art *leaky pipeline* bezogen auf das duale Studium wie Abbildung 16 deutlich macht.

Über eine Literatur- und Sekundärdatenanalyse entlang der gesamten Bildungskette wurde nach möglichen Ursachen für die Unterrepräsentanz türkischstämmiger Studierender im dualen Studium gesucht. Danach kann die *leaky pipeline* zum Teil über die Bildungswege und die erworbenen Abschlüsse erklärt werden. Dual Studierende verfügen besonders häufig über die allgemeine Hochschulreife, die vorrangig

Abbildung 16: Unterrepräsentanz von Personen mit Migrationshintergrund im dualen Studium an der Westfälischen Hochschule (WH)
in Prozent

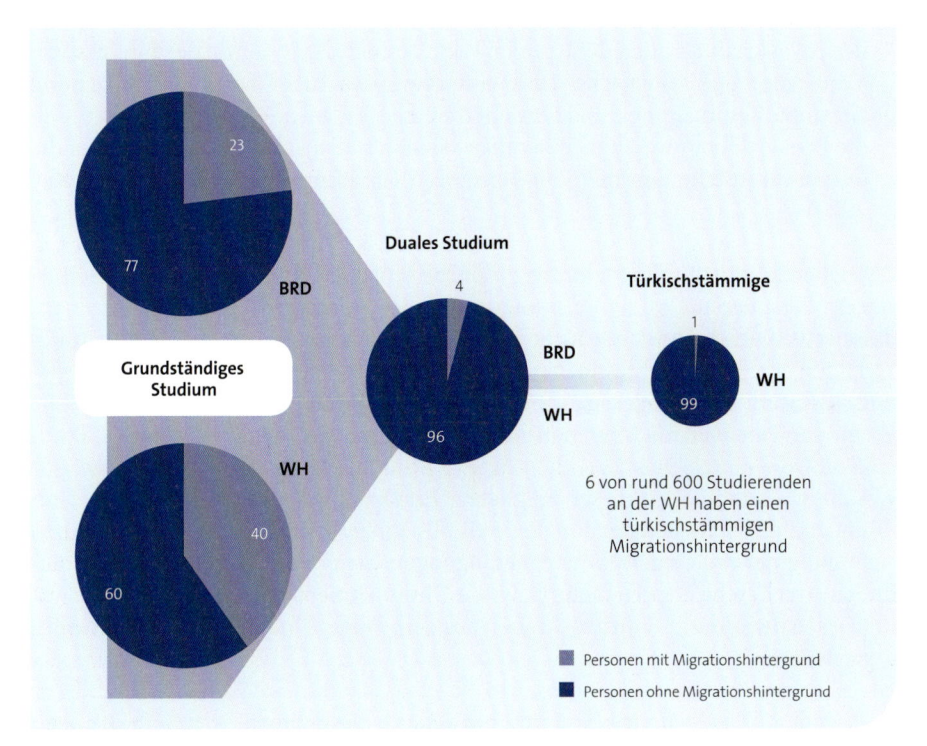

[Grundständiges Studium BRD: 77/23; WH: 60/40. Duales Studium BRD: 96/4; WH (Türkischstämmige): 99/1. 6 von rund 600 Studierenden an der WH haben einen türkischstämmigen Migrationshintergrund. Legende: Personen mit Migrationshintergrund / Personen ohne Migrationshintergrund]

Quelle: Gibas 2015: 13; basierend auf Erhebungen der Westfälischen Hochschule sowie Middendorf et al. 2013: 524, Krone/Mill 2012: 4

an Gymnasien erlangt wurde. So liegt der Anteil der dual Studierenden mit allgemeiner Hochschulreife an der Westfälischen Hochschule bei 88 Prozent, gegenüber 43 Prozent bei den regulären Studiengängen, wobei wiederum 75 Prozent hiervon ihren Abschluss an einem Gymnasium erlangt haben. Demgegenüber sind Personen mit Migrationshintergrund an den Gymnasien unterrepräsentiert, unter anderem bedingt durch niedrigere Übergangsquoten von der Grundschule in diese Schulform, und sie erlangen auch vergleichsweise seltener die allgemeine Hochschulreife.

Doch diese Ursachen alleine reichten aus Sicht der Westfälischen Hochschule Gelsenkirchen als Erklärung für die immense Diskrepanz zwischen dualem und herkömmlichem Studium nicht aus. Es wurde deshalb geprüft, ob auf betrieblicher Seite latente Diskriminierungsfaktoren beim Zugang Jugendlicher mit Migrationshintergrund in die betriebliche Berufsausbildung – bei gleicher Qualifikation – vorlagen. Anhand der Forschungsliteratur wurden folgende mögliche Einflussfaktoren identifiziert:
- eine bei der Bewerberauswahl einfließende Orientierung an betrieblichen Normalitätserwartungen und an Vorstellungen einer ethnisch-kulturell homogenen Belegschaft, die insbesondere bei kleinen und mittleren Betrieben vorherrschen kann und zusätzlich zu der Orientierung an Qualifikationsmerkmalen die Auswahl beeinflusst (vgl. Seibert/Solga 2005, Imdorf 2010),
- eine Bevorzugung ihnen „ähnlicher" Individuen durch die für die Personalauswahl verantwortlichen Mitarbeiter, welche vorrangig keinen Migrationshintergrund haben (vgl. Otten/Wentura 2001, Bergbauer 2010),

- antizipierte Schwierigkeiten mit Auszubildenden mit Migrationshintergrund unter anderem zurückgehend auf ein angenommenes höheres Stör- und Risikopotenzial dieser Personengruppe (vgl. Boos-Nünning 2006),
- eine vorgreifende Anpassung an mögliche negative Reaktionen Dritter sowohl der Belegschaft als auch der Kunden (vgl. Wrench 2007) sowie der Einfluss von Vorurteilen und statistischer Diskriminierung, das heißt die zur Vereinfachung der unter Zeitknappheit und Unsicherheit zu treffenden Entscheidungen durch die Personalverantwortlichen herangezogenen statistischen Annahmen über die durchschnittliche Eignung von Bewerbern (vgl. England/Lewin 1989, Imdorf 2010).

Zusätzlich können Einflussfaktoren zu Buche schlagen, die zwar die Auswahlchancen der Personen mit Migrationshintergrund nicht verringern, jedoch dazu führen, dass begünstigende Umstände nicht zur Geltung kommen. So kann bei den Auswahlverfahren eine Orientierung an Standards und Normvorstellungen der Mehrheitsgesellschaft stark ausgeprägt sein, die keinen Raum für herkunftskulturelle spezifische Profile von Personen mit Migrationshintergrund lässt (vgl. Wildung/Schaurer 2009).

Um die Übertragbarkeit dieser möglichen Erklärungsfaktoren auf das duale Studium und die Wirksamkeit für den Fall des Einzelbetriebs, auch unter Berücksichtigung der regionalen Rahmenbedingungen, zu prüfen, wurden auf Basis der Literaturrecherche Experteninterviews im Unternehmensbereich geführt und zwar mit Geschäftsführern, Führungskräften aus dem Personalmanagement und Ausbildungsleitern.

Im Ergebnis zeigt sich, dass von den befragten Unternehmensvertretern die oben geschilderten (latenten) Diskriminierungsfaktoren überwiegend bestritten werden. Es werde allein anhand des Leistungsprinzips ausgewählt. Mögliche spezifische Potenziale der Bewerber mit Migrationshintergrund werden zwar durchaus erkannt, doch eine potenzialorientierte Anpassung von Bewerbungsverfahren wird mehrheitlich nicht in Kalkül gezogen. Hierfür werden häufig die angestrebte Objektivität des Verfahrens und der Grundsatz der Gleichbehandlung angegeben. Auch bei der Personalrekrutierung findet selten eine gezielte Ansprache von Personen mit Migrationshintergrund statt und in der Regel existiert kein spezifisch auf Personen mit Migrationshintergrund ausgerichtetes personalstrategisches Programm. Informationen zu dem Bewerbungsverhalten dieser Personengruppe sind in den Betrieben selten in belastbarer Form vorhanden, da das Merkmal „Migrationshintergrund", auch aus datenschutzrechtlichen Gründen, zumeist nicht erfasst wird.

Um über den Einzelfall hinausgehende Informationen ebenfalls in das Projekt einfließen zu lassen, wurden zusätzlich Studien- und Berufsorientierungslehrer und Abiturientenberater von Arbeitsagenturen befragt. Von diesen werden die Personen mit Migrationshintergrund und ihre Lebensumstände stärker in den Blick genommen. Hierbei konnten zusätzliche Hinweise gewonnen werden. Danach fehlt Jugendlichen mit Migrationshintergrund unter anderem aufgrund ihrer Herkunft und der Hochschulferne vieler Familien oft das Vertrauen in die eigenen Fähigkeiten und Möglichkeiten. Dies kann auch leistungsstärkere Jugendliche aus dieser Gruppe von einem dualen Studium abhalten. Andererseits wird berichtet, dass leistungsstarke Jugendliche mit Migrationshintergrund, sofern sie sich für ein Studium entscheiden, häufig eine stärkere Orientierung in Richtung der Universitäten aufweisen, die bisher im Bereich dualer Studiengänge kaum vertreten sind. Schließlich ist den Eltern das duale Studium häufig nicht bekannt und da sie mitunter einen starken Einfluss auf die Wahl der Bildungswege ihrer Kinder ausüben, kann auch dieser Faktor zur Unterrepräsentanz beitragen.

Nach Beendigung der Erhebungsphase wurde mit Vertretern der Wirtschaft, der Kammern, der Bundesagentur für Arbeit und der Hochschule im Rahmen einer Expertenrunde über die Ergebnisse diskutiert. Die daraus resultierenden Handlungsempfehlungen zielen einerseits auf eine verbesserte Ansprache und Beratung speziell von Studieninteressierten mit Migrationshintergrund durch die Hochschulen (Näheres dazu siehe Kapitel 2.2.2.2 und 2.4.1.5) sowie andererseits auf einen bewussteren Umgang der Unternehmen mit dem Thema „Migrationshintergrund". Das betrifft vor allem die Gestaltung der Auswahlverfahren der Betriebe (Näheres dazu siehe auch Kapitel 2.4.1.4)

Aus den skizzierten Gründen sollten Hochschulen im Zuge der Weiterentwicklung dualer Studienangebote das Gespräch mit den interessierten Partnerunternehmen suchen und die Personalverantwortlichen mit Blick auf die betrieblichen Auswahlprozesse für das Thema „Migrationshintergrund" sensibilisieren. Dabei sollte angeregt werden, die Auswahlprozesse und die dazugehörigen innerbetrieblichen Entscheidungskriterien daraufhin zu überprüfen, ob sie einen negativen Einfluss auf die Chancen von Personen mit Migrationshintergrund haben könnten. Vor dem Hintergrund, dass sich gerade Jugendliche aus dieser Gruppe weniger zutrauen als andere, sollten zudem mehr potenzialorientierte Auswahlstrategien zum Tragen kommen. Zudem sollte das Thema „Migrationshintergrund" Teil der Diversity-Strategie des Unternehmens sein, unter Einbindung der Ausbilder. Förderlich könnte es auch sein, wenn Personen mit Migrationshintergrund stärker an Personalentscheidungen beteiligt würden. Schließlich könnten Unternehmen von den Hochschulen motiviert werden, explizit Jugendliche mit Migrationshintergrund als Praktikanten aufzunehmen, um konkrete Erfahrungen mit dieser Personengruppe zu machen und mögliche Vorurteile abzubauen.

2.2.3 Internationalisierungsstrategie

Das duale Studium gilt oft als spezifisch nationales Phänomen, weil das von der dualen Berufsausbildung abgeleitete Prinzip der Verknüpfung von (hoch-)schulischer und beruflicher Bildung lange Zeit eine deutsche Besonderheit war. Doch mittlerweile stößt dieses Modell auch im Ausland auf wachsendes Interesse, wie in Kapitel 1.5 deutlich wurde. Umgekehrt rückt in Deutschland die Internationalisierung des dualen Studiums zunehmend in den Fokus. Angesichts der Globalisierung sehen sich die Anbieter dualer Studiengänge vor die Aufgabe gestellt, sich Gedanken über eine angemessene Internationalisierungsstrategie zu machen. Zwar fallen die diesbezüglichen konkreten Schritte vielerorts noch eher verhalten aus und zwar sowohl aufseiten der Hochschulen als auch aufseiten von Unternehmen (vgl. ebenfalls Kapitel 1.5). Doch allgemein gilt es als unstrittig, dass interkulturelle Kompetenzen ein wichtiger Bestandteil der Ausbildungsprofile von Absolventen dualer Studiengänge sind.

Vor diesem Hintergrund untersuchte die HWR Berlin die Herausforderungen und Möglichkeiten der Internationalisierung dualer Studiengänge. Zentrale Ziele des Projekts waren es:
- einen Überblick über den gegenwärtigen Stand der Internationalisierungsbemühungen im Bereich des dualen Studiums zu geben,

- zentrale Hindernisse der Internationalisierung zu identifizieren,
- die entsprechenden Erwartungen der Stakeholder zu ermitteln sowie
- Empfehlungen und Modelle für die Internationalisierung zu entwickeln.

Das Vorgehen beinhaltete eine Benchmark-Analyse zu den Internationalisierungsaktivitäten von 194 Anbietern dualer Studiengänge (Hochschulen und Berufsakademien) begleitet von Experteninterviews, eine Befragung der Partnerorganisationen der HWR Berlin (Fragebogen siehe Arbeitsmaterialien 5, Seite 124) sowie eine Befragung von dual Studierenden der Hochschule zu ihren Erwartungen und wahrgenommenen Hindernissen (Fragebogen siehe Arbeitsmaterialien 6, Seite 124).

Ziel war es, Informationen darüber zu gewinnen, wie einerseits die internationale Mobilität der dual Studierenden durch Hochschule und Arbeitgeber gefördert und wie andererseits die Internationalisierung am heimatlichen Studienort gut gestaltet werden kann. Ausgehend von einem Verständnis, wonach Internationalisierung den gesamten *„process of integrating an international, intercultural and global dimension into the purpose, functions or delivery of higher education"* (Knight/de Wit 1997) umfasst, nahm die Untersuchung ein breites Spektrum möglicher Internationalisierungsmaßnahmen in den Blick, wie Tabelle 3 zeigt.

Eine Ausgangshypothese des Projekts bestand in der Annahme, dass duale Studiengänge aufgrund ihrer Besonderheiten spezifische Hindernisse für die Internationalisierung aufweisen (für Details siehe Abbildung 17). Diese bestätigte sich weitgehend im Projektverlauf.

Eine wesentliche Hürde für die Mobilität von Studierenden sind die häufig sehr individuellen Zeitmodelle dualer Studiengänge, die nicht mit den Zeitmodellen potenzieller Partnerorganisationen im Ausland kompatibel sind. Dies gilt insbesondere, wenn auf kürzere Semester direkt Praxisphasen folgen. Ein zeitversetzter Beginn der Semester im Frühjahr oder Herbst – üblich an vielen Berufsakademien, der DHBW und der HWR Berlin – verschärft die Problematik. Am wenigsten Schwierigkeiten haben Hochschulen, die sich auch im dualen Studium an die in Deutschland üblichen Zeiten der Winter- und Sommersemester halten. Ähnliche Probleme werfen inhaltliche Spezialisierungen auf, etwa zurückgehend auf die Ausrichtung eines Studiengangs an einer bestimmten Branche. Bei mangelnder Passung verringern sich die Möglichkeiten der Anerkennung von im Ausland absolvierten Studieninhalten, was entweder zu einer Erhöhung der Belastung der Studierenden im Nachhinein führt oder zu einer Verlängerung des Studiums.

Tabelle 3: Spektrum der Internationalisierungsmaßnahmen im dualen Studium

	Austauschprogramme			Summer School	Internationalisierung der Lehre	Englischsprachiges Lehrangebot	Sprachkompetenz Englisch	Andere Sprachen	Doppelabschlussprogramme
Incoming	Theoriesemester	Praktikum	Theorie + Praxis						
Outgoing	Austauschprogramme								
	Theoriesemester	Praktikum	Theorie + Praxis						

Quelle: Bustamante et al. 2015: 10

Lösungsmöglichkeiten könnten hier sein, Partnerhochschulen im Ausland zu finden, die entweder Summer Schools anbieten, die in der Semesterpause der Heimathochschule stattfinden, oder die ein Studium in Trimestern oder anderen zeitlichen Staffelungen anbieten. Andere Möglichkeiten bestehen darin, ein Auslandssemester gegen Ende des Studiums vorzusehen (gut geeignet ist das fünfte Semester) oder ein Mobilitätssemester einzuführen, in dem ausschließlich Wahlpflichtfächer vorgesehen sind, was eine passende inhaltliche Abstimmung und die einfache Anerkennung von im Ausland erworbenen Studienleistungen ermöglicht.

Auch die Einstellungen und Interessen der Partnerorganisationen können sich hinderlich auf die Internationalität des dualen Studiums auswirken. Unternehmen verhalten sich in dieser Beziehung zwiespältig. Einerseits sagen 64 Prozent der von

Abbildung 17: Überblick über spezifische Herausforderungen der Internationalisierung des dualen Studiums

Besonderheiten im dualen Studium:
- Enge inhaltliche und zeitliche Verzahnung von Theorie- und Praxisphasen
- Teilweise enger und unkonventioneller Zeitplan (mit Ausnahmen!)
- Häufig Studienprogramme mit starkem Branchenbezug bzw. spezifischer inhaltlicher Ausrichtung
- Wenig Möglichkeiten der programmübergreifenden Bündelung von Modulen
- Traditionell kein Fokus auf Internationalisierung, dadurch:
  - in der Regel noch eingeschränktes englischsprachiges Lehrangebot
  - fehlende Strukturen, Prozesse und Ressourcen
- Zusätzlicher „Stakeholder": Unternehmen mit eigenen Internationalisierungsinteressen
- Hohe Workload der Studierenden

Konsequenzen

Allgemein:
- Schwierige curriculare Abstimmung/Anerkennung (← branchenspezifische Module)
- Fehlende Strukturen, Prozesse und Ressourcen

Mobilität Hochschule:
Outgoings:
- Eingeschränkte sprachliche Kompetenz
- Zustimmung der Partnerunternehmen für Auslandssemester
- Zeitliche/finanzielle Belastung/Belastbarkeit der Studierenden

Incomings:
- Eingeschränktes (englischsprachiges) Kursangebot/geringe Flexibilität
- Betreuung der Incomings

Mobilität Praxis:
- Geringer Einfluss der Hochschule (Outgoings)
- Allokation/Betreuung von Praktikumsplätzen (Incomings)

Internationalisierung zu Hause:
- Dozenten für englischsprachiges Angebot

Quelle: Bustamante et al. 2015: 9

Abbildung 18: Förderbereitschaft der Studierendenmobilität in Abhängigkeit vom Aktionsradius dualer Partnerunternehmen der Hochschule für Wirtschaft und Recht Berlin
in Prozent

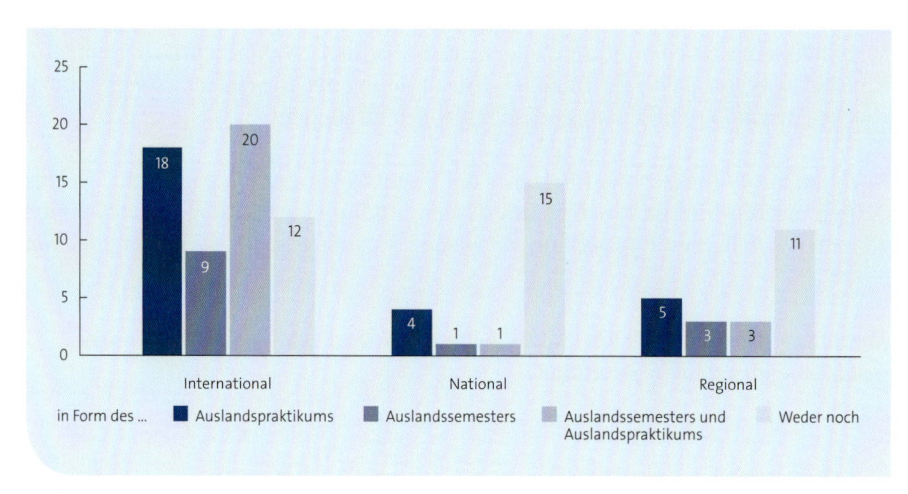

in Form des …	International	National	Regional
Auslandspraktikums	18	4	5
Auslandssemesters	9	1	3
Auslandssemesters und Auslandspraktikums	20	1	3
Weder noch	12	15	11

Quelle: Bustamante et al. 2015: 37; N = 114;

der HWR Berlin befragten 114 Unternehmen, dass sie einen Bedarf an Mitarbeitern mit internationaler Handlungskompetenz haben. Insgesamt hält sich jedoch das Engagement für die Auslandsmobilität bei den Praxispartnern in engen Grenzen, wie Abbildung 18 deutlich macht. Wenn überhaupt, dann sind am ehesten international ausgerichtete Unternehmen bereit, ihren dual Studierenden Auslandssemester und Auslandpraktika zu ermöglichen. Als Gründe für die allgemeine Zurückhaltung aufseiten der Praxispartner konnten von der HWR Berlin (befürchtete) personelle Engpässe bei Auslandsaufenthalten der dual Studierenden sowie der finanzielle Mehraufwand identifiziert werden. Generell bevorzugen die Betriebe vor allem Praxisaufenthalte in einem ausländischen Unternehmen, weniger hoch im Kurs stehen dagegen Auslandssemester an einer Hochschule. Dieses Votum wertet die HWR Berlin als Beleg, dass der Aufenthalt an einer ausländischen Hochschule häufig als Störfaktor gesehen wird, der zudem im Vergleich zu einem Auslandspraktikum weniger passgenau zu den betrieblichen Anforderungen ist.

Die skeptische Haltung der Unternehmen spiegelt sich zum Teil auch in den Einschätzungen der Studierenden wider, wie Abbildung 19 deutlich macht. Im Rahmen ihrer Untersuchung befragte die HWR Berlin drei parallele Jahrgänge ihrer dualen Bachelorstudiengänge Betriebswirtschaftslehre und Wirtschaftsinformatik. Der Rücklauf betrug 18 Prozent und umfasste 242 auswertbare Fragebögen. So sagen nur elf Prozent von denjenigen, die kein Auslandssemester absolvieren wollen, dass sie dies aus mangelndem Interesse tun. Vielmehr führen sie als Gründe vor allem mangelnde Unterstützung durch ihren Arbeitgeber, die Sorge, die Regelstudienzeit nicht einhalten zu können, und erwartete finanzielle Einbußen an.

Ähnliche Tendenzen zeigen sich bei einem vertieften Blick auf die Hinderungsgründe, welche die befragten Studierenden angeben, die kein Auslandspraktikum absolvieren wollen, wie Abbildung 20 zeigt. Hier liegt allerdings der Anteil derjenigen, die eine mangelnde Unterstützung durch den Arbeitgeber angeben, um sie-

Abbildung 19: Hinderungsgründe für ein Auslandssemester aus Perspektive von dual Studierenden der Hochschule für Wirtschaft und Recht Berlin
in Prozent

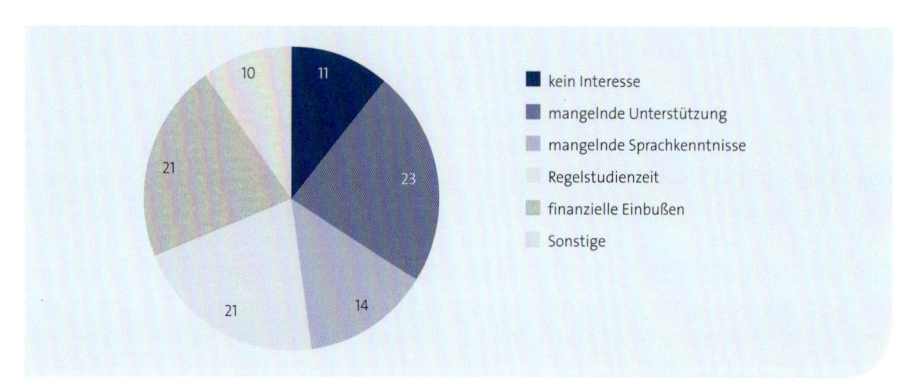

- kein Interesse: 11
- mangelnde Unterstützung: 23
- mangelnde Sprachkenntnisse: 14
- Regelstudienzeit: 21
- finanzielle Einbußen: 21
- Sonstige: 10

Quelle: Bustamante et al. 2015: 29; N=109

ben Prozentpunkte höher. Befürchtungen, die Regelstudienzeit nicht einhalten zu können und finanzielle Einbußen zu erleiden, werden in etwa gleich häufig angegeben. Angesichts solcher Ergebnisse sollten Anbieter dualer Studiengänge überprüfen, inwieweit ihre Studierende ähnliche Probleme bezogen auf die Wahrnehmung von Auslandspraktika und -semestern haben. Da offenbar die Partnerunternehmen auch im Bereich der Internationalisierung durchaus eine Gatekeeper-Funktion besitzen, sollten gegebenenfalls Gespräche gesucht und die Vorteile der Internationalisierung für alle Stakeholder des dualen Studiums deutlich gemacht werden. Laut Untersuchung der HWR Berlin ergeben sich für die Studierenden aus der Internationalisierung vor allem Vorteile hinsichtlich der sprachlichen und interkulturellen Kompetenzen, von denen auch die Arbeitgeber profitieren. Ein weiterer möglicher Nutzen ist die Bindungswirkung zwischen dual Studierendem und dem Unternehmen, welche durch die Förderung der persönlichen Entwicklung entstehen kann.

Abbildung 20: Hinderungsgründe für ein Auslandspraktikum aus Perspektive von dual Studierenden der Hochschule für Wirtschaft und Recht Berlin
in Prozent

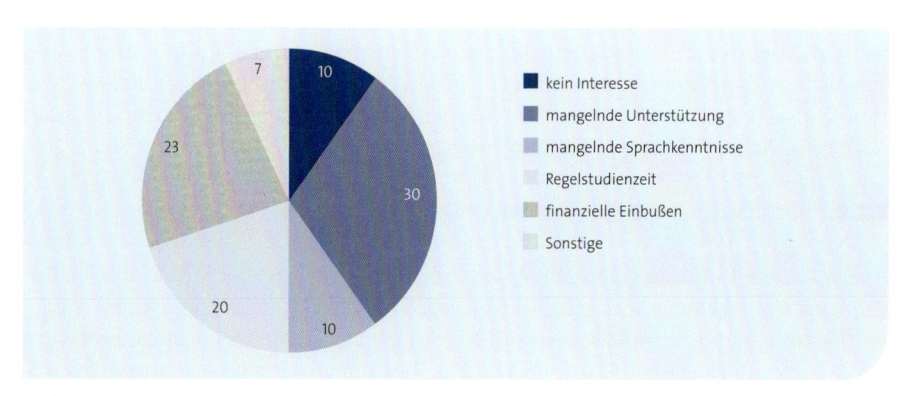

- kein Interesse: 10
- mangelnde Unterstützung: 30
- mangelnde Sprachkenntnisse: 10
- Regelstudienzeit: 20
- finanzielle Einbußen: 23
- Sonstige: 7

Quelle: Bustamante et al. 2015: 30; N=107

Auch die Hochschulen sollten ihre eigenen Verbesserungsmöglichkeiten überprüfen. Die HWR Berlin kritisiert, dass das Internationalisierungsthema bezogen auf duale Studiengänge in den Hochschulen häufig nicht strategisch verankert ist. Das bedeutet, es werden kaum oder gar keine strategischen Zielsetzungen in diesem Bereich vorgenommen. Eine Folge hiervon ist ein Mangel an notwendigen Ressourcen und Prozessen, der sich negativ auf die Internationalisierungsmaßnahmen auswirkt. Zudem fehlen auch Konzepte für den Ausbau der Incoming-Mobilität von Studierenden aus dem Ausland nach Deutschland. Hier könnte möglicherweise das Programm „EUCAN CO-OP" der DHBW mit der FH Johanneum (Österreich) und zwei kanadischen Hochschulen eine Anregung bieten (vgl. Graf et al. 2014: 23). Das Programm arbeitet auf Basis eines Tandemmodells, bei welchem deutsche Studierende im Gastland eine Theoriephase absolvieren und im Gegenzug ausländische Studierende im Kooperationsunternehmen des deutschen „Tandems" mit dessen Unterstützung ein Praktikum absolvieren. Das Angebot eines Praktikums in Deutschland ermöglicht das kostenfreie Hochschulstudium im Ausland und reduziert gleichzeitig mögliche zeitliche Abstimmungsprobleme aufgrund nicht kongruenter Semesterzeiten.

2.2.4 Marketingstrategie

Trotz des zunehmenden Bekanntheitsgrads des dualen Studiums gibt es nach wie vor viele Studieninteressierte und Unternehmen, denen dieser Weg und die mit ihm verbundenen Chancen nicht ausreichend bekannt sind. Vier Prozent aller Studienanfänger entscheiden sich bislang für die Option (vgl. Kapitel 1.2). Vor allem in Regionen, in denen duale Studiengänge noch in der Entwicklung begriffen sind, bestehen Informationsdefizite. Sowohl um eine kontinuierlich hohe Nachfrage zu sichern als auch um bisher unterrepräsentierte Zielgruppen zu erschließen, wurden an mehreren Hochschulen des Qualitätsnetzwerks Informations- und Marketingmaßnahmen entwickelt. Deren Bandbreite reicht von klassischen Formaten, darunter Studieninformationstage, über die Beteiligung an Hochschul- und Bildungsmessen bis hin zur gezielten Nutzung elektronischer Medien. Eine besondere Maßnahme stellen Kooperationen mit Schulen in der Region dar, wie sie an der THM und der Westfälischen Hochschule systematisch aufgebaut wurden. Was die Nutzung der Kommunikationskanäle angeht, wurde von verschiedenen Hochschulen des Qualitätsnetzwerks herausgestellt, dass nicht nur Studieninteressierte, sondern auch deren Eltern sinnvolle Adressaten sein können. Weitere relevante Zielgruppen sind neben den (potenziellen) Praxispartnern auch Kammern und berufsbildende Schulen. Für diese können eigene Informationskanäle und -veranstaltungen eingerichtet werden, über die unter anderem allgemeine Informationen zu Studiengängen und rechtliche Grundlagen kommuniziert werden können. Im Folgenden sollen zwei Handlungsansätze vertieft betrachtet werden, denen im Zuge der Arbeit im Qualitätsnetzwerk größeres Gewicht beigemessen wurde.

2.2.4.1 Profilierung mithilfe von Dachorganisationen

Außer in dem Bundesland Baden-Württemberg, wo sich der Sitz der DHBW befindet, gibt es in keinem anderen Bundesland – neben den Berufsakademien – eine Hochschule, deren Profil allein durch das Angebot dualer Studiengänge bestimmt wird. In der Regel ist das Portfolio von Hochschulen breiter angelegt und das duale Studium eine von mehreren Möglichkeiten. Es gibt aber in drei Bundesländern – Bayern, Hessen, Rheinland-Pfalz – übergeordnete Dachorganisationen, in denen sich Hochschulen zusammenschließen, die in dieser Region duale Studiengänge anbieten. Diese Dachverbände helfen, die Aktivitäten zu bündeln und Weiterentwicklungen anzustoßen, dienen als Ansprechpartner und Serviceeinrichtungen für alle am dualen Studium Interessierten und sorgen für eine verbesserte Sichtbarkeit und strategische Positionierung der Marke „duales Studium" im jeweiligen Bundesland.

Die Initiative „hochschule dual" (www.hochschule-dual.de) in Bayern wurde 2006 von Hochschule Bayern e.V., einem Zusammenschluss von Hochschulen für angewandte Wissenschaften (HAW) in der Region, gegründet. Finanziert wird sie vom Bayerischen Staatsministerium für Bildung und Kultus, Wissenschaft und Kunst. Zusätzlich wird sie von der vbw – Vereinigung der bayerischen Wirtschaft e.V., dem VDMA (Verband Deutscher Maschinen- und Anlagenbau), der Arbeitsgemeinschaft der bayerischen Handwerkskammern sowie den Industrie- und Handelskammern in Bayern unterstützt. Einbezogen sind die dualen Studienangebote von 17 staatlichen HAW in Bayern, zwei Hochschulen in kirchlicher Trägerschaft und darüber hinaus auch von der Hochschule Ulm in Baden-Württemberg. Die HAW München, eine der Mitgliedshochschulen im Qualitätsnetzwerk Duales Studium, arbeitet eng mit „hochschule dual" zusammen, wobei sich diese Kooperation nicht nur auf die Vermarktung beschränkt, sondern sehr viel weiter geht und in den Bereich der Qualitätsentwicklung hineinreicht (Näheres dazu siehe Kapitel 2.4.1). Die Initiative „hochschule dual" fungiert als Dachmarke und stellt im Internet oder bei Veranstaltungen umfangreiche Informationen für Studieninteressierte und Unternehmen bereit.

„Duales Studium Hessen" (www.dualesstudium-hessen.de) ist eine gemeinsame Initiative der beiden dortigen Ministerien für Wirtschaft, Energie, Verkehr und Landesentwicklung sowie für Wissenschaft und Kunst. Seit 2008 bietet der Dachverband insgesamt 21 hessischen Hochschulen und Berufsakademien, darunter auch die im Qualitätsnetzwerk Duales Studium aktive THM, vielfältige Dienstleistungen zur Etablierung und Ausweitung ihrer dualen Studienangebote an. Voraussichtlich wird die Initiative noch bis zum Ende des Jahres 2015 von den Ministerien finanziert. In einem „Memorandum of Understanding" wird zugesichert, dass das Land Hessen „im Rahmen seiner haushalterischen Möglichkeiten weiterhin durch geeignete Maßnahmen die Hochschulen und Berufsakademien beim Ausbau des dualen Studienangebots sowie die Beratungsstruktur inklusive Öffentlichkeitsarbeit unterstützen" (Duales Studium Hessen 2013) wird. Dabei wird unter anderem eine gesteigerte Transparenz der Studienangebote für die Praxispartner sowie für Studieninteressierte angestrebt. Die zehn hessischen Industrie- und Handelskammern bieten eine unabhängige Beratung zum dualen Studium für Unternehmen und Studieninteressierte in einem eigens eingerichteten Informationsbüro. Zusätzlich übernehmen sie die Verwaltung der Website.

Die Duale Hochschule Rheinland-Pfalz (www.dualehochschule.rlp.de) wurde ebenfalls im Jahr 2008 gegründet und vereint die dualen Studienangebote von acht Hochschulen und zwei Universitäten des Bundeslandes unter einem Dach (siehe Interview mit Wirtschaftsprofessor Hans-Christoph Reiss, Seite 34). Dabei handelt es sich um eine an das Ministerium für Bildung, Wissenschaft und Kultur angebundene Serviceeinrichtung. Für die inhaltliche, organisatorische und rechtliche Gestaltung der dualen Studienangebote sind die Hochschulen und die Kooperationspartner selbst verantwortlich. Die Aufgaben der Dachorganisation umfassen die Vermarktung der dualen Studiengänge in Rheinland-Pfalz, aber auch die Information und Beratung von Studieninteressierten, die Vernetzung relevanter

Akteure und die Unterstützung von Hochschulen, Berufsschulen, Unternehmen und sonstigen Akteuren bei der Initiierung neuer und der qualitativen Weiterentwicklung bestehender Angebote.

2.2.4.2 Ermutigung potenzieller Studierender durch Vorbilder

Erfolgreiche Studierende und Absolventen eignen sich in besonderer Weise für die Ansprache potenzieller Studierender. Hierfür gibt es aus dem Qualitätsnetzwerk Duales Studium zwei Beispiele:
- An der THM werden Alumni als Markenbotschafter eingesetzt, die unter anderem bei Schulbesuchen über ihre Erfahrungen mit dem dualen Studium berichten und damit für das Studienangebot der THM werben.
- An der Westfälischen Hochschule werden erfolgreiche Absolventen des dualen Studiums mit Migrationshintergrund medial eingesetzt, um Jugendliche speziell aus dieser Zielgruppe zu ermutigen, sich für einen solchen Bildungsweg zu entscheiden.

Die THM hat ihre dualen Studiengänge unter dem Label StudiumPlus zusammengefasst und bindet gezielt Alumni als Lehrkräfte ein (siehe auch Kapitel 2.3.2). Darüber hinaus können sich die Alumni bei Interesse auch an Schulbesuchen beteiligen, bei denen potenzielle dual Studierende umfassend über diese Studienform informiert werden. 26 Schulen haben bislang einen entsprechenden Kooperationsvertrag mit der THM abgeschlossen. Trotzdem ist die Hürde für viele Jugendliche, nach ihrem Schulabschluss ein duales Studium zu beginnen, groß, unter anderem auch, weil dieses oft als Elitestudium exklusiv für besonders Leistungsfähige gilt. Um hier Schranken abzubauen, setzt die THM gerne Alumni ein, denn diese besitzen aufgrund ihrer persönlichen Erfahrungen eine große Authentizität und Glaubwürdigkeit. Sie sind als jetzige Fach- und Führungskräfte geeignete Vorbilder für studieninteressierte Schüler und eignen sich daher bestens als Markenbotschafter für StudiumPlus.

Eine weitere bedeutende Komponente in der Marketingstrategie der THM ist der Auftritt auf Bildungsmessen. Im Jahr 2013 waren die Mitglieder des Marketingteams von StudiumPlus insgesamt 130-mal in Schulen und auf Messen zu Besuch, wobei sie streckenweise von Alumni begleitet wurden. Zudem bindet die THM ihre Alumni auch in ihre Social-Media-Aktivitäten ein. Seit September 2014 ist StudiumPlus im sozialen Netzwerk Facebook aktiv. Die Aktivitäten auf der Facebook-Seite sollen dazu beitragen, die Bekanntheit des dualen Studienangebots zu steigern.

An der Westfälischen Hochschule werden ebenfalls Vorbilder zur Ansprache von potenziellen Studierenden eingesetzt. Wie im Kapitel 2.2.2.2 beschrieben, hat die Hochschule festgestellt, dass Jugendliche mit Migrationshintergrund in ihren dualen Studiengängen stark unterrepräsentiert sind. Vor diesem Hintergrund wurden Strategien entwickelt, um diese Zielgruppe und deren soziales Umfeld besser zu erreichen.

Um in der Außendarstellung Jugendliche mit Migrationshintergrund anzusprechen, wurden an der Westfälischen Hochschule erfolgreiche dual Studierende und Absolventen mit Migrationshintergrund identifiziert und in Form von Testimonials sichtbar gemacht. Diese Testimonials werden auf den speziellen Internetseiten der Westfälischen Hochschule für duale Studiengänge (siehe www.mein-duales-studium.de) und bei Informations- beziehungsweise Bildungsmessen kommuniziert.

Vorbild mit Migrationshintergrund für das duale Studium in der Außenwerbung der Westfälischen Hochschule.

An der Westfälischen Hochschule wird insgesamt darauf geachtet, der Heterogenität der Bevölkerung auch in der Außendarstellung Rechnung zu tragen. Ein weiteres Beispiel dafür ist etwa ein Linienbus in Gelsenkirchen, der großflächig mit dem Konterfei eines dual Studierenden mit Migrationshintergrund sowie dem Logo „Mein duales Studium" und dem Slogan „100 % Studium, 100 % Ausbildung, 100 % Karriere" versehen wurde (siehe Foto). Ein weiterer Baustein der Kommunikationsaktivitäten ist die Berücksichtigung des sozialen Umfelds der Jugendlichen, insbesondere der Eltern. Deshalb ist anvisiert, speziell an die Eltern gerichtetes Informationsmaterial in der Herkunftssprache zu entwickeln, welches über die Studieninteressierten an diese weitergeleitet werden kann.

Zudem wurde die Nutzung alternativer Rekrutierungskanäle durch die Unternehmen, zum Beispiel unter Einbeziehung von Migrantenselbstorganisationen (MSO), angeregt. Unter MSO sind freiwillige Zusammenschlüsse, Initiativen oder Vereine von Migranten zu verstehen. Als fast noch wichtiger wird jedoch von der Westfälischen Hochschule die stärkere Kommunikationsarbeit über die türkischsprachige Presse in die türkischstämmige Community hinein erachtet.

2.3 Die Ebene „Input: Strukturen und Ressourcen"

Damit aus der Strategie auch wirklich qualitativ hochwertige duale Studienangebote hervorgehen können, müssen geeignete Voraussetzungen geschaffen werden (vgl. Nickel 2007). Zu den Aufgaben eines umfassenden QM gehört es insofern, den erforderlichen Input zu ermitteln und dessen Bereitstellung sicherzustellen. Dies umfasst adäquate Organisations- und Entscheidungsstrukturen ebenso wie das zur Verfügung stehende Personal in Wissenschaft und Verwaltung sowie die Ausstattung mit Finanz- und Sachmitteln. Dabei ist zu berücksichtigen, dass beim Rückgriff auf an der Hochschule bereits für andere Studiengänge geschaffene Strukturen und Ressourcen zusätzlich die spezifischen Anforderungen dualer Studiengänge berücksichtigt werden müssen.

2.3.1 Organisations- und Entscheidungsstrukturen

Eine erste Frage bei der Einrichtung dualer Studiengänge, die sich bei nicht ausschließlich auf diese Studienform spezialisierten Hochschulen wie zum Beispiel die DHBW stellt, richtet sich auf die strukturelle Verankerung innerhalb der Institution. Duale Studiengänge können geschlossen in einer eigenständigen Organisationseinheit wie beispielsweise dem für StudiumPlus verantwortlichen Wissenschaftlichen Zentrum Duales Hochschulstudium an der THM oder einem eigenen Fachbereich wie an der HWR Berlin oder ganz traditionell in den jeweiligen Fachbereichen verortet werden. Welches Modell im Einzelfall am besten geeignet ist, eine hohe Qualität zu gewährleisten, hängt von den individuellen Gegebenheiten der Hochschule ab und lässt sich deshalb nicht pauschal bestimmen. Aus der Perspektive des QM lässt sich jedoch als übergreifende Anforderung angeben, dass die Organisations- und Entscheidungsstrukturen in der Lage sein sollten, die zur Herstellung von Qualität notwendigen Prozesse bestmöglich zu unterstützen. Aufgrund der zentralen Bedeutung der Theorie-Praxis-Verzahnung betrifft dies vor allem die Zusammenarbeit aller am dualen Studium beteiligten Akteure an den verschiedenen Schnittstellen.

Mit Blick auf die Schnittstellenproblematik zwischen hochschulinternen und -externen Akteuren wurden in den von der FH Brandenburg, der HAW München und der Universität Kassel durchgeführten Projekten unter anderem auch Anregungen für die Ausgestaltung der Organisationsstruktur erarbeitet. Unabhängig voneinander ermittelten die Hochschulen zwei Strukturelemente, von denen eine qualitätsfördernde Wirkung erwartet werden kann, und zwar
- strukturell verankerte Gremien für den Austausch zwischen Hochschule, Partnerorganisationen und weiteren Stakeholdern sowie
- eine zentrale Stelle, an der verschiedene Verantwortlichkeiten für das duale Studium gebündelt werden können.

Wie bereits in dem vorhergehenden Strategiekapitel ausgeführt, sind die Erwartungen der Partnerorganisationen mitentscheidend für die Nachhaltigkeit und Qualität dualer Studienangebote. Dies gilt nicht nur für die Phase der Etablierung von Kooperationen, sondern auch für deren gesamten Verlauf. An den genannten Hochschulen wurde als eine Möglichkeit, den dafür notwendigen kontinuierlichen Austausch zu institutionalisieren, die Einrichtung gemeinsamer Gremien ausgemacht.

Auf der zentralen Ebene steht mit diesen Gremien ein Ort bereit, an dem zum Beispiel Fachrichtungen für einen Ausbau des Gesamtangebots identifiziert sowie Studien- und Zeitstrukturmodelle zwischen den Stakeholdern abgestimmt werden können. Zudem können dort in direktem Austausch der Beteiligten aktuelle Probleme aufgegriffen und mögliche Lösungsansätze erarbeitet werden. Für Themen, die lediglich für einzelne Studiengänge von Relevanz sind, zum Beispiel Aspekte der konkreten inhaltlichen Ausgestaltung eines Studienangebots oder die Abstimmung der Lerninhalte der verschiedenen Lernorte, bieten sich entsprechende Gremien auf der Studiengangsebene an. Neben den Vertretern der Partnerorganisationen und der Hochschule können in diese Gremien bei Bedarf auch Kammer- oder Berufsschulvertreter eingebunden werden.

Unabhängig von der Ebene, auf der die Gremien verortet sind, hat sich in den Projekten der FH Brandenburg, HAW München und Universität Kassel ergeben, dass neben der Einbindung aller relevanten Akteure auch berücksichtigt werden muss, dass und wie die Entscheidungen der Gremien Einfluss auf die dualen Studienangebote ausüben. Auf der zentralen Ebene besteht eine Möglichkeit darin, die Gremien mit Vertretern der Entscheidungsebene zu besetzen, zum Beispiel der Leitungsebene der Hochschule und dem entsprechenden Gegenstück aufseiten der Partnerorganisationen. Ebenso wäre es auf der Studiengangsebene wichtig, die direkt an der Durchführung der Angebote Beteiligten einzubinden, das heißt die Professoren, Lehrbeauftragten, Praxisbetreuer und Berufsschullehrer. Analog zu den Strategieentwicklungsprozessen sollte auch bei diesen Gremien die Repräsentativität der eingebundenen Vertreter der Partnerorganisationen berücksichtigt werden. Ein Good-Practice-Beispiel bietet in diesem Punkt die DHBW. Dort wird für jeden Studienbereich eine Fachkommission eingerichtet, die Empfehlungen zur Qualitätsentwicklung in Lehre, Studium und Forschung ausspricht. Mitglieder sind neben den Studienbereichsleitern, Professoren und Studierenden auch Vertreter der Partnerunternehmen sowie zwei hochschulexterne wissenschaftliche Berater (vgl. Duale Hochschule Baden-Württemberg 2015: § 12,1 und 12,2).

Zur Gewährleistung einer reibungslosen und qualitätsorientierten Umsetzung dualer Studienangebote ist den betreffenden Hochschulen zufolge die Einrichtung einer zentralen Stelle für die Koordination, Begleitung und Durchführung wichtiger Prozesse des dualen Studiums ein sinnvolles Instrument, so wie es bei der HAW München der Fall ist (siehe auch Kapitel 2.4.1). Über die Bündelung von Verantwortlichkeiten und Managementtätigkeiten kann der Ressourcenaufwand für die externen und internen Stakeholder deutlich verringert werden. Gerade kleine und mittlere Unternehmen, denen im Unterschied zu Großunternehmen weniger Ressourcen für umfassende Abstimmungsprozesse zur Verfügung stehen, profitieren hiervon. Eine zentrale Stelle kann weitergehend als ein Gegenstück zu der Komplexität der Prozesse im dualen Studium angesehen werden, die sich durch die Abstimmungsprozesse an der Schnittstelle von Hochschule und Partnerorganisationen einstellt. Ein zusätzlicher Vorteil der Bündelung der Zuständigkeiten ist die damit entstehende Möglichkeit, schon frühzeitig Probleme bei der Abstimmung zu identifizieren und an der Optimierung der Prozesse zu arbeiten. Wie an der HAW München festgestellt, bevorzugen die Partnerorganisationen für Abstimmungsprozesse auf der inhaltlichen Ebene jedoch gesonderte Ansprechpartner und sind auch bereit, den damit verbundenen höheren Aufwand in Kauf zu nehmen.

2.3.2 Personalrekrutierung und -entwicklung

2.3.2.1 Lehrende

Wenn eine zentrale Herausforderung im dualen Studium darin besteht, Studierende mit Transferkompetenz auszustatten, dann sollten auch die Lehrenden entsprechende Vermittlungsfähigkeiten aufweisen. Das gilt sowohl für das festangestellte als auch das nebenberufliche Personal. Zu diesem Schluss kommen sowohl die FH Bielefeld als auch die BA Sachsen in ihren Analysen. Mit Blick auf die Sicherung der Lehrqualität hat unter anderem die Personalrekrutierung eine entscheidende Bedeutung. Hier sollte bereits im Bewerbungs- und Einstellungsprozess darauf geachtet werden, dass die neuen Lehrkräfte über eine eigene Transferkompetenz oder zumindest ein Bewusstsein für die besonderen didaktischen Anforderungen bei der Verknüpfung von Theorie und Praxis verfügen. Deshalb sollten bereits bei der Stellenausschreibung das Aufgabenprofil und die Anforderungen an die Lehrkompetenz klar definiert sein.

Nach Erkenntnissen der BA Sachsen empfiehlt es sich, schon im Vorfeld der Rekrutierung zu prüfen, welche Art von Lehrenden, das heißt Lehrbeauftragte oder Hochschullehrer, für die jeweilige Veranstaltung infrage kommt. Sofern hier die Wahl auf die Lehrbeauftragten fällt, müssen geeignete Kandidaten gefunden werden. Häufig kann dies nicht allein über die üblichen Ausschreibungen geschehen. Viele Veranstaltungen umfassen sehr spezifische, höchst aktuelle Inhalte, die nur einige Kandidaten abdecken können. Alternative Rekrutierungsmöglichkeiten bestehen mit den direkten Kontakten der Studienbereichsleiter in das Praxisfeld hinein wie auch deren wissenschaftsbezogener Tätigkeit, zum Beispiel Publikationen oder Gutachtertätigkeiten, Kontakte zu den Partnerorganisationen, die wiederum Kontakt zu Experten haben, Verbindungen zu anderen Hochschuleinrichtungen oder der direkten Ansprache von Autoren von Fachpublikationen und Fachvorträgen. Damit die häufig zeitaufwendigen Rekrutierungsprozesse auch mit Erfolg abgeschlossen werden können, kann eine weitere Option darin bestehen, einen Pool potenzieller Kandidaten anzulegen, auf den gegebenenfalls kurzfristig zurückgegriffen werden kann.

Während es bei Professoren, die ihre berufliche Sozialisation vornehmlich an Hochschulen durchlaufen haben, möglicherweise eher an der Nähe zu den Anforderungen und Gegebenheiten in der Arbeitswelt mangelt, entstehen für Lehrbeauftragte, die neben ihrer Berufstätigkeit im außerhochschulischen Bereich im dualen Studium unterrichten, tendenziell eher dadurch Probleme, dass sie nicht kontinuierlich in den Diskurs innerhalb der Hochschule eingebunden sind. Vor diesem Hintergrund rekrutiert die THM einen Teil ihrer Lehrbeauftragten aus den Absolventen der dualen Studiengänge der Hochschule (vgl. Kapitel 2.2.4.2). Diese sind mit den Anforderungen im dualen Studienangebot vertraut. Aufgrund der zeitlichen Nähe zum Abschluss ihres Studiums können die Ehemaligen die Situation der Studierenden hervorragend einschätzen. Sie verfügen folglich über wichtige Kenntnisse darüber, welche Art von Wissen und Fähigkeiten im Rahmen eines dualen Hochschulstudiums vermittelt werden sollten.

Abbildung 21: Regelkreis vom Studierenden zum Dozenten im dualen Studium an der Technischen Hochschule Mittelhessen

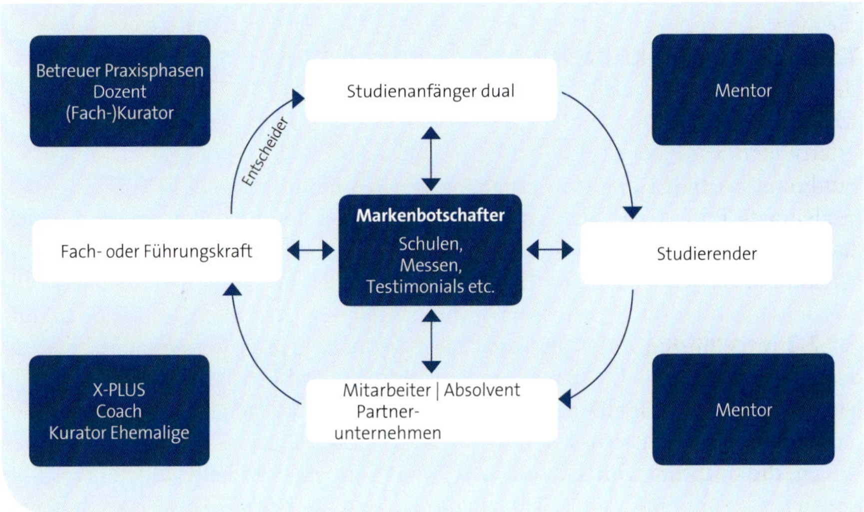

Quelle: Danne/Wiesner 2015: 32

Die Karriere eines Studierenden zum späteren Lehrbeauftragten im dualen Studium der THM wird als Regelkreislauf begriffen, in dem Alumni als fertige Fach- und Führungskräfte ihrerseits daran mitwirken, über die Auswahl dual Studierender spätere Dozenten aufzubauen und zu rekrutieren, wie Abbildung 21 zeigt. Flankierend ist die THM aktuell dabei, ein detailliertes, wirtschaftspsychologisch fundiertes Anforderungsprofil für Alumni als Lehrbeauftragte zu entwickeln. Ausgangspunkt ist eine Reihe von Befragungen und zwar von Studierenden, die bei einem Alumni an einer Lehrveranstaltung teilgenommen haben, von Alumni, die als Lehrbeauftragte arbeiten, von Unternehmensvertretern und von Mitgliedern des Direktoriums von StudiumPlus. Ziel ist die Beschreibung von potenziell erfolgskritischen Situationen, die im Rahmen der Hochschullehre im dualen Studium auftreten können. Die genannten kritischen Ereignisse können dabei für die Erreichung der besonderen Qualifikationsziele im dualen Studium entweder besonders förderlich oder besonders hinderlich sein. Daraus abgeleitet werden Kriterien aufgestellt, anhand derer in zukünftigen Auswahlprozessen neue Dozenten entsprechend selektiert werden können. Ferner können die Ergebnisse der genannten Anforderungsanalyse genutzt werden, um aufzuzeigen, welche Anforderungen im dualen Studium der THM in der Auswahl von Dozenten bereits Beachtung finden und welche zukünftig noch stärker berücksichtigt werden sollten.

Nach erfolgreicher Rekrutierung werden die Alumni der THM durch ein Mentoringprogramm beim Einstieg in die Lehrtätigkeit systematisch begleitet und durch weitere hochschuldidaktische Schulungsangebote unterstützt (siehe Kapitel 2.4.2.3).

Um die Einbindung von Alumni in die Qualitätsentwicklung des dualen Studiums auch strukturell zu verankern, wurde an der THM analog zu den anderen dualen Gremien auf Hochschulebene das Fachkuratorium Ehemalige sowie das Alumni-Netzwerk XPlus eingerichtet. Von dem Fachkuratorium organisiert, bietet das Alumni-Netzwerk eine Austauschplattform für die Absolventen der THM, wozu neben regelmäßigen Veranstaltungen wie Fortbildungen, Fachvorträgen, Exkursionen und Feiern auch eine eigene Website und ein Newsletter sowie soziale Netzwerke genutzt werden.

Das Fachkuratorium selbst besteht aus einem Vorstand und bis zu 15 Mitgliedern, die sich alle aus dem Alumni-Netzwerk rekrutieren. Die Mitglieder werden auf Vorschlag des Vorstands über einen Mehrheitsbeschluss für zwei Jahre ernannt. Zu den Voraussetzungen für die Mitgliedschaft gehören regelmäßige Anwesenheit und Mitarbeit. In regelmäßigen Treffen, die allen Mitgliedern des Alumni-Netzwerks offenstehen, widmet sich das Fachkuratorium verschiedenen Themen zum dualen Studium. So besteht eine der aktuellen Aufgaben darin, Strukturen für eine berufsbegleitende Promotion der Masterabsolventen der THM zu schaffen. Auch berät das Fachkuratorium die dualen Gremien der Hochschule bezüglich der Weiterentwicklung der dualen Studienangebote.

2.3.2.2 Verwaltung

Nicht nur die Qualität der Lehrenden ist entscheidend für den Erfolg des dualen Studiums, sondern genauso zählt auch die Qualität des Verwaltungspersonals. Personen, die in diesem Bereich tätig sind, benötigen viel Verständnis für die spezifischen Abläufe insbesondere an der Schnittstelle zwischen Hochschule und externen Kooperationspartnern wie Unternehmen, berufsbildenden Schulen, Kammern oder

Dachverbänden. Auch vor diesem Hintergrund kann die Einrichtung einer zentralen Stelle für derartige Belange, wie sie in Kapitel 2.3.1 dargestellt wurde, sinnvoll sein. Durch die Konzentration auf dieses Aufgabenfeld wird die Professionalität der Mitarbeiter gefördert. Sie können allmählich Kompetenzen im Umgang mit den am dualen Studium beteiligten Studierenden, Lehrenden, Unternehmen und weiteren Organisationen aufbauen und weiterentwickeln. Ähnlich wie bei den Lehrenden ist zu empfehlen, bereits vor der Rekrutierung von Verwaltungspersonal, welches spezifisch im dualen Studium eingesetzt wird, ein klares Kompetenzprofil zu entwickeln. Zudem sollten Mitarbeiter in diesem Bereich die Möglichkeit haben, sich im Job fortzubilden. Zu überlegen ist auch, in welcher Form Verwaltungsmitarbeiter in die das duale Studium betreffenden Gremien eingebunden werden können, damit sie unmittelbar in die aktuellen Diskussionen im Lehrkörper und in der Studierendenschaft involviert sind.

Im Kontext einer zunehmenden Internationalisierung des dualen Studiums weist die HWR Berlin darauf hin, dass auch hier die Kompetenzentwicklung beim Verwaltungspersonal Schritt halten muss. Sowohl die Betreuung von Incoming- als auch Outgoing-Studierenden erfordert neben Fremdsprachenkenntnissen auch ein ausreichendes Maß an interkultureller Kompetenz. Eine Internationalisierung nur auf Ebene des Lehrkörpers und der Studierendenschaft ist nicht ausreichend. Das Verwaltungspersonal sollte die Möglichkeit haben, sich ebenfalls in diesem Bereich gezielt weiterzuentwickeln, sofern es nicht über ausreichende Fähigkeiten verfügt.

2.3.3 Umgang mit begrenzten Ressourcen

Für die Qualitätsentwicklung dualer Studiengänge ist es wichtig, genau zu analysieren, welche Finanz- und Sachmittel zur Verfügung stehen. Nur so können die gegebenen Möglichkeiten zur Umsetzung und Weiterentwicklung der Angebote realistisch eingeschätzt werden. In manchen Bundesländern werden für duale Studienangebote extra Fördertöpfe bereitgestellt, bei denen Hochschulen Mittel vor allem zur Anschubfinanzierung beantragen können. In anderen Bundesländern existieren solche zusätzlichen Ressourcen nicht. Hier sind insbesondere kleineren Hochschulen in strukturschwachen Regionen – bedingt durch den relativ hohen Koordinationsaufwand mit externen Partnern gerade auch in der Implementierungsphase von dualen Studienangeboten – oft Grenzen gesetzt, mit denen sie kreativ umgehen müssen. Die FH Brandenburg hat dazu Gestaltungsvorschläge erarbeitet und zwar nicht nur mit Blick auf die finanziellen und sächlichen Beschränkungen der Hochschulseite, sondern auch der betrieblichen Seite, die im Bundesland Brandenburg vor allem aus kleineren und mittleren Unternehmen besteht. Zusätzlich wurden die verschiedenen Elemente der Gestaltungsvorschläge in ein umfassendes Ablaufmodell zur Entwicklung dualer Studiengänge eingebettet (siehe Abbildung 22), das insbesondere den Bedingungen an kleineren Hochschulen entgegenkommt.

Den ersten Schritt des Ablaufmodells bildet die Einrichtung einer koordinierenden Stelle für das duale Studienangebot innerhalb der Hochschule. Über diese kann die Ermittlung des Bedarfs seitens der Unternehmen erfolgen, geprüft werden, welche Studiengänge sich aufgrund ihrer hohen Praxisanteile für duale Varianten anbieten, und die Einrichtung der Studiengänge unterstützt werden. Weitergehend steht hiermit eine Anlaufstelle für die Beratung und Unterstützung aller internen

Abbildung 22: Schritte zur flexiblen Einrichtung dualer Studiengänge

```
                    Kompetenzstelle einrichten
                              │
                              ▼
   ┌──────────────┐   ┌──────────────────┐   ┌──────────────────┐
   │ Identifikation│   │ Kommunikation/    │   │ (Mit-)Gestaltung │
   │ dual studier- │   │ Beratung interner │   │ von Unternehmens-│
   │ barer Studien-│   │ und externer      │   │ kooperationen    │
   │ gänge         │   │ Zielgruppen       │   │                  │
   └──────────────┘   └──────────────────┘   └──────────────────┘
                              │
                              ▼
                      Probelauf starten
                              │
                              ▼
              Probelauf evaluieren und Prozess anpassen
```

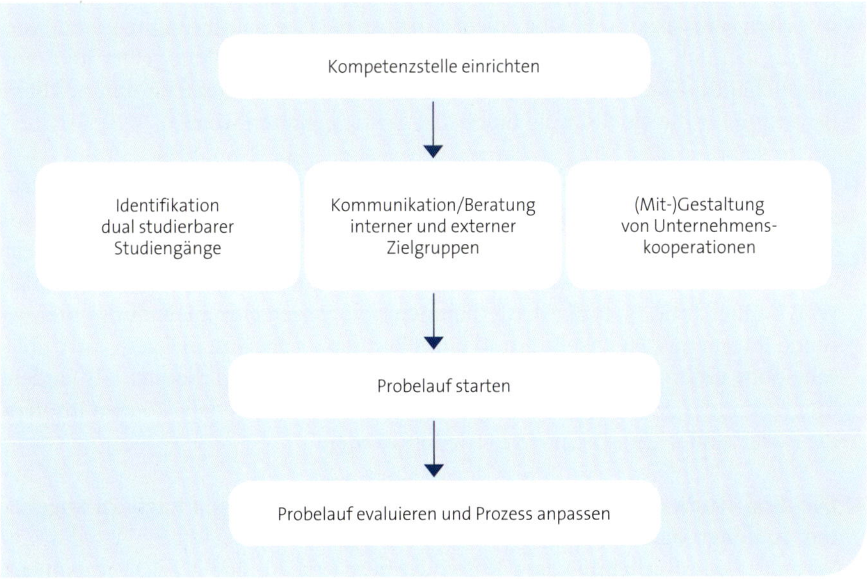

Quelle: Schwill et al. 2015: 57

und externen Akteure bereit, die den Aufwand und die Kosten für alle Beteiligten möglichst gering hält, was insbesondere für kleinere und mittlere Unternehmen ein wichtiger Faktor sein kann.

Im Ablaufmodell werden auch die Besonderheiten der regionalen Wirtschaftsstruktur berücksichtigt. Letztere ist in Brandenburg von kleineren und mittleren Unternehmen geprägt, die eine hohe regionale Konzentration aufweisen. Vor diesem Hintergrund sind die inhaltlichen Bedarfe der Unternehmen heterogen und mitunter sehr spezifisch. Auch sind kleinere Unternehmen nicht immer in der Lage, kontinuierlich Mitarbeiter in die dualen Studiengänge zu entsenden. Viele von ihnen bilden vielmehr sporadisch nach Bedarf aus. Um einen Ausgleich zwischen den Erfordernissen der regionalen Unternehmen und den Möglichkeiten der Hochschule zu schaffen, wurden an der FH Brandenburg für die Einführung dualer Studiengänge vier Leitlinien entwickelt, die als allgemeine Handlungsoptionen für an dualen Studienangeboten interessierte kleinere Hochschulen dienen können.

1) **Es werden bevorzugt bereits bestehende Studiengänge dual studierbar gemacht.**
   Mit der Möglichkeit, Studiengänge zugleich in traditioneller wie auch in dualer Form anbieten zu können, soll eine hinreichende Nachfrage sichergestellt und vermieden werden, dass Studiengänge wieder geschlossen werden müssen. Zudem besteht bei diesem flexiblen Vorgehen die Option, bei konstant hoher Nachfrage im Nachhinein eigene duale Gruppen von Studierenden zu etablieren.

2) **Es werden keine spezialisierten dualen Studiengänge eingerichtet. Die Angebote werden insgesamt breiter aufgestellt und Spezialisierungen werden in Vertiefungsrichtungen angeboten.**
   Mit dieser Maßnahme wird eines der Hauptprobleme angesprochen und zwar der Wunsch (potenzieller) Partnerorganisationen nach einer möglichst genauen

inhaltlichen Passung der Studieninhalte mit den Anforderungen eines Unternehmens. Gerade bei mittleren und kleineren Betrieben ist dieser Bedarf jedoch in Teilen sehr spezifisch. Über die Verortung der Spezialisierung in einem Vertiefungsbereich des Studiums kann nicht nur dieses Problem gelöst und eine hinreichende Nachfrage gesichert, sondern auch die finanzielle und zeitliche Belastung für die Hochschule möglichst gering gehalten werden.

3) Die in der dualen Variante studierbaren Studiengänge werden in unterschiedlichen Modellen angeboten.
Wie eine Unternehmensbefragung der FH Brandenburg ergab, existieren seitens der Unternehmen keine klaren Präferenzen für ein bestimmtes Studienmodell (vgl. Kapitel 2.2.2.1). Einige Unternehmen bevorzugen eine ausbildungsintegrierende Form eines Hochschul- und eines Berufsbildungsabschlusses (zur Unterscheidung unterschiedlicher Modelle im dualen Studium vgl. Kapitel 1.1), andere hingegen nicht. Mit der Offenheit des konkreten Studienmodells können insofern die Bedarfe aller Unternehmen befriedigt werden.

4) Die dual studierbaren Studiengänge werden in denjenigen Fächern angeboten, in denen eine besonders hohe Nachfrage besteht.
Wie eine Bedarfserhebung der FH Brandenburg (vgl. Kapitel 2.2.2.1) gezeigt hat, gibt es einige Fächer, in denen die Nachfrage nach qualifizierten Fachkräften besonders hoch ist, weshalb dort auch eine konstant hohe Nachfrage nach dualen Studiengängen zu erwarten ist.

Zwei spezifische Herausforderungen, die sich aus der Kombination der Ausstattung der Hochschule und den Besonderheiten der regionalen Wirtschaftsstruktur ergeben, wurden an der FH Brandenburg ebenfalls berücksichtigt. So ist es einigen Unternehmen nicht möglich, alle in den dualen Studiengängen vorgesehenen Ausbildungsinhalte selbst abzudecken. Analog zu den bereits in der dualen Berufsausbildung praktizierten Ausbildungsverbünden wurde deshalb auf zwei Modelle zurückgegriffen, mit denen diese Problematik über die Kooperation von Unternehmen entschärft werden kann.

In der ersten Variante, „Leitunternehmen mit kooperierenden Partnerunternehmen", verbleibt die Verantwortung für den jeweiligen dual Studierenden bei dem ausbildenden Unternehmen. Sofern einzelne Anteile jedoch nicht im eigenen Unternehmen abgedeckt werden können, da zum Beispiel die fachlichen oder technischen Voraussetzungen nicht gegeben sind, werden diese von anderen Unternehmen abgedeckt, mit denen vertraglich geregelte Kooperationen bestehen. Bei dem zweiten Modell, „Ausbildungsverbund kooperierender Unternehmen", werden zwar auch von allen beteiligten Unternehmen dual Studierende eingestellt, die Ausbildung erfolgt jedoch nach einem festgelegten Rotationsprinzip in den verschiedenen Unternehmen. Bereits im Vorfeld wird geregelt, welche Ausbildungsanteile in welchem Unternehmen absolviert werden. Prinzipiell wird damit auch hochspezialisierten Unternehmen die Ausbildung dual Studierender ermöglicht.

Für die Studierenden verbinden sich mit diesen Modellen zusätzliche Vorteile: Sie können verschiedene Unternehmen mitsamt ihren spezifischen Kulturen kennenlernen. Auch zwischen den Unternehmen kann ein Erfahrungsaustausch erfolgen, der vor allem für weniger erfahrene Unternehmen einen Mehrwert bietet. Um den mitunter hohen Koordinationsaufwand im Vorfeld zu reduzieren, kann sich die Hochschule aktiv in die Bildung entsprechender Verbünde einbringen.

Außerdem wurde in dem Projekt der FH Brandenburg berücksichtigt, dass die Nachfrage der Unternehmen auch von der Verfügbarkeit passender Studieninteressierter abhängig ist. Für das Land Brandenburg könnte hier die gezielte Ansprache von Studieninteressierten über die Gruppe der Schulabgänger mit Bestnoten hinaus eine sinnvolle Option sein. Anderweitige relevante Faktoren könnten zum Beispiel eine Affinität zur Region sein oder eine besondere Passung zu dualen Studiengängen, etwa über die Präferenz für ein Einkommen während der Ausbildung. Auch sollten die Unternehmen angeregt werden, potenzielle dual Studierende aus dem gesamten Bundesgebiet zu rekrutieren.

2.4 Die Ebene „Prozesse"

Prozesse spielen im QM deshalb eine große Rolle, weil davon ausgegangen wird, dass adäquate Handlungen entscheidend dazu beitragen, eine möglichst hohe Ergebnisqualität zu erzeugen. Im Hochschulbereich gibt es seit Beginn der 2000er-Jahre zunehmend mehr Institutionen, die mit einem prozessorientierten QM arbeiten (vgl. Nickel 2014). Fokussiert durch strategische Zielsetzungen und Planungen sowie angetrieben vom bereitgestellten Input agieren die Hochschulmitglieder in den vier Handlungsfeldern Lehre und Studium, Forschung, Verwaltung und Leitung mit dem Ziel, gemeinsam gute Leistungen zu erbringen. Dabei kommt den Schnittstellen eine besondere Aufmerksamkeit zu, da diese besonders störanfällig sind. Im Idealfall schafft das Prozessmanagement hier Abhilfe: „Bei der Prozessorientierung werden durch eine klare Abgrenzung und Abstimmung der verschiedenen Schritte eines Prozesses die üblichen Reibungsverluste zwischen den einzelnen Bereichen einer Hochschule (Fachbereiche, zentrale Einrichtungen, Verwaltung) überwunden. Das bedeutet gleichzeitig, dass Schnittstellen, die immer einen Verlust an Zeit und Informationen bedeuten, klar definiert sind" (Janssen et al. 2010: 74). Für das duale Studium ist die Schnittstellenproblematik von besonderer Bedeutung, da nicht nur hochschulinterne Schnittstellen zu managen sind, sondern auch Schnittstellen zu externen Akteuren. Vor diesem Hintergrund werden im Folgenden Handlungsansätze bezogen auf Dienstleistungsprozesse sowie Lehr- und Lernprozesse näher vorgestellt.

2.4.1 Dienstleistungsprozesse

2.4.1.1 Übergreifendes Prozessmanagement und Qualitätszirkel

Die organisatorische Abstimmung zwischen den am dualen Studium beteiligten Partnern – vor allem Hochschule, Unternehmen, Kammern und berufsbildende Schulen – bildet eine wichtige Grundlage für die inhaltliche Verzahnung von Theorie und Praxis und damit einen zentralen Ansatzpunkt des QM. Ziel sollte eine möglichst reibungslose Ausgestaltung für alle Akteure sein. Insbesondere Studierende, die durch die doppelte Aufgabe von Studium und Ausbildung beziehungsweise Berufstätigkeit bereits eine hohe zeitliche Belastung erfahren, sind auf ein gutes Zusammenwirken der im dualen Studium involvierten Institutionen angewiesen, um einen erfolgreichen Abschluss zu erreichen.

Die HAW München hat sich diesem Thema aus der Perspektive des Prozessmanagements genähert. Zunächst wurde dabei festgestellt, dass die Verzahnung der Abläufe zwischen hochschulinternen und -externen Akteuren vor allem

bezogen auf sehr zielgerichtete Prozesse abgebildet und standardisiert werden kann. Konkret beschäftigte sich die HAW München in ihrem Projekt mit den Prozessen von
- Anbahnung, Abschluss und Pflege der Kooperationen mit Unternehmen,
- Auswahl und Zulassung von dual Studierenden sowie der
- Verzahnung der Lernorte Hochschule, Unternehmen und berufsbildende Schulen.

Im Zentrum des dabei genutzten Prozessmanagements stehen drei Schritte, die jeweils eine qualitätssichernde und -fördernde Wirkung haben:
- die Abbildung (Modellierung) der untersuchten Prozesse und ihrer Teilschritte unter Berücksichtigung der dazugehörigen Zuständigkeiten,
- die Kooperation der Prozessbeteiligten, um Probleme im Prozessablauf, zum Beispiel Abstimmungsprobleme oder Doppelarbeiten, zu erkennen und zu beheben, sowie
- die Aufbereitung der erarbeiteten Prozessmodelle inklusive weiterführender Informationen wie Checklisten und Musterdokumente, welche aktiv an alle Prozessbeteiligten kommuniziert werden. Zudem werden diese Prozessmodelle und Informationen neu hinzukommenden Beteiligten zur Verfügung gestellt, damit sie auch außerhalb ihres eigenen Bereichs stattfindende Abläufe überblicken können.

In der konkreten Umsetzung wurden zu Beginn eine Reihe von Prozessen in Zusammenarbeit des Qualitätsmanagements der HAW München, der Koordinationsstelle für das duale Studium und der bayerischen Dachorganisation für duale Studiengänge, „hochschule dual" (Näheres dazu siehe Kapitel 2.2.4.1), visualisiert. Dabei wurden auch weitergehende Informationen zu den Prozessen berücksichtigt, so grundlegende Gesetze, Fristen und Ansprechpartner. Die im Laufe des Prozessmanagements erarbeiteten Ergebnisse wurden schließlich in Form von Prozessabläufen und weiterführenden Dokumenten aufbereitet.

Für den Austausch über die zu bearbeitenden Prozesse wurde ein übergreifender Qualitätszirkel mit Vertretern der HAW München und deren Partnerunternehmen im Rahmen des dualen Studiums, der Kammern (Industrie- und Handelskammer/IHK und Handwerkskammer/HWK) sowie der Dachorganisation „hochschule dual" eingerichtet. Im Rahmen eines Qualitätszirkels beschäftigt sich eine kleine Gruppe von Personen regelmäßig und auf dauerhafter Basis mit verschiedenen Aspekten und Problemstellungen eines Themengebiets. Die Treffen werden moderiert. Das soll sicherstellen, dass in verhältnismäßig kurzer Zeit, das heißt zwei bis drei Stunden, verwertbare Ergebnisse produziert werden. Insofern gehört eine konstruktive Atmosphäre zu den herzustellenden Grundvoraussetzungen, wozu unter anderem die Freiwilligkeit der Teilnahme beitragen kann.

Die HAW München nutzte in ihrem Projekt den Qualitätszirkel dazu, die Kooperationspartner im dualen Studium stärker als bisher in die Ausgestaltung der Abläufe des dualen Studiums einzubinden. Angestrebt wurde, Lösungen zu erarbeiten, die breit anwendbar sind, gegebenenfalls sogar von anderen Anbietern dualer Studienangebote übernommen werden können. Im Zentrum der Treffen standen die Prozesse selbst, die aus der Perspektive der verschiedenen Akteure betrachtet und auf Optimierungsmöglichkeiten untersucht werden sollten. Parallel dazu wurden aber auch diese Prozesse unterstützende Elemente, darunter Handreichungen, Musterdokumente und Checklisten, berücksichtigt, kritisch geprüft und weiterentwickelt.

Bei der Auswahl der Unternehmensvertreter galt es, Unternehmen unterschiedlicher Größe sowie aus verschiedenen Ausbildungsbereichen (Technik, Naturwissenschaften, Wirtschaft) auszuwählen. Den Kern des Qualitätszirkels bildeten zehn Personen, wobei die Projektleitung aus der Hochschule die Moderation übernahm: fünf Unternehmensvertreter, jeweils ein Vertreter von IHK und HWK, eine Repräsentantin von „hochschule dual", der Kooperationsmanager des Weiterbildungszentrums der Hochschule sowie die zwei Projektverantwortlichen der Hochschule. Abhängig vom Thema nahmen weitere Personen (zum Beispiel Juristen, Berufsschulvertreter) an den Arbeitstreffen teil.

Während der Treffen des Qualitätszirkels stellte der Moderator das Thema beziehungsweise den Ist-Zustand des Ablaufs des zu behandelnden Prozesses in Form eines kurzen Inputreferats und/oder anhand bestehender Prozessdarstellungen vor. Da an den meisten Arbeitstreffen bis zu 15 Personen teilnahmen, folgte im Anschluss daran eine Kleingruppenarbeit in zwei bis drei Untergruppen, die sich jeweils mit einem bestimmten, vom Moderator vorgegebenen Aspekt des Themas auseinandersetzten. Die Ergebnisse dieser Diskurse wurden an Metaplantafeln festgehalten und anschließend im Plenum weiterdiskutiert. In der Regel ergaben sich aus der Abschlussdiskussion weitere Aufgaben für die Hochschule oder auch die anderen Akteure im Feld des dualen Studiums, die diese nach den Treffen jeweils intern weiterverfolgten. Der letzte Qualitätszirkel im Rahmen des Projekts griff zusammenfassend alle Ergebnisse und erarbeiteten Aufgaben auf und eruierte den Status quo der vorgeschlagenen Verbesserungsmaßnahmen.

Im Rückblick wurden als Stärken des von allen Beteiligten positiv bewerteten Formats die Konstanz des Austauschs in einer kleineren Gruppe und die damit einhergehende Produktivität der Arbeit ausgemacht. Zudem konnten sowohl die Hochschule als auch die Vertreter der Partnerorganisationen einen großen Erkenntnisgewinn verzeichnen. So konnte mit den visualisierten Prozessabläufen und der geschaffenen Transparenz ein Grundproblem komplexer Prozesse behoben werden, dass nämlich viele Beteiligte über ihren eigenen Arbeitsbereich hinaus häufig kaum Kenntnisse der Abläufe in anderen Arbeitsbereichen besitzen. Auch konnten an mehreren Schnittstellen Probleme erkannt und Optimierungsvorschläge erarbeitet werden. Aufgrund dieser konstruktiven Erfahrungen wurde an der HAW München entschieden, das Format „Qualitätszirkel" zu verstetigen und in das hochschuleigene Portfolio qualitätssichernder Maßnahmen aufzunehmen.

Wie erwartet war das Potenzial des Vorgehens bei den Verwaltungsprozessen bei der Verzahnung besonders hoch. Gerade dort wurde aber auch ein besonders großer Bedarf an Transparenz und Standardisierung gesehen, da die Prozesse sehr komplex sind und alle Beteiligten deshalb einen hohen Informationsbedarf aufweisen. Im Bereich der Lehr- und Lernprozesse mit der Verzahnung der Lernorte Hochschule, Unternehmen und berufsbildende Schulen waren die Prozesse hingegen in einem geringeren Umfang standardisierbar. Deshalb wird auf dieses Feld unter Gesichtspunkten des Prozessmanagements nicht weiter eigegangen. Stattdessen finden sich hierzu Ausführungen bei der inhaltlichen Verknüpfung im Rahmen von Lehr- und Lernprozessen (siehe Kapitel 2.4.2).

Deutlich wurde in dem Projekt der HAW München auch, dass die Bedeutung von Kommunikationsaktivitäten nicht unterschätzt werden darf. Änderungen an den Prozessabläufen müssen allen, auch den später hinzukommenden Beteiligten aktiv kommuniziert werden. Und auch bei unveränderten Prozessen können regelmäßige

Informationen sinnvoll sein, unter anderem bedingt durch Personalwechsel in den Partnerorganisationen, mit denen akkumuliertes Wissen verloren geht. Insgesamt haben die gesammelten Erfahrungen die Tatsache unterstrichen, dass das Prozessmanagement eine kontinuierliche Aufgabe ist, die nur etwas bringt, wenn sie regelmäßig durchgeführt wird. An der HAW München ist deshalb eine alle ein bis zwei Jahre stattfindende Revision der betrachteten Prozesse geplant.

2.4.1.2 Standardisierte Dokumente

Standardisierte Dokumente sind ein wesentlicher Bestandteil des Prozessmanagements. Häufig werden sie gemeinsam mit den Ablaufschemata der standardisierten Prozesse in einem IT-System hinterlegt, das Hochschulmitgliedern und gegebenenfalls anderen Beteiligten zugänglich ist (vgl. Boentert/von Lojewski 2010). Ziel ist, den Nutzern zu jedem Prozessschritt gleich die passenden Informationen und Formulare mitzuliefern, damit für sie kein Aufwand durch die Suche entsteht. Gerade im dualen Studium kann das Zurverfügungstellen standardisierter Dokumente hilfreich sein, um den ohnehin sehr komplexen Abstimmungsbedarf zwischen hochschulinternen und -externen Akteuren übersichtlicher zu gestalten.

So stehen an der HAW München für die Kooperation zwischen Hochschule und Partnerorganisationen sowie das Arbeitsverhältnis zwischen dual Studierenden und Unternehmen Musterverträge bereit, die unter der Beteiligung verschiedener Stakeholder, neben den Partnerorganisationen und der Hochschule auch der Kammern, entwickelt wurden. Auch der regionale Dachverband „hochschule dual" übernimmt in diesem Punkt eine entscheidende Rolle. Abgesehen davon, dass dieser an der Entwicklung eines großen Teils der genannten Standardvorlagen beteiligt ist und als Schnittstelle zu weiteren Akteuren fungiert, übernimmt er wichtige Funktionen bei der Verbreitung der Materialien. Damit wird der nicht zu unterschätzenden Bedeutung der Verbreitung einmal entwickelter Dokumente Rechnung getragen.

Allgemein ist es hilfreich, einmal getroffene Absprachen dauerhaft zu fixieren. Um neben den unmittelbar Beteiligten auch Dritte informieren zu können und den Zugang möglichst einfach zu gestalten, bietet sich deren systematische Aufbereitung und Bereitstellung an. Einen besonderen Vorteil bietet dieses Vorgehen bei voraussetzungsreichen Abstimmungen wie Verträgen, da aufwendige Einzelfallprüfungen hiermit auf ein Minimum reduziert werden können.

Im Zuge der an der HAW München unternommenen Prozessoptimierung wurden eine Reihe solcher Dokumente verwendet. Eine erste größere Gruppe besteht aus Regelungen zu verschiedenen Prozessen, welche die Anforderungen und Zuständigkeiten verschiedener Akteure festhalten. Dazu gehören die im Zuge der Kooperationsanbahnung verwendeten Kataloge für die Eignung von Kooperationspartnern, die gemeinsam vereinbarten Qualitätsstandards (Näheres dazu siehe Arbeitsmaterialien 7, Seite 124) sowie Checklisten und Leitfäden zur Unterstützung der Entscheidungsfindung der potenziellen Partnerorganisationen (genauer siehe Arbeitsmaterialien 8). Auch für weitere Prozesse wurden Handreichungen wie beispielsweise Standardvertragsvorlagen (Näheres dazu siehe Arbeitsmaterialien 9 und 10, Seite 124) entwickelt, die insbesondere neuen Kooperationspartnern eine Orientierung vereinfachen und diese über Rechte, Pflichten, Fristen und Termine informieren können. Zudem können allgemeine Informationen zu den Studieninhalten und

-modellen für eine erste Orientierung leicht zugänglich aufbereitet werden, zum Beispiel in Form von Handreichungen wie FAQs *(frequently asked questions)* und Informationsflyern.

Kein Bestandteil der Standarddokumente der HAW München sind Musterarbeitsverträge zwischen dual Studierenden und ihrem Arbeitgeber. Dabei können Arbeitsverträge durchaus einen heiklen Punkt darstellen, wie auch das nachfolgende Interview mit Bernd Kaßebaum vom Vorstand der IG Metall deutlich macht. Das betrifft vor allem Personen, die ein Bachelorstudium mit einer Berufsausbildung kombinieren, also ausbildungsintegrierend studieren. Hier entsteht oftmals eine rechtliche Grauzone durch die Zwitterposition, in der sich dual Studierende aufgrund ihrer Doppelrolle als Auszubildende und Studierende bisweilen bewegen. Für die Unternehmen, die sich im Rahmen des dualen Studiums engagieren, besteht beispielsweise keine Verpflichtung, einen Ausbildungsvertrag abzuschließen. Manche Arbeitgeber beschränken sich deshalb darauf, lediglich einen Praktikanten- und/oder Studienvertrag abzuschließen. Untersuchungen zeigen allerdings, dass in diesen Fällen dual Studierende bezüglich Vergütungs- und Urlaubsregelungen häufig schlechtergestellt sind als andere Auszubildende (vergleiche Krone 2013: 5–6). Auch ist bisweilen ihre Einbindung in die betriebliche Mitbestimmung erschwert. Ein weiterer kritischer Punkt sind Bindungsklauseln an das Unternehmen, im Zuge derer sich dual Studierende nicht nur dazu verpflichten, eine gewisse Zeit nach dem Studienabschluss im Unternehmen zu verbleiben, sondern auch einwilligen, Studiengebühren und sonstige finanzielle Aufwendungen abzuarbeiten. Hier kann eine Zwangssituation entstehen.

Vor diesem Hintergrund sollten Hochschulen mit ihren Partnerorganisationen über die Gestaltung der Arbeitsverträge und -bedingungen im dualen Studium sprechen und sich auch hier auf Mindeststandards einigen, die ebenfalls ins Set der Standarddokumente aufgenommen werden sollten. Ähnliches gilt für Musterarbeitsverträge, die eine Orientierung bieten. Allerdings kann es sich hierbei nur um eine Rahmensetzung und keine detaillierte Kontrolle eines Unternehmens durch die Hochschule handeln. Letzteres wäre belastend für beide Seiten und letztlich auch nicht leistbar. Es geht vielmehr darum, dass sich sowohl die Hochschule als auch der beteiligte Arbeitgeber der Gefahr einer mangelnden rechtlichen Absicherung dual Studierender bewusst sind und dem im Rahmen eines übergreifenden Qualitätsmanagements gemeinsam entgegensteuern können. Studierende selbst beschweren sich in der Regel kaum über ihre Arbeitsbedingungen (vgl. ebd.), sei es aus Unwissenheit oder aus Zurückhaltung. Umso mehr obliegt es den beteiligten Institutionen, hier Verantwortung zu übernehmen.

Rechtliche Absicherung

Arbeitsverträge kritisch hinterfragen

Vergütung, Arbeitszeit, Urlaubsanspruch – bei der arbeitsrechtlichen Stellung dual Studierender herrscht zum Teil große Heterogenität und Intransparenz. Wie Hochschulen, Studierende und Unternehmen mit dieser Situation umgehen können und welcher Handlungsbedarf für den Gesetzgeber und die Sozialpartner besteht, erläutert Bernd Kaßebaum vom Vorstand der Industriegewerkschaft (IG) Metall.

Bernd Kaßebaum

Das duale Studium hat sich in den vergangenen Jahren weiterentwickelt – auch hinsichtlich der Vielfalt der angebotenen Modelle. Hat sich dies auch auf die vertraglichen und arbeitsrechtlichen Regelungen zwischen Studierenden, Hochschulen und Praxispartnern ausgewirkt?
In der Tat. Gegenwärtig erleben wir vonseiten der IG Metall eine große Vielfalt an Vertragsformen, die uns nicht immer glücklich stimmt. Ein Beispiel: Uns bereitet es ein bisschen Sorgen, wenn ausbildungsintegrierende duale Studiengänge de facto wie praxisintegrierende gefahren werden. Das heißt, dass die Studierenden am Ende mit einer Externenprüfung an den Berufsbildungsabschluss kommen. Bei derartigen Dingen möchten wir klarere Regelungen haben. Der Wissenschaftsrat hat eine Richtung vorgegeben. Wir würden uns wünschen, dass diese von allen Beteiligten akzeptiert würde.

Wie sieht denn der Unterschied zwischen ausbildungsintegrierenden und praxisintegrierenden dualen Studiengängen auf der arbeitsrechtlichen Ebene konkret aus?
Nehmen wir einmal an, es handelt sich um ein Phasenmodell, das heißt erst Ausbildung und dann Studium. Dann ist der dual Studierende für den Teil seiner Ausbildung formal an die Regelung der dualen Ausbildung gebunden. Dies setzt aus unserer Sicht den Ausbildungsvertrag voraus sowie die damit verbundenen Qualitätsregelungen für Ausbildung und Prüfung und die Regelung der Vergütung.

Welchen arbeitsrechtlichen Status haben denn überhaupt dual Studierende?
Sie sind zunächst einmal Studierende, da es sich ja um eine Hochschulausbildung mit einem definierten und integrierten Praxisanteil handelt. Gleichwohl gilt für sie das Arbeitsrecht, das heißt, sie haben Anspruch auf den gesetzlich oder tariflich festgelegten Urlaub, auf Arbeitszeiten oder auf die Lohnfortzahlung im Krankheitsfall. Bei dem ausbildungsintegrierenden dualen Studium bewegen wir uns in einer Zwittersituation. Der Wissenschaftsrat spricht in diesem Zusammenhang von hybriden Studiengängen …

… in denen Elemente der beruflichen und der akademischen Bildung so kombiniert werden, dass ein neues Ausbildungsprofil entsteht …
Richtig, und „hybrid" auch deshalb, weil hier die Ausbildungsordnung und damit auch das Berufsbildungsgesetz und die damit verbundenen Regelungen zugrunde liegen. Sozialrechtlich ist vor zwei Jahren die Sozialversicherungspflicht für dual Studierende geregelt worden. Man kann sagen: Wer während seines dualen Studiums eine Vergütung erhält, führt dafür Beiträge in die Sozialversicherung ab.

Wie sieht es mit einer einheitlichen Regelung der Vergütung für dual Studierende aus?
Die ausbildungsintegrierenden dualen Studiengänge sind aus Sicht der IG Metall geregelt durch die Ausbildungsordnung und die in den Tarifverträgen niedergelegten Ausbildungsvergütungen. Für die praxisintegrierenden Studiengänge gibt es keine verbindlichen Regelungen – zumindest keine auf Bundesebene. Die IG Metall etwa hat die ersten entspre-

> „Ich würde mir wünschen, dass es Mindeststandards gäbe –
> in Bezug auf die Lehr- und Studienbedingungen der
> Studierenden sowohl an der Hochschule wie auch im Betrieb."

chenden Tarifverträge auf Unternehmensebene vereinbart. Wir haben auch zwei sogenannte Flächentarifverträge im Handwerk: in Niedersachsen und in Baden-Württemberg. Dort orientieren wir uns an den Ausbildungsvergütungen der dualen Ausbildung. Und wir sehen mit einem gewissen Wohlwollen, dass die Duale Hochschule Baden-Württemberg für ihre praxisintegrierenden dualen Studiengänge versucht, über die Verträge mit den Betrieben auch die Vergütungen ein Stück zu normieren.

Ein wichtiges Thema für dual Studierende ist die Mehrfachbelastung durch Studium und Arbeit. Welche vertraglichen Regelungsmöglichkeiten gibt es hier?
Aus Sicht der IG Metall kann ich dazu sagen: In den Tarifverträgen und Betriebsvereinbarungen werden ein sechswöchiger Urlaub und ein Bezug auf die tariflich festgelegte, wöchentliche Regelarbeitszeit, also 35 oder 38 Stunden, verabredet. De facto erleben wir jedoch, dass das nicht reicht: Wir sehen mit einer gewissen Sorge, dass die Studierenden an Belastungsgrenzen stoßen. Eine Option im Regelwerk des Akkreditierungsrates in Bezug auf einige duale Studiengänge erscheint uns vor diesem Hintergrund besonders problematisch: Die Hochschulen können duale Studiengänge als Intensivstudiengänge laufen lassen. Das heißt: Sie können ein siebensemestriges Studienprogramm auch in sechs Semestern ablaufen lassen, was das Ganze noch einmal verdichtet.

Lässt sich das duale Studium zeitlich überhaupt schaffen?
Der Akkreditierungsrat sollte genauer schauen, ob duale Studiengänge tatsächlich studierbar sind, und dafür Regelungen erarbeiten. Eine wichtige Frage für uns als IG Metall ist: Wie ist die Arbeitsbelastung in den Hochschulen? So etwas spielt ja in einer normalen Tarifauseinandersetzung bisher zumindest keine Rolle. Aber wenn wir diese Realsituation einfangen wollten, dürfen auch wir als Gewerkschaft das nicht ignorieren.

Sehen Sie auch einen spezifischen Handlungsbedarf für die Hochschulen, wenn es um die vertragliche Situation von dual Studierenden geht?
Ich würde mir wünschen, dass es hier so etwas wie Mindeststandards gäbe – in Bezug auf die Lehr- und Studienbedingungen der Studierenden sowohl an der Hochschule wie auch im Betrieb. Dazu gehören die Vergütung, der Umgang mit Studiengebühren und einiges mehr.

Aus Sicht der Studierenden: Welches sind die wichtigsten Aspekte, die im Entscheidungsprozess vor der Bewerbung um einen Platz im dualen Studium genau geprüft werden sollten?
Bei einem ausbildungsintegrierenden dualen Studiengang würde ich dem Studierenden raten, genau zu prüfen, wie der Teil der dualen Ausbildung in das Studium integriert ist, wie die Vergütung, die Prüfung und die Übernahme laufen, wie das Verhältnis zwischen den Lernorten gestaltet ist. Das ist aus meiner Sicht ein ganz zentraler Punkt. Die zweite wichtige Frage ist: Wie ist die Vergütung über diese Ausbildung beziehungsweise duale Ausbildung hinaus gestaltet? Wie sind die Arbeitszeiten geregelt? Hier gibt es ja gesetzliche und betriebsverfassungsrechtliche Regelungstatbestände, die auch berücksichtigt werden müssen.

Gibt es aus Ihrer Perspektive weitere Aspekte, die wichtig sind??
Es gibt einige Regelwerke, die jedem Betrieb bekannt sein müssten und die auch unbedingt den dual Studierenden transparent gemacht werden sollten. Damit meine ich so etwas wie ein Arbeitszeitgesetz, eine Arbeitsstättenverordnung oder ein Arbeitsschutzgesetz. Alles das sind wichtige rechtliche Grundlagen, die greifen, wenn der dual Studierende seine Praxisphase im Betrieb absolviert.

Bernd Kaßebaum verfolgt als Verantwortlicher für den Themenbereich Hochschulpolitik im Ressort Bildungs- und Qualifizierungspolitik des Vorstands der IG Metall in Frankfurt/Main seit rund zehn Jahren die Entwicklung im Bereich des dualen Studiums. Weitere Tätigkeitsschwerpunkte des promovierten Politik- und Geschichtswissenschaftlers sind das Studium ohne Abitur sowie die Qualitätssicherung von Studiengängen insbesondere in den Ingenieurwissenschaften.

2.4.1.3 Anbahnung und Abschluss von Kooperationsvereinbarungen

Die qualitätsrelevanten Prozesse an der Schnittstelle von Hochschule und Partnerorganisationen beginnen im dualen Studium bereits vor der Durchführung dualer Studiengänge, und zwar mit der Anbahnung und dem Abschluss von Kooperationsvereinbarungen. Dabei handelt es sich um einen zentralen Prozess, der nicht nur sorgfältig modelliert, sondern auch über die gesamte Laufzeit der Kooperation hinweg gepflegt werden muss. Aus diesem Grund hat die HAW München sich diesem Ablauf als erstem zugewandt. Gemeinsam mit den Mitgliedern des Qualitätszirkels wurde schrittweise ein Prozessmodell erarbeitet (vgl. Abbildung 23), welches die drei Beteiligtengruppen Unternehmen, Studieninteressierte und Hochschule einbezieht und konkretisiert, wer was wann zu tun hat. Hierbei kommen auch einige der im vorhergehenden Kapitel erwähnten Standarddokumente zum Einsatz.

Unabhängig von der Form der Anbahnung des dualen Studiengangs – ob über bestehende Kontakte zwischen Lehrenden und Unternehmensvertretern oder die explizite Nachfrage von Studieninteressierten – wurde im Rahmen des Projekts der HAW München als eine erste wichtige Prozesskomponente die gegenseitige Information zwischen den potenziellen Kooperationspartnern ausgemacht. Während den infrage kommenden Unternehmen von Hochschulseite detaillierte Informationen über die Bedingungen dualer Studiengänge zur Verfügung gestellt werden wie zum Beispiel zu den genauen Inhalten, dem Zeitstrukturmodell, dem finanziellen Aufwand, den bestehenden Einflussmöglichkeiten und den damit verbundenen Anforderungen und Pflichten, interessieren die Hochschule vor allem Informationen, die eine Einschätzung der Eignung des Unternehmens als Partner im dualen Studium erlauben. Diese gegenseitige Information und Prüfung der Rechte und Pflichten ist ein wichtiger Bestandteil der Gewährleistung von Angebotsqualität.

An der HAW München findet dieser Austausch über eine eigens an der Hochschule eingerichtete Koordinationsstelle für duale Studiengänge statt. Dort werden die relevanten Informationen gebündelt und in persönlichen Gesprächen mit den potenziellen Praxispartnern kommuniziert. Beteiligt ist zudem der bayerische Dachverband für das duale Studium, „hochschule dual", der ebenfalls Qualitätsstandards und weiterführende Informationen zu den Studienformaten bereitstellt. In den Qualitätsstandards (vgl. Arbeitsmaterialien 8, Seite 124) werden konkrete Elemente der strukturellen Verzahnung zwischen Hochschule und Unternehmen benannt:
- feste Ansprechpartner auf beiden Seiten sowohl für die dual Studierenden als auch für den jeweils anderen Kooperationspartner,
- die Verpflichtung zu einem partnerschaftlichen Vorgehen von Hochschule und Unternehmen sowie
- die Forderung nach einem regelmäßigen Erfahrungsaustausch.

Im Zuge der Prozessoptimierung wird zudem ein Austausch mit Mitgliedern der jeweiligen Fakultät auf der inhaltlichen Ebene vorgenommen. Sind Ausbildungsberufe einzubinden, werden auch die Kammern involviert. In diesem Fall erfolgt bei der Anbahnung eines dualen Studiengangs eine Prüfung der Passung zwischen betrieblicher Ausbildung und Studium.

Nach erfolgter positiver Entscheidung der Partner wird ein entsprechender Vertrag abgeschlossen. Die kontinuierliche Pflege aller Kooperationsverträge obliegt der Koordinationsstelle an der HAW München. Beim Vertragsabschluss wird auf die im vorhergehenden Kapitel bereits vorgestellten Standardvertragsvorlagen zurückge-

Abbildung 23: Prozessmodell für den Abschluss von Kooperationsvereinbarungen mit Partnerorganisationen an der Hochschule für angewandte Wissenschaften München

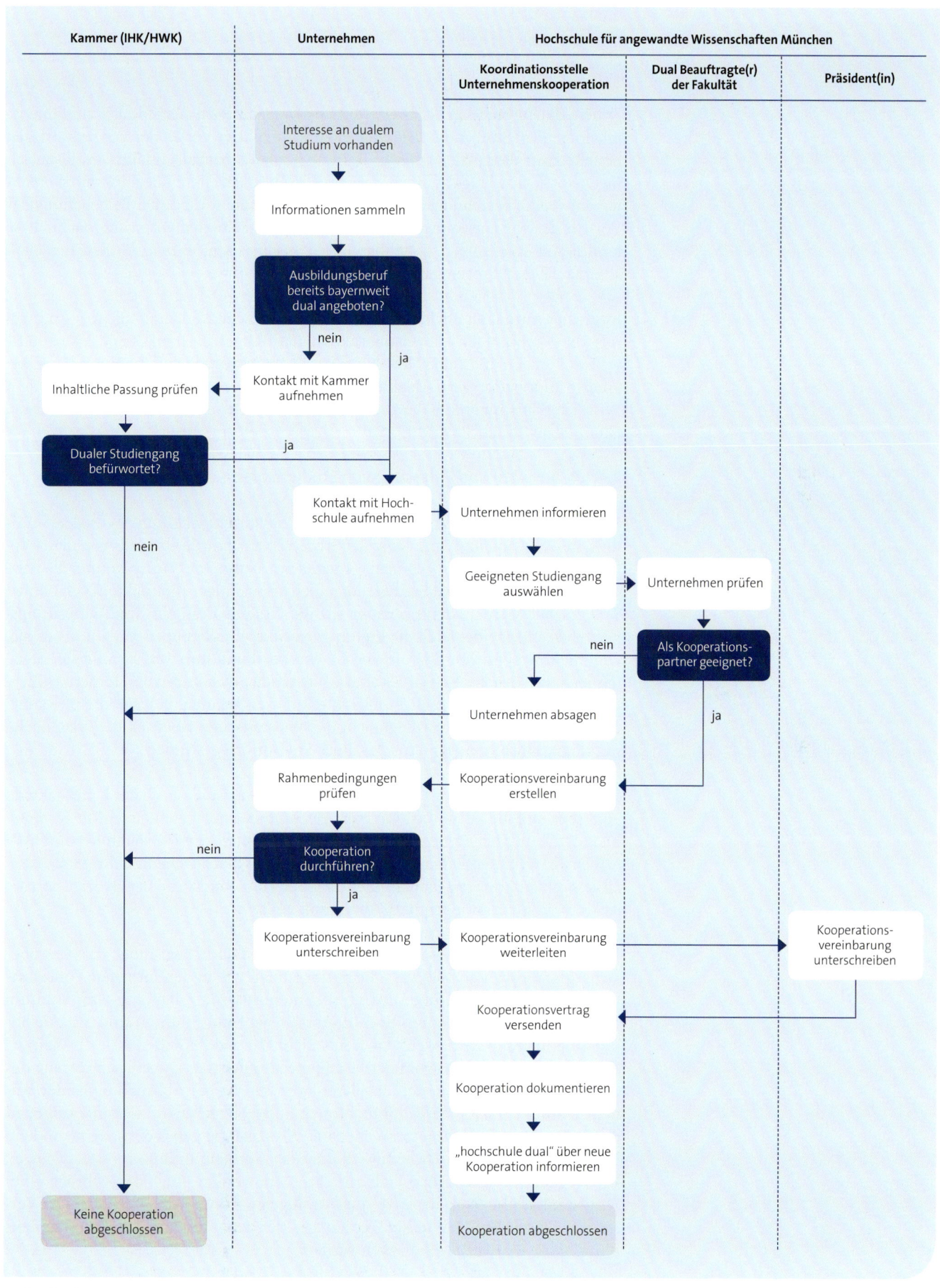

Kammer (IHK/HWK)	Unternehmen	Hochschule für angewandte Wissenschaften München		
		Koordinationsstelle Unternehmenskooperation	Dual Beauftragte(r) der Fakultät	Präsident(in)
	Interesse an dualem Studium vorhanden			
	Informationen sammeln			
	Ausbildungsberuf bereits bayernweit dual angeboten?			
	nein → Kontakt mit Kammer aufnehmen / ja → Kontakt mit Hochschule aufnehmen			
Inhaltliche Passung prüfen				
Dualer Studiengang befürwortet?	ja →			
nein ↓	Kontakt mit Hochschule aufnehmen	Unternehmen informieren		
		Geeigneten Studiengang auswählen	Unternehmen prüfen	
			Als Kooperationspartner geeignet?	
		Unternehmen absagen (nein)	ja	
	Rahmenbedingungen prüfen	Kooperationsvereinbarung erstellen		
nein ←	Kooperation durchführen?			
	ja ↓ Kooperationsvereinbarung unterschreiben	Kooperationsvereinbarung weiterleiten		Kooperationsvereinbarung unterschreiben
		Kooperationsvertrag versenden		
		Kooperation dokumentieren		
		„hochschule dual" über neue Kooperation informieren		
Keine Kooperation abgeschlossen		Kooperation abgeschlossen		

Quelle: Ulhaas/Winterhalder 2015, separat angeforderte aktualisierte Fassung

griffen, die für beide an der HAW München angebotenen ausbildungs- und praxisintegrierenden Studienmodelle entwickelt wurden. Der Vorteil der Vertragsvorlagen besteht darin, dass eine juristische Prüfung für den Einzelfall entfällt. Der Austausch im Qualitätszirkel ergab jedoch, dass gegebenenfalls weitere Regelungsmöglichkeiten notwendig beziehungsweise wünschenswert wären. Um unter Beibehaltung der Vorteile der Vertragsvorlagen hier mehr Flexibilität zu schaffen, ist angedacht, diese künftig mit einem freier gestaltbaren Teil auszustatten, in dem für den Einzelfall zusätzliche Regelungen getroffen werden können.

Insgesamt wurde mit Blick auf die Pflege der laufenden Kooperationsprozesse angeregt, die gegenseitigen Informationsaktivitäten zu intensivieren. Über Informationsveranstaltungen und einen Newsletter für die Praxispartner will die HAW München künftig Informationen zu Abläufen und Vorgaben direkter vermitteln, auch um dem Wissensverlust innerhalb der Unternehmen, zum Beispiel durch Personalwechsel, entgegenzuwirken.

2.4.1.4 Auswahl und Zulassung von Studierenden

Ein weiterer zentraler Prozess im Zuge der Qualitätsentwicklung des dualen Studiums, die Auswahl und Zulassung der Studierenden, wurde ebenfalls von der HAW München mittels des Prozessmanagements bearbeitet. Im Prinzip könnte die Auswahl und Zulassung dual Studierender auch als wichtiger Inputfaktor (vgl. Kapitel 2.3) gesehen werden, denn genauso wie die Eignung des Lehr- und Verwaltungspersonals entscheidet auch die Eignung der Studierenden über den Studienerfolg. Unternehmen besitzen hier oft eine Gatekeeper-Funktion, weil sie an erster Stelle darüber entscheiden, wen sie als dual Studierende beschäftigen und fördern wollen. Dass daraus durchaus auch Probleme erwachsen können, belegen die in Kapitel 2.2.2.2 geschilderten Anstrengungen der Westfälischen Hochschule, Jugendliche mit Migrationshintergrund für das duale Studium zu gewinnen.

Das Ineinandergreifen der beiden Verfahren der Auswahl durch das Unternehmen einerseits und die Zulassung durch die Hochschule andererseits sowie die Komplexität der vertraglichen Regelungen mit den dual Studierenden waren für die HAW München ein wesentlicher Grund, gemeinsam mit den Mitgliedern ihres Qualitätszirkels diesen Prozess genauer unter die Lupe zu nehmen und in eine transparente Ablaufstruktur zu bringen (vgl. Abbildung 24).

Die hohe Relevanz dieses Prozesses für das QM ist darin begründet, dass hierüber sichergestellt werden soll, dass die Studierenden neben den formalen Voraussetzungen für die Einstellung im Unternehmen und die Zulassung zum Studium auch von ihren Fähigkeiten und Interessen her zum Studium und zur Ausbildung/Berufstätigkeit passen. Auch aus Sicht der Studierenden ist es prinzipiell wünschenswert, dass sowohl der berufliche als auch der akademische Strang des dualen Studiums erfolgreich absolviert werden, da bei Abbruch eines der beiden Ausbildungsstränge Komplikationen auftreten können. So kann aufgrund der Stellenplanung des Unternehmens die Übernahme gefährdet sein, wenn kein Hochschulabschluss erworben wird, oder der Verbleib in dualen Studiengängen bei Wegfall des praktischen Teils zum Problem werden. Auch der Abbruch einer Berufsausbildung kann negative Auswirkungen haben, da die geschlossenen Verträge in diesem Fall gekündigt werden und der dual Studierende ab diesem Zeitpunkt seine Betriebszugehörigkeit verliert.

Qualitätsentwicklung dualer Studienangebote: Strategien und Tools

Abbildung 24: Prozessmodell zur Auswahl und Zulassung der dual Studierenden an der Hochschule für angewandte Wissenschaften München im Verbundstudium

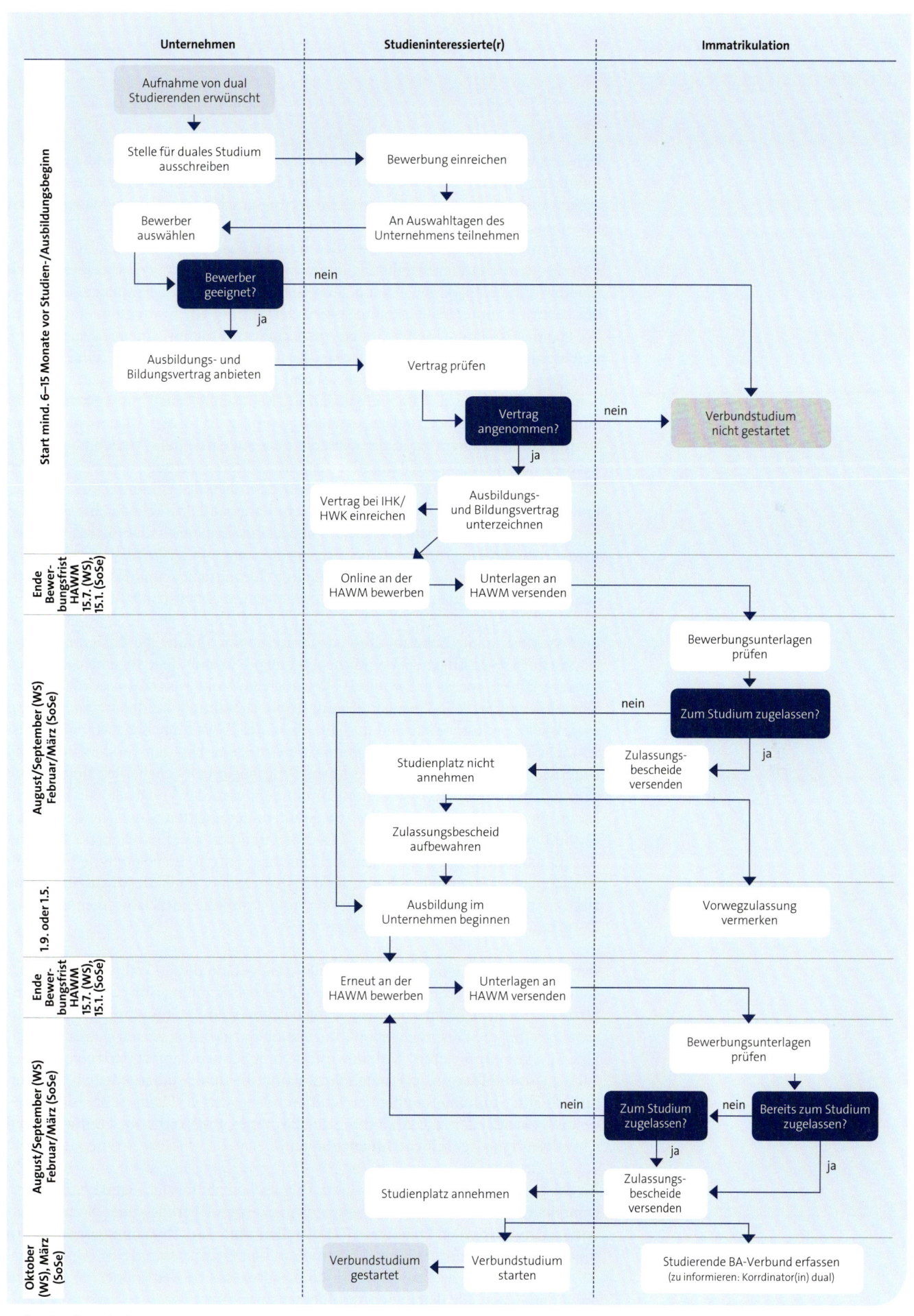

Zeitraum	Unternehmen	Studieninteressierte(r)	Immatrikulation
Start mind. 6–15 Monate vor Studien-/Ausbildungsbeginn	Aufnahme von dual Studierenden erwünscht → Stelle für duales Studium ausschreiben → Bewerber auswählen → Bewerber geeignet? (ja) → Ausbildungs- und Bildungsvertrag anbieten	Bewerbung einreichen → An Auswahltagen des Unternehmens teilnehmen → Vertrag prüfen → Vertrag angenommen? (ja) → Ausbildungs- und Bildungsvertrag unterzeichnen	(nein) → Verbundstudium nicht gestartet
	Vertrag bei IHK/HWK einreichen		
Ende Bewerbungsfrist HAWM 15.7. (WS), 15.1. (SoSe)		Online an der HAWM bewerben → Unterlagen an HAWM versenden	
August/September (WS) Februar/März (SoSe)		Studienplatz nicht annehmen	Bewerbungsunterlagen prüfen → Zum Studium zugelassen? (ja) → Zulassungsbescheide versenden → Zulassungsbescheid aufbewahren
1.9. oder 1.5.		Ausbildung im Unternehmen beginnen	Vorwegzulassung vermerken
Ende Bewerbungsfrist HAWM 15.7. (WS), 15.1. (SoSe)		Erneut an der HAWM bewerben → Unterlagen an HAWM versenden	
August/September (WS) Februar/März (SoSe)		Studienplatz annehmen	Bewerbungsunterlagen prüfen → Zum Studium zugelassen? / Bereits zum Studium zugelassen? (ja) → Zulassungsbescheide versenden
Oktober (WS), März (SoSe)	Verbundstudium gestartet	Verbundstudium starten	Studierende BA-Verbund erfassen (zu informieren: Korrdinator(in) dual)

Quelle: Ulhaas/Winterhalder 2015, separat angeforderte aktualisierte Fassung

Den Beginn des Prozesses bildet an der HAW München die Auswahl geeigneter Kandidaten durch das Unternehmen ohne Beteiligung der Hochschule. Mit den ausgewählten Personen wird dann ein Vertrag geschlossen, der im Wesentlichen den regulären Ausbildungsverträgen entspricht. Die über die Ausbildung hinausgehenden Phasen des Studiums werden durch einen Zusatzvertrag geregelt. Beide Verträge wurden unter Beteiligung der Kammern entwickelt, wobei es hier je nach Kammer Unterschiede geben kann. Sowohl bei der Handwerkskammer als auch bei der Industrie- und Handelskammer wird der Vertrag zur Eintragung eingereicht. Die Handwerkskammer ergänzt den Ausbildungsvertrag mit einem Zusatzvertrag, welcher die Studienphasen von Beginn der Bildungsmaßnahme bis zum Ende der Berufsausbildung regelt. Die Industrie- und Handelskammer verwendet hingegen den gemeinsam mit der Dachorganisation „hochschule dual" entwickelten „Bildungsvertrag" zusätzlich zu dem Ausbildungsvertrag. Als drittes Muster wird für das Studium mit vertiefter Praxis, das heißt das praxisintegrierende Studienmodell, eine Vertragsvariante verwendet, die sich ebenfalls „Bildungsvertrag" nennt. Dabei wird der Bildungsvertrag entsprechend den Anforderungen des Studiums mit vertiefter Praxis angepasst verwendet. Da im Rahmen der Qualitätszirkel einzelne Vertragsbestandteile von den Partnerorganisationen als problematisch identifiziert wurden, wurde eine Arbeitsgruppe eingerichtet, in der eine einheitliche Vertragsvorlage erarbeitet wurde, und zwar unter Beteiligung der Industrie- und Handelskammer, der Handwerkskammer sowie der Dachorganisation „hochschule dual".

Im Anschluss an die Auswahl durch das Unternehmen findet die Zulassung an der Hochschule statt. An der HAW München entspricht dies dem allgemeinen Zulassungsverfahren, sodass in fast allen Fällen auch ein Numerus clausus erfüllt werden muss. Eine zusätzliche Herausforderung ergibt sich durch das dem Studienbeginn vorgelagerte praktische Ausbildungsjahr, da an der HAW München das erste Semester nicht als Urlaubssemester absolviert werden kann. Um dual Studierenden und Unternehmen dennoch bereits bei Ausbildungsbeginn eine Sicherheit hinsichtlich des dualen Studienplatzes gewähren zu können, wird das Verfahren der Vorabzulassung genutzt. Damit können sich die Studieninteressierten bereits vor Beginn der Ausbildung für einen Studienplatz bewerben und von einer möglichen Zulassung erst im darauffolgenden Jahr Gebrauch machen. Sofern die Bewerbung um einen Studienplatz nicht erfolgreich war, besteht dann immer noch die Möglichkeit, eine andere Ausbildungsform zu wählen oder im darauffolgenden Jahr einen erneuten Bewerbungsversuch zu unternehmen.

Der Austausch im Qualitätszirkel ergab, dass gerade dieser Teilprozess und die damit verbundene Problematik einer möglicherweise nicht erfolgreichen Studienplatzbewerbung den Unternehmen wenig bekannt sind. Daraus wurde die Maßnahme abgeleitet, die entsprechenden Informationen zukünftig verstärkt an alle Beteiligten zu kommunizieren. Zudem wird die Möglichkeit geprüft, Urlaubssemester auch zu Studienbeginn zu ermöglichen, damit die dual Studierenden von Beginn ihres dualen Studiums an über den Studierendenstatus verfügen. Schließlich wurde auch entschieden, der Abbildung des Prozesses aufgrund seines zeitkritischen Charakters eine Zeitschiene hinzuzufügen.

An der HAW München wurden hierzu Ablaufschemata für die angebotenen Studienmodelle entwickelt, die den Beteiligten einen ersten Überblick über die zeitlichen und organisatorischen Strukturen bereitstellen und eine Abstimmung erleichtern sollen. Ähnliche Informationen sind auch in den Qualitätsstandards (vgl. Kapitel 2.4.1.2) enthalten, die Teil der Abstimmungsprozesse bei der Kooperationsanbahnung und denen alle Beteiligten verpflichtet sind.

Schließlich ist auch die aus Studierendenperspektive besonders relevante zeitliche Vereinbarkeit von Studium und Praxistätigkeit Teil des Vertrags zwischen Unternehmen und Studierenden an der HAW München, der zudem vorsieht, dass entsprechende detaillierte Absprachen zwischen Hochschule und Unternehmen getroffen werden.

2.4.1.5 Beratung und Betreuung (potenzieller) Studierender

Duale Studiengänge stellen in vielerlei Hinsicht besondere Anforderungen an die Studierenden (vgl. Kapitel 2.3 und 2.4). Mit der doppelten Belastung von Studium und Berufspraxis erhöht sich im Vergleich mit anderen Studienformaten die Bedeutung von überfachlichen Kompetenzen, etwa im Bereich der Selbstorganisation oder auch des Commitments. Hinzu kommen ganz eigene Probleme bei der Studienorganisation, mit denen sich Studierende regulärer Studiengänge nicht konfrontiert sehen. Für die Studierenden – selbstverständlich aber auch für die Hochschulen und die Partnerorganisationen, die ebenfalls ein Interesse an dem erfolgreichen Abschluss der dual Studierenden haben – stellen deshalb adäquate Beratungsangebote, die an diesen kritischen Stellen Unterstützung leisten, einen wichtigen Beitrag zur Qualitätsentwicklung dar.

Dass bei der Beratung und Betreuung dual Studierender ein Verbesserungsbedarf besteht, konnte von der Untersuchung der Universität Kassel (Näheres dazu siehe auch Kapitel 2.4.2.1) bestätigt werden. Dort wurde festgestellt, dass dual Studierenden nicht in dem gewünschten Maße Beratungsangebote von Hochschulseite aus zur Verfügung stehen. Diese Kritik ist nicht nur inhaltlicher Natur, sondern richtet sich auch gegen eine schlechte zeitliche Erreichbarkeit, da die Öffnungszeiten häufig mit den beruflichen Verpflichtungen kollidieren. Neben einer adäquaten Ausgestaltung der Erreichbarkeit der Beratungsangebote und einer inhaltlichen Qualitätsverbesserung wird von der Universität Kassel angeregt, die Berater für die besondere Situation der dual Studierenden und ihre Probleme zu sensibilisieren.

Während bei vielen deutschen Hochschulen die qualitative Verbesserung der Studieneingangsphase generell in den Fokus gerückt ist (vgl. DLR 2014), ist die Beratung vor Aufnahme des Studiums, also bereits in der Schule, oft noch nicht ausreichend ausgebaut. Dabei liegt hier ein wichtiger Ansatzpunkt zur Erschließung neuer Ziel-

Talentscouting

Die Westfälische Hochschule besitzt bei der Talentförderung umfassende Erfahrung. Dort läuft seit einigen Jahren ein spezifisches Programm, welches das Land Nordrhein-Westfalen inzwischen aufgegriffen und unter dem Label „Talentscouting" auf weitere Hochschulen des Bundeslandes ausgedehnt hat (vgl. Ministerium für Innovation, Wissenschaft und Forschung 2015). Dafür stellt die Landesregierung zunächst bis 2020 jährlich 6,4 Millionen Euro bereit. Im Rahmen der Talentförderung an der Westfälischen Hochschule werden Schüler, die über das Potenzial für ein Studium verfügen, möglicherweise aber aufgrund ihrer Kontextbedingungen diese Perspektive nicht für sich sehen, aktiv von einem Talentscout angesprochen und über einen längeren Prozess ermutigt, sich für ein Studium zu interessieren. Sollten sie sich für ein Studium entscheiden, werden sie bei der Überwindung konkreter Problemfelder unterstützt.

gruppen, so die Erfahrung der Westfälischen Hochschule. Bei ihren Bemühungen, verstärkt Jugendliche mit Migrationshintergrund für das duale Studium zu gewinnen (vgl. Kapitel 2.2.2.2), hat sie erkannt, dass eine umfassendere und sich über einen längeren Zeitraum erstreckende Beratung im Vorfeld einer Bewerbung um einen Studienplatz notwendig sein kann, um den Weg zu ebnen. Zielgruppenspezifische Unsicherheiten bei Jugendlichen mit Migrationshintergrund hinsichtlich ihrer Fähigkeiten und Möglichkeiten lassen sich nicht allein durch Marketing (vgl. Kapitel 2.2.4.2) ausmerzen. Hier braucht es oft frühzeitige, individuelle Betreuung wie das im Infokasten „Talentscouting" (siehe Seite 93) näher beschriebene Verfahren zeigt.

Das Talentscouting bezieht sich nicht nur auf das duale Studium, sondern umfasst das Studium generell. Dennoch werden mit Blick auf das duale Studium besondere Aspekte berücksichtigt wie zum Beispiel die Skepsis mancher Eltern gegenüber der Kombination von Berufsausbildung und Studium oder konkrete Hilfen bei der Kontaktaufnahme und Bewerbung bei Unternehmen, die in ihrer Gatekeeper-Funktion ein zentrales Nadelöhr bilden und Jugendliche mit Migrationshintergrund bei der Vergabe von dualen Studienmöglichkeiten nicht immer im ausreichenden Maße berücksichtigen.

2.4.2 Lehr- und Lernprozesse

2.4.2.1 Kompetenzentwicklung bei Studierenden

Nicht nur das Zusammenwirken auf organisatorischer Ebene ist eine Herausforderung im dualen Studium, sondern auch die inhaltliche Verzahnung im Rahmen der Lehr- und Lernprozesse. Dabei spielt der zwischen Hochschulen und Praxispartnern abgestimmte Kompetenzerwerb der Studierenden eine zentrale Rolle. Wie in Kapitel 2.2.1.2 verdeutlicht wurde, hat die Bologna-Reform dem Kompetenzaufbau eine prominente Rolle zugewiesen. Zwei Hochschulen aus dem Qualitätsnetzwerk haben sich näher mit diesem Themenfeld beschäftigt. Während die THM ein Projekt zur Entwicklung von Selbstkompetenz durchführt, beschäftigt sich die Universität Kassel in einer Untersuchung mit der Handlungskompetenz, und zwar vor dem Hintergrund, dass im dualen Studium eine Abstimmung unterschiedlicher Lernorte stattfinden muss. Dabei handelt es sich neben der Hochschule um den beruflichen Ausbildungs- oder Arbeitsort und möglicherweise auch noch die berufsbildenden Schulen und andere Einrichtungen der überbetrieblichen beruflichen Bildung.

Bei dem Projekt der THM geht es um ein umfassendes, spezifisch auf die dual Studierenden ausgerichtetes Coaching zum Kompetenzaufbau. Als Teil der Initiative

Definition Selbstkompetenz

Selbstkompetenz wird gemäß deutschem Qualifikationsrahmen (vgl. Bund-Länder-Koordinierungsstelle 2013) verstanden als Fähigkeit und Bereitschaft, selbstständig und verantwortlich zu handeln, das eigene und das Handeln anderer zu reflektieren und die eigene Handlungsfähigkeit weiterzuentwickeln und damit das eigene Leben eigenständig und verantwortlich im jeweiligen sozialen, kulturellen beziehungsweise beruflichen Kontext zu gestalten.

zur Einbindung von Alumni in die Qualitätsentwicklung des dualen Studiums wurde das Modul „Coaching – Selbstkompetenz" etabliert (vgl. Abbildung 25). Dieses für alle Studienanfänger in den dualen Bachelorstudiengängen verpflichtende Modul erstreckt sich über die ersten beiden Semester und umfasst jeweils zwei Semesterwochenstunden. In mehreren Blockveranstaltungen mit Anwesenheitspflicht agieren Absolventen der THM als Coaches für Kleingruppen von bis zu 15 dual Studierenden. Die Studierenden erwerben insgesamt vier Kreditpunkte (ECTS).

Übergreifendes Ziel der Veranstaltung ist es, die dual Studierenden in der Eingangsphase so zu fördern, dass sie das duale Studium sowohl an der Hochschule als auch im Unternehmen erfolgreich durchlaufen können. Dabei steht die Selbstkompetenz im Mittelpunkt (siehe Infokasten „Definition Selbstkompetenz").

Abbildung 25: Ablauf und Inhalte des Coachings dual Studierender an der Technischen Hochschule Mittelhessen

1. Semester

1. Auftaktveranstaltung
- Bedeutung und Ziele des Moduls
- Einführung in das Modul
- Definition/Relevanz von Selbstkompetenz
- Ziele und Erwartungen an das Studium

2. Qualität und Evaluation
- Technik und Prozess der Evaluationen
- Bedeutung Lehrveranstaltungsevaluation
- Erwartungen von Studierenden und Dozenten an Lehrveranstaltungen

3. Lernstrategien, Selbstmotivation, Konfliktmanagement, Kritikfähigkeit
- Lernbereitschaft und Lernstrategien
- Erkennen von individuellen Lernfeldern
- Nachhaltige Selbstmotivation
- Kritikfähigkeit, Umgang mit Kritik
- Konfliktlösung

4. Theorie- und Praxisphasen, Praxisphasenbericht
- Reflexion des Studienbeginns
- Erwartungen zu Beginn der Praxisphase
- Erstellung Praxisphasenbericht

20 Stunden + 4 Stunden Selbststudium

2. Semester

5. Reflexion, Zeit- und Selbstmanagement
- Reflexion der Erfahrungen in der Praxisphase
- Was kann in der nächsten Praxisphase besser gemacht werden? Wurden Ziele und Wünsche erfüllt?
- Souveräner Umgang mit Zeit
- Zeitmanagementmethoden
- Umgang mit Stress und Prüfungsangst

6. Kreativitätstechnik, Flexibilität, Entscheidungsfindung
- Förderung von Kreativität und Verlassen gewohnter Denkbahnen
- Selbstverantwortung und Wahlfreiheit
- Entscheidungsfehler, Tipps zur Entscheidungsfindung

7. Abschlussveranstaltung
- Abschlussreflexion
- Freies Format, von Studierenden festgelegt

20 Stunden + 4 Stunden Selbststudium

Σ 4 SWS

Quelle: Danne/Wiesner 2015: 19

Vor diesem Hintergrund werden Fragen behandelt wie beispielsweise: Wie strukturiere ich zeitliche Abläufe sinnvoll? Wie wäge ich verschiedene Argumente gegeneinander ab und komme schließlich zu einer Entscheidung? Wie reagiere ich besonnen in Konfliktsituationen? Wie gehe ich sinnvoll mit Kritik um?

Zu den Inhalten des Moduls „Coaching Selbstkompetenz" gehören im Wesentlichen:
- Lernstrategien, Selbstmanagement, Selbstorganisation und Selbstmotivation,
- die Reflexionsfähigkeit der Studierenden sowie
- deren Lern- und Leistungsbereitschaft und
- die an der THM eingesetzten Verfahren zur Qualitätssicherung im dualen Studium.

An der Universität Kassel wurden hingegen die Möglichkeiten der inhaltlichen Verbindung der verschiedenen Lernorte mit Blick auf die Kompetenzentwicklung bei Studierenden genauer untersucht. Unter Kompetenzentwicklung wird dabei ein „Determinantengefüge" (Franke 2008: 56) verstanden: Ausgehend von unterschiedlichen Aspekten (Personeneigenschaften, Erfahrungspotenzial der Arbeit, Rahmenbedingungen der Tätigkeit und begünstigende Erfahrungskontexte) ergeben sich unterschiedliche Prozesse, welche sich auf die Kompetenzentwicklung auswirken. Zum einen ergibt sich ein Einfluss auf emotional-motivationale Prozesse wie zum Beispiel „positives Selbstgefühl" oder „Sinnhaftigkeit der Arbeit" (ebd.). Zum

Definition Handlungskompetenz

Im Bereich der Handlungskompetenz lassen sich bezogen auf die Hochschullehre vier relevante Bereiche unterscheiden (vgl. Braun 2008: 54 f.):

- **Fachkompetenz**
  Kenntniserwerb; das Verstehen; die Anwendung und die Analyse von neuen Inhalten

- **Methodenkompetenz**
  Allgemeine, effektive Arbeitsplanung und Beherrschung relevanter (fachspezifischer) Arbeitstechniken

- **Sozialkompetenz**
  Fähigkeit, für eigene Ziele einzutreten und diese verfolgen zu können, ohne dabei die Interessen anderer zu missachten; kommunikative und kooperative Fähigkeiten

- **Personalkompetenz**
  Fähigkeit zur selbstständigen Weiterentwicklung; die Bereitschaft, Interesse für Lerninhalte zu entfalten und sich mit ihnen auseinanderzusetzen

In der beruflichen Bildung wird Handlungskompetenz als „Bereitschaft und Befähigung des Einzelnen verstanden, sich in beruflichen, gesellschaftlichen und privaten Situationen sachgerecht, durchdacht sowie individuell sozial verantwortlich zu verhalten. [Die berufliche Handlungskompetenz] (...) entfaltet sich (...) in den Dimensionen von Fachkompetenz, Humankompetenz und Sozialkompetenz. Darüber hinaus umfasst berufliche Handlungskompetenz die Methodenkompetenz, die kommunikative Kompetenz und die Lernkompetenz" (Pahl 2012: 652–653).

anderen wirken sich diese Aspekte direkt auf „Prozesse der Erfahrungsverarbeitung" (ebd.) wie Selbstreflexion aus. Aus diesen unterschiedlichen Facetten lässt sich Kompetenzentwicklung ableiten. An dieser Stelle wird deutlich, dass Kompetenzentwicklung ein auf individueller Ebene ausgehandelter Prozess ist. Hier spielt die Aushandlung in Bezug auf sich selbst eine entscheidende Rolle für die Entwicklung verschiedener Kompetenzen (vgl. Bergmann 2003). Dabei wird bezogen auf das duale Studium der beruflichen Handlungskompetenz (siehe Infokasten „Definition Handlungskompetenz") eine besondere Rolle beigemessen.

Da an der Universität Kassel ausschließlich ausbildungsintegrierende Studiengänge angeboten werden, die eine Berufsausbildung mit Kammerabschluss inkludieren, wurden in die Untersuchung entsprechend die drei Lernorte Universität, Berufspraxis und berufsbildende Schule einbezogen. Im deren Zentrum standen die Auswirkungen der unterschiedlichen Zielsetzungen der beteiligten Lernorte auf die jeweiligen Erwartungen der Stakeholder, den Lernprozess in dualen Studiengängen und die Karriereentscheidungen der Absolventen. Das alles mündete in Empfehlungen zur verbesserten Lernortkooperation und untereinander abgestimmten Kompetenzentwicklung bei Studierenden.

Wie bereits in Kapitel 1.3 diskutiert, besteht ein zentrales Spannungsfeld in den unterschiedlichen Sichtweisen der am dualen Studium beteiligten Akteure. Über eine Studierendenbefragung (Näheres dazu siehe Kapitel 2.5.1) sowie Gruppengespräche mit Vertretern der Partnerorganisationen und berufsbildenden Schulen (Näheres dazu siehe Kapitel 2.2.1.3) konnten verschiedene Folgen des Spannungsfelds herausgearbeitet werden.

Zu den Folgen mit den größten Auswirkungen auf die Lehr- und Lernprozesse gehört der Einfluss auf die Sozialisation der dual Studierenden. Aufgrund der stärkeren Sozialisationseffekte im Betrieb, auf den sich in den meisten Fällen auch die Überlegungen der dual Studierenden zu ihrer beruflichen Zukunft richten, identifizieren sich die dual Studierenden vor allem mit diesem Lernort – und entsprechend weniger mit der Universität. Zu einem Problem kann dies werden, wenn hieraus eine verringerte Bereitschaft resultiert, sich in die Mechanismen und Regeln der Universität zu integrieren. Dies äußert sich unter anderem in der Erfahrung der Studierenden, an der Universität nicht adäquat wahrgenommen zu werden. Eine Möglichkeit, diesem Problem entgegenzuwirken, besteht nach Erkenntnis der Universität Kassel darin, die Studierenden an der Universität zur besseren Integration als Gruppe anzusprechen. Deshalb wird dort nun auch eine gemeinsame Einführung für alle dual Studierenden zu Semesterbeginn vorgenommen. Auch kann es sinnvoll sein, die dual Studierenden stärker an die Kultur der Universität heranzuführen.

Eine weitere mögliche Folge der unterschiedlichen Sozialisationserfahrungen besteht darin, dass die Erwartungshaltung der dual Studierenden an ihr Studium stark durch die betriebliche Perspektive geprägt ist. So ergab die Studierendenbefragung, dass von diesen vor allem die fehlende Praxisrelevanz der hochschulischen Lehrinhalte kritisiert wurde, auch in Verbindung mit der mangelnden curricularen Abstimmung. Jedoch ergab die Gruppendiskussion mit Vertretern der Partnerorganisationen, dass viele Absolventen dualer Studiengänge die Praxisrelevanz im Rückblick positiver einschätzen. Eine direkte Rücksichtnahme der Dozenten und Betreuer auf die inhaltlichen Bedürfnisse der dual Studierenden wurde als nicht umsetzbar beurteilt ebenso wie eine gemeinsame Curriculumentwicklung von Hochschule und betrieblicher Ausbildung, vor allem aufgrund der geringen Anzahl dual Studierender an der Universität, die einen so hohen Aufwand nicht rechtfertigen würde. Zur Lösung des Problems sind deshalb Maßnahmen zu bevorzugen, die nicht exklusiv dual Studierenden, sondern allen Studierenden zugutekommen. Dies ist etwa möglich über eine generell stärkere Betonung der Praxisrelevanz der hochschulischen Lerninhalte und der dort erworbenen Kompetenzen. Für die dual Studierenden werden – ähnlich dem in Kapitel 2.3.2 dargestellten Ansatz der THM – Absolventen dualer Studiengänge als besonders geeignete Vermittler gesehen. Zudem verbindet sich hiermit die Forderung, dass den dual Studierenden die von ihnen zu erbringende Transferleistung klar kommuniziert werden sollte.

Auch jenseits der Sozialisationserfahrungen der dual Studierenden kann der Gegensatz der Erwartungen zu Spannungen führen. Dazu gehört auch die mögliche Skepsis der Hochschullehrer gegenüber Unternehmen der freien Wirtschaft und damit einhergehend gegenüber Abschlussarbeiten mit einem betrieblichen Schwerpunkt. Dem ließe sich der Universität Kassel nach über die Berücksichtigung dieses Aspekts in den Kooperationsbedingungen begegnen, sofern dort die konkreten Anforderungen an die Abschlussarbeiten festgehalten werden.

Intensiver untersucht wurde an der Universität Kassel zudem die Perspektive der dual Studierenden auf die berufsbildenden Schulen wie auch die Doppelqualifikation von Hochschulabschluss und Kammerabschluss im Allgemeinen. Dabei ergab die Befragung der dual Studierenden, dass der Besuch einer berufsbildenden Schule, vor allem aufgrund der inhaltlichen Doppelungen mit den hochschulischen Lehrinhalten, als redundant eingeschätzt und auch die Doppelqualifikation insgesamt infrage gestellt wird. Insgesamt handelt es sich bei der Berufsschule um denjenigen Ort, an dem die dual Studierenden der Universität Kassel im Vergleich aller drei Lernorte am liebsten weniger Zeit verbringen würden. Da jedoch aus der Sicht der Universität die Doppelqualifikation große Bedeutung für die dualen Studiengänge besitzt und diese auch eine Absicherung der dual Studierenden bei Studienabbruch darstellt, wurde nach Handlungsoptionen zum Umgang mit diesen Einschätzungen gesucht. Angeregt wurde, dass die Berufsschulen die Sinnhaftigkeit des Erlernens eines Ausbildungsberufs stärker deutlich machen, zum Beispiel über den Verweis darauf, dass hiermit Einblicke in unterschiedliche Arten der Beruflichkeit oder auch Vorteile gegenüber regulären Studierenden erlangt werden können. Auch wurde angeregt, eine klare curriculare Abstimmung zwischen Universität und Berufsschule zu etablieren.

Grundsätzlich lässt sich aber auch infrage stellen, ob der zusätzliche Besuch einer berufsbildenden Schule als drittem Lernort neben Hochschule und Unternehmen tatsächlich sinnvoll ist, so jedenfalls der Tenor des Interviews mit Michael Heister vom Bundesinstitut für Berufsbildung (BIBB) auf den nachfolgenden Seiten. In einzelnen Bundesländern ist es dual Studierenden jetzt schon freigestellt, ob sie am Unterricht in einer Berufsschule teilnehmen wollen.

2.4.2.2 Didaktische Methoden zur Einbindung beruflichen Wissens

Um die durch die Verbindung von Berufstätigkeit und Lernen an der Hochschule in dualen Studiengängen gegebenen Chancen optimal nutzen zu können, sind geeignete didaktische Kompetenzen bei den Hochschullehrenden erforderlich. Um diese zu fördern, hat die FH Bielefeld ein Methodenkompendium erarbeitet, mittels dessen Anregungen für die Einbindung von in der Berufspraxis erworbenem Wissen in die Hochschullehre gegeben werden. Über Literaturanalysen, Experteninterviews und den Austausch im Qualitätsnetzwerk ist ein theoretisch und praktisch fundierter Baukasten entstanden, den Lehrende im dualen Studium nutzen können.

Den Ausgangspunkt des Projekts bildet die zentrale Zielsetzung dualer Studiengänge, reflektierte Praktiker auszubilden, die über ein hohes Maß an beruflicher Handlungskompetenz verfügen. Grundlage hierfür ist die doppelte Qualität dualer Studiengänge als wissenschaftliche und zugleich praxisnahe Form der Ausbildung. Verbunden werden sollten insofern zwei handlungsleitende Maximen: Während die Hochschule einen Bildungsauftrag zu erfüllen hat und ein Wissen vermittelt, das an einem durch Theorie und Methodenprogramme kontrollierten Wahrheitskriterium orientiert ist, steht in der Praxis die Wirtschaftlichkeit, in Einrichtungen des Gesundheitsbereichs zusätzlich ein Versorgungsauftrag, im Vordergrund. Das Handlungswissen der Praxis richtet sich dabei an dem Kriterium der Angemessenheit in der Handhabung von in der Praxis gültigen Regeln aus.

Die Verbindung der beiden Maximen macht professionelles Handeln aus, bestehend aus der Verbindung von wissenschaftlicher Kompetenz mit der hermeneutischen Kompetenz des Fallverstehens, um situationsangemessen in konkreten Situationen Wissen anwenden zu können. Neben dem Theorie-Praxis-Transfer, der in vielen dualen Studiengängen über Praxisprojekte und weitere Maßnahmen erfolgt, besteht eine Möglichkeit in dieser Verbindung in dem Aufgreifen der praktischen Erfahrungen in den hochschulischen Lehrveranstaltungen. Hierüber kann ein kontinuierlicher Transfer der Lernergebnisse der beiden Lernorte erreicht werden, der sich als alternierende Prozesskette darstellen lässt (siehe Abbildung 26).

Wie in dem Projekt der FH Bielefeld festgestellt werden konnte, sollten dieser spezifisch dualen Form des Lernens auch spezifische duale Formen der Lehre gegenüberstehen, damit die Lernprozesse direkt befördert werden können. Deren

Abbildung 26: Prozess des Theorie-Praxis-Austauschs in dualen Studiengängen

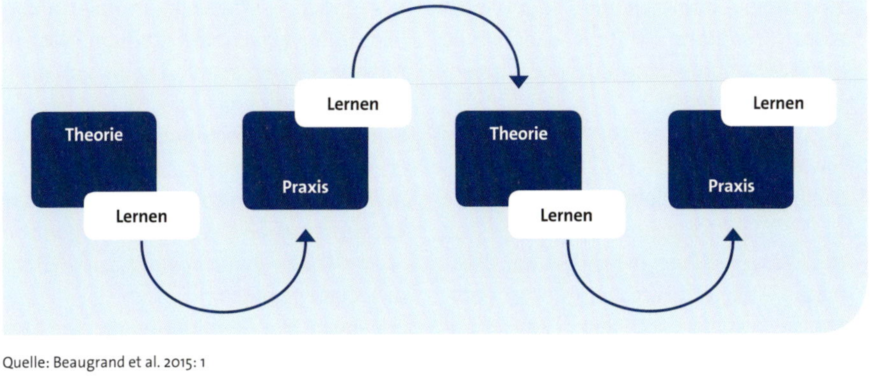

Quelle: Beaugrand et al. 2015: 1

Inhaltliche Verzahnung von Theorie und Praxis

Zwei Lernorte sollten reichen

Je mehr Schnittstellen es im dualen Studium gibt, desto anfälliger ist das Ganze für Missverständnisse gerade auch bei inhaltlichen Fragen. In manchen Studienmodellen kooperieren nicht nur Hochschule und Unternehmen, sondern es kommen auch noch weitere Partner wie beispielsweise berufsbildende Schulen und Kammern hinzu. Michael Heister, Abteilungsleiter beim Bundesinstitut für Berufsbildung (BIBB), zeigt Entwicklungsperspektiven beim Zusammenwirken unterschiedlicher Lernorte auf.

Michael Heister

Wie sollte die optimale Verzahnung von Hochschule und Arbeitsplatz im dualen Studium aussehen?
Also zunächst mal sollte die optimale Verzahnung sowohl im ausbildungs- als auch im praxisintegrierenden Studium ähnlich aussehen. Das heißt, Betriebsphasen und Hochschulphasen sollten in einem Zusammenhang stehen. Die Ausbilder und die Lehrenden, welche die Studierenden in Betrieb und Hochschule betreuen, sollten sich untereinander austauschen. Das ist, glaube ich, bei den praxisintegrierenden Studiengängen schwieriger als bei den ausbildungsintegrierenden.

Bei den ausbildungsintegrierenden dualen Studiengängen sind drei Lernorte im Spiel, nämlich Hochschule, Arbeitsplatz und berufsbildende Schule. Wie sollten diese kooperieren, damit Studierende erfolgreich den Spagat meistern können?
Eine Vorbemerkung: Drei Lernorte sind meines Erachtens zu viel. In einigen Bundesländern ist die berufsbildende Schule deshalb gar nicht mehr Teil des dualen Studiums. Das halte ich prinzipiell für die sinnvollere und bessere Variante. In einer ganzen Reihe von Ländern haben wir aber immer noch drei Lernorte oder, um das Ganze noch komplizierter zu machen, sogar vier oder fünf. Denn häufig kommen noch die überbetrieblichen Berufsbildungsstätten oder verschiedene zwischengeschaltete Projektträger hinzu. Und die müssen dann alle miteinander kooperieren. Für ganz wichtig halte ich vor allem einen guten Draht zwischen Berufsschule und Hochschule. Die berufsbildende Schule könnte zum Beispiel auch Brückenkurse für die Hochschule anbieten, was aber wiederum ein Problem darstellt, weil Schule und Hochschule dann auch Konkurrenten sind.

Inwiefern?
Weil die berufsbildenden Schulen heute große Auslastungsprobleme haben und deshalb versuchen, möglichst viel anzubieten – etwa die erwähnten Brückenkurse –, was eigentlich in den Bereich der Hochschule fällt.

Sind die von Ihnen beschriebenen Probleme, vor allem die Existenz von drei oder auch mehr Lernorten, vielleicht ein Grund, warum inzwischen im dualen Studium die Form des praxisintegrierenden Studiums zahlenmäßig gegenüber dem ausbildungsintegrierenden dominiert?
Ich kenne noch keine Untersuchungen dazu. Aber ich selbst glaube: Ja, das ist ein Grund. Es ist natürlich viel einfacher, wenn Studierende es nur mit zwei Lernorten – Unternehmen und Hochschule – zu tun haben. Einen zweiten möglichen Grund sehe ich darin, dass sie im praxisintegrierenden Studium Zeit und Kraft sparen können, weil sie keine komplette Ausbildung zusätzlich zum Studium machen müssen. Das ist attraktiver als sich noch auf eine Kammerprüfung für den beruflichen Abschluss vorzubereiten.

Nehmen die Kammern in besonderer Weise Rücksicht auf die spezifische Situation von Studierenden in ausbildungsintegrierenden Studiengängen?
Eher nicht. Häufig ist der Tenor: „Die dual Studierenden sollen bei der Kammerprü-

> „Drei Lernorte sind meines Erachtens zu viel.
> In einigen Bundesländern ist die berufsbildende Schule
> deshalb gar nicht mehr Teil des dualen Studiums."

fung, bitteschön, dasselbe machen wie andere Auszubildende auch. Und wir sind auch vorher nicht bereit, für sie irgendwas Besonderes zu machen oder uns darauf in spezieller Weise einzustellen." Das finde ich schwierig, denn die Voraussetzungen, mit denen die dual Studierenden in die Prüfungen gehen, sind nun einmal andere als bei den klassischen Auszubildenden. Zumindest müsste berücksichtigt werden, dass deren Ausbildung verkürzt ist. Zumal dual Studierende ja heute keine Einzelfälle mehr darstellen, sondern zunehmend häufiger vorkommen.

Ließe sich zusammenfassend also sagen, dass es erstrebenswert ist, die Schnittstellen zwischen Hochschule und Partnerorganisationen möglichst gering zu halten?
Die Zahl der Schnittstellen ist eigentlich egal, wenn die Zusammenarbeit gut funktioniert. Nach allen Erfahrungen ist aber dies genau das Problem. Ich bin sehr skeptisch, ob es gelingen wird, dieses Qualitätsproblem tatsächlich in den Griff zu bekommen. Wenn nicht, wäre es wirklich vernünftiger, möglichst wenig Schnittstellen zu haben.

Woher rührt Ihre Skepsis?
Ich bin Dozent in einem praxisintegrierenden Studiengang im Bereich Unfallversicherungen. Die Studierenden sind im Wechsel sechs Monate bei uns und dann drei Monate bei der Unfallversicherung. Meine Erfahrung ist, dass die Absprachen zwischen der Hochschul- und Unternehmensseite sehr schwierig sind. Insbesondere ist es nicht leicht zu klären, mit welchen Voraussetzungen die Studierenden von einer in die nächste Phase wechseln. Zu beachten ist auch, dass die Ausbilder zum Teil selber kein Studium gemacht haben und nicht nachvollziehen können, mit welchen Kenntnissen die dual Studierenden aus der Hochschulphase zu ihnen kommen. Umgekehrt wissen die Dozenten an der Hochschule häufig nicht, was im Unternehmen gelaufen ist.

Neben dualen gibt es jetzt auch triale Studiengänge. So beispielsweise im handwerklichen Bereich, bei denen nicht nur der Gesellenbrief und ein Bachelorabschluss erworben werden, sondern auch noch der Meisterbrief. Ist dieser Dreischritt für Studierende ein Vorteil oder eher eine zu hohe Belastung? Und für wen lohnt sich das?
Ich habe Zweifel, ob das ein zukunftsweisender Weg ist. Aus zwei Gründen: zum einen wegen der zusätzlichen Belastung. Die drei Abschlüsse müssen ja innerhalb eines festgelegten Zeitrahmens geschafft werden. Der zweite Aspekt ist: Wofür brauche ich es? Ich habe darauf keine Antwort. Der Nutzen eines praktisch orientieren Bachelors ist nachvollziehbar. Aber braucht man zwischendurch auch noch den Meister? Und vor allen Dingen, was wird dann später im Betrieb oder an der Arbeitsstelle im Unternehmen tatsächlich angerechnet: Wird der Absolvent als Bachelor, als Azubi oder als Meister eingestellt?

Wozu dann das triale Studium?
Die drei Abschlüsse werden sehr stark unter dem Blickwinkel „Unternehmensnachfolge" propagiert. Viele Betriebe im Handwerk haben große Probleme, Nachfolger zu finden, die den Betrieb übernehmen und weiterführen. Da heißt es dann, der Kandidat oder die Kandidatin soll im dualen Studium insbesondere auch betriebswirtschaftliche Kenntnisse erwerben, die ein Meister vielleicht nicht hat. Diese Kenntnisse kann man sich allerdings auch in gezielten Fortbildungen aneignen. Deshalb denke ich, dass die Variante mit drei Abschlüssen auf Dauer allenfalls als kleine Sparte Bestand haben wird.

Michael Heister leitet seit 2009 die Abteilung „Berufliches Lehren und Lernen, Programme und Modellversuche" beim BIBB in Bonn. Diese umfasst unter anderem die Themenbereiche Durchlässigkeit, duale Studiengänge, überbetriebliche Berufsbildungsstätten und Nachhaltigkeit. Seit 2010 ist der studierte Wirtschaftswissenschaftler, der im Bereich Sozialpolitik promoviert hat, zudem als Honorarprofessor an der Hochschule Bonn-Rhein-Sieg tätig und lehrt dort Personalmanagement.

Hauptaufgabe besteht darin, es Studierenden zu ermöglichen, Handlungswissen aus der Praxis aufzugreifen, zu reflektieren und dann mit wissenschaftlichem Wissen zu verbinden.

Das Projekt ging grundlegend von der Annahme aus, dass Lernprozesse primär bestimmt sind von der Individualität und der Eigenständigkeit der Lernenden, das heißt im konstruktivistischen Sinne, dass jeder Mensch Ereignisse anders wahrnimmt und sich deshalb seine Realität subjektiv konstruiert. Deshalb kann der Lehrprozess nur Anregungen und Anstöße bieten, lernen muss der Studierende selbst. In dem Lernprozess selbst spielt die Reflexion eine bedeutende Rolle, da hierüber eigene Wissens- und Erfahrungsbestände hinterfragt und verändert werden können. Vor diesem Hintergrund kommt auch der Interaktion mit anderen Menschen eine große Bedeutung zu, da diese die Reflexionsprozesse über die Bewusstmachung verschiedener Perspektiven unterstützt.

Bezogen auf die Lehre in dualen Studiengängen bedeutet das, dass das Praxiswissen der Studierenden gehoben und einem Reflexions- und Analyseprozess zugänglich gemacht werden muss, wofür eine entsprechende Kompetenzentwicklung bei den Studierenden didaktisch unterstützt werden muss. Ziel ist hier, über die Verbindung des Praxiswissens mit theoretischem Wissen neues Handlungswissen zu generieren. Daraus wiederum ergeben sich verschiedene Anforderungen an sinnvolle Lehrmethoden, und zwar sollten diese die Verantwortung für den Theorie-Praxis-Transfer nicht allein den Studierenden überlassen, sondern zu einem integrativen Teil der dualen Lehr- und Lernprozesse machen. Dabei besteht eine Herausforderung für Lehrende darin, die unterschiedlichen Hintergründe der dual Studierenden unter anderem aufgrund derer Spezialisierung in der Berufspraxis ausreichend zu berücksichtigen. Geringe Präsenzzeiten stellen eine weitere Herausforderung dar.

Für die Auswahl und Anwendung geeigneter Methoden – wie sie in dem Methodenkompendium der FH Bielefeld zusammengetragen wurden – sind bereits im Vorfeld einige grundlegende Fragen zu klären:
- An welche Einstellungen, Erfahrungen und Vorkenntnissen der Studierenden, das heißt internen Handlungsvoraussetzungen, kann die Methode anknüpfen?
- Welche externen Handlungsvoraussetzungen, darunter die Raumgröße und die zur Verfügung stehenden Materialien, müssen berücksichtigt werden?
- Welche Handlungen und Handlungsziele sollen durch den Einsatz der Methode initiiert werden?

Tabelle 4: Das ESRIA-Modell zur Gestaltung von Lehr-/Lernarrangements

Phase	Beschreibung der Phase
E	Erfahrungen der Lernenden bilden den Ausgangspunkt jeder Unterrichtseinheit. Durch verschiedene Methoden werden diese ermittelt.
S	Die Lernenden erfahren den theoretischen Inhalt der Veranstaltung als Simulation oder Selbsterfahrung (*learning by doing*) und nicht referiert bzw. vorgetragen.
R	Die durch die Simulation erlebte Situation wird von den Lernenden reflektiert und mit den eigenen Erfahrungen verknüpft.
I	In engem thematischem Zusammenhang erfolgt eine Inputphase, in der neue Inhalte an die Erfahrungen aus Praxis und Simulation angeknüpft werden.
A	Das in der Inputphase Erlernte wird ausgewertet und angewendet.

Quelle: Beaugrand et al. 2015: 15 nach Ziebell 2006

Nach der Wahl der Methode muss noch geprüft werden, wie die Methode in den aus Einstieg, Arbeitsphase und Abschluss bestehenden Ablauf der Lehrveranstaltung integriert werden kann. Als Anhaltspunkt für diese Einordnung stellt der FH Bielefeld zufolge das ESRIA-Modell (vgl. Tabelle 4) eine Option dar, welches eine direkte Verbindung zwischen den Phasen und dem Rückgriff auf Praxiserfahrungen herstellt.

Das ESRIA-Modell wurde ursprünglich für den methodisch-didaktischen Aufbau von Lehrerfortbildungen konzipiert. Ziel war es, die Berufspraxis und das Erfah-

Tabelle 5: Methodenbeispiel für die Einbindung beruflichen Wissens in die Hochschullehre

	Erfahrungskreis
Kurzbeschreibung	Durch Begriffe und Symbole werden die Lernenden angeregt, Erfahrungen, Erlebnisse und Gefühle zu reflektieren und auszutauschen.
Zeitlicher Aufwand	30 bis 45 Minuten
Benötigte Materialien	• Metaplanpapier • Karten • dicke Stifte • Bilder oder Symbole
Vorbereitung	• die Lernenden bilden einen Stuhlkreis • das Metaplanpapier ist in Segmente unterteilt, in denen Begriffe und dazu passende symbolhafte Darstellungen liegen
Durchführung	• die Lernenden sitzen im Kreis, in der Mitte liegt das segmentierte Metaplanpapier • die Begriffe und Symbole sollen Erfahrungen und Erlebnisse hervorrufen • am äußeren Rand des Metaplanpapiers liegen Karten und Stifte • Erlebnisse, Erinnerungen, Personen, Situationen sollen zu den Schlagwörtern aufgeschrieben werden • jeweils nur einen Aspekt stichpunktartig auf eine Karte schreiben • die Lernenden berichten zu den aufgeschriebenen Stichpunkten • es entsteht ein Gespräch, ein Austausch oder eine Diskussion
Nachbereitung	In einer Auswertung sollten Ursachen und Wirkungszusammenhänge erörtert werden, sodass Schlussfolgerungen für die Zukunft getroffen und schriftlich fixiert werden können.
Lernergebnisse	Die Lernenden sind in der Lage ... • über Erfahrungen und Erlebnisse zu berichten • das Geschriebene der anderen zu akzeptieren • sich über Erfahrungen und Erlebnisse auszutauschen • gemeinsam Entscheidungen zu treffen
Hinweise für Lehrende	• „Tabuthemen" können aufgegriffen werden • der Lehrende muss sich verdeutlichen/bedenken, dass ein Aufgreifen gefühlvoller und persönlicher Themen zu sehr emotionalen Reaktionen seitens der Lernenden führen kann und den weiteren Umgang mit möglichen Reaktionen planen
Chancen	• Erlebnisse, Erfahrungen und Gefühle aus dem beruflichen Alltag werden reflektiert und bearbeitet • individuelle Sichtweisen werden deutlich • ermöglicht erfahrungsbezogenes Lernen • fördert soziale und kommunikative Kompetenzen
Schwächen	Viele Lernende können sich bei dieser Methode hinter anderen Lernenden „verstecken".
Variation	• Collagen erstellen • Bilder malen

Quelle: Beaugrand et al. 2015: 32-33; leicht gekürzte Version

rungswissen der Lehrer zu ermitteln sowie das praktische Lernen voneinander zu fördern, um anschließend neuen theoretischen Input folgen lassen zu können. Jeder Buchstabe steht stellvertretend für eine Phase. Die verschiedenen Phasen werden anhand von Methoden, die dem jeweiligen Ziel, dem Inhalt und den Lernenden entsprechen, gestaltet.

Daran angelehnt hat die FH Bielefeld 36 didaktische Methoden identifiziert, die für die Einbindung beruflich erworbenen Wissens in die Hochschullehre geeignet sind. In Form einer Matrix wird zunächst ein Überblick über die Methoden hinsichtlich des Anwendungszeitpunkts in der Lehrveranstaltung (Einstieg, Arbeitsphase, Abschluss), des Komplexitätsgrads der Methode und der jeweiligen Sozialform (Einzel-, Partner-, Gruppenarbeit oder im Plenum) bereitgestellt. Schließlich werden für jede einzelne Methode verschiedene Informationen detailliert aufbereitet (vgl. Tabelle 5), was eine angemessene Auswahl und Nutzung der Methoden gewährleisten soll. Das aufgegriffene Beispiel der Methode „Erfahrungskreis" ist beispielsweise geeignet für den Einstieg in eine Lehrveranstaltung, besitzt eine mäßige Komplexität und wird im Plenum durchgeführt.

2.4.2.3 Kompetenzentwicklung bei Lehrbeauftragten

Lehrbeauftrage besitzen eine besondere Funktion im Rahmen dualer Studienangebote. Da viele von ihnen in dem zu ihrem Lehrgebiet gehörenden Praxisfeld tätig sind, sind sie besonders geeignet, die für duale Studiengänge so wichtige Brücke zwischen Theorie und Praxis herzustellen. Die Kehrseite der Nebenberuflichkeit ist jedoch, dass sie anders als fest angestellte Lehrkräfte in besonderer Weise von der Hochschule integriert und begleitet werden müssen. Da die Zahl der Lehrbeauftragten zudem in den zurückliegenden Jahren gewachsen ist, sind Hochschulen gefordert, im Rahmen ihrer Qualitätsentwicklung geeignete Maßnahmen zur Begleitung und Förderung dieser Gruppe zu implementieren. Hier liefern die Projekte der BA Sachsen und der THM eine Reihe von Anregungen.

Wie Lehrbeauftragte inhaltlich und organisatorisch adäquat in duale Studiengänge integriert werden können, welche Aspekte hierbei besonders wichtig sind und welche Rahmenbedingungen dazu geschaffen werden müssen, wurde an der BA Sachsen untersucht. Ein besonderer Fokus wurde dabei auf den Zusammenhang zwischen den organisatorischen Rahmenbedingungen und den unterstützenden Aktivitäten der Hochschule auf der einen und der Lehrkompetenz der Lehrbeauftragten auf der anderen Seite gerichtet. Für die Systematisierung der Rahmenbedingungen und der Aktivitäten der Hochschule wurden vier Phasen des Lehreinsatzes differenziert (vgl. Abbildung 27).

Abbildung 27: Phasenmodell des Einsatzes von Lehrbeauftragen

Rekrutierung → Vorbereitung auf den (ersten) Lehreinsatz → Begleitung und Organisation → Evaluation

Quelle: Gröckel et al. 2015: 8

Über eine Befragung aller Lehrbeauftragten der BA Sachsen wurden die Abläufe in allen vier Phasen ermittelt sowie die Lehrkompetenz der Befragten evaluiert (Näheres dazu siehe Kapitel 2.5.3). Aus den einzelnen zur Ermittlung der Lehrkompetenz verwendeten Items wurde in der Auswertung ein einziger Indikator gebildet, dessen Zusammenhang mit den verschiedenen Items zur organisatorischen Einbindung in den vier Phasen dann eingehender untersucht wurde. Die insgesamt 43 Items, für die signifikante Korrelationen mit dem Lehrkompetenzindikator ermittelt werden konnten, wurden weitergehend zu zehn Indices verdichtet, die Tabelle 6 zeigt. Zusätzlich fand ein Abgleich der Ergebnisse mit den Erkenntnissen aus einer Online-Befragung von 21 Studienbereichsleitern der BA Sachsen statt.

Unter Berücksichtigung der bisherigen Erfahrungen der BA Sachsen wurden aus den Untersuchungsergebnissen verschiedene Anregungen für die verbesserte Einbindung von Lehrbeauftragten abgeleitet. Neben den einzelnen Phasen wurden explizit auch phasenübergreifende Elemente in den Blick genommen.

Tabelle 6: Zusammenhänge zwischen der organisatorischen Einbindung und der Lehrkompetenz von Lehrbeauftragten an der Berufsakademie Sachsen

	Lehr-kompetenz	Selbst-wahrnehmung	subjektiv wahrgenommenes Feedback	subjektiv wahrgenommenes Feedback	
				von Studierenden	von Studienbereichsleitung
Lehrfreiheit	**,555**	,452	,492	,382	,413
Sicherung der Zufriedenheit der Studierenden	**,308**	,216	,307	,284	,271
Sicherung des Lernerfolges der Studierenden	**,287**	,205	,291	,169	,333
Serviceorientierung	**,282**	,208	,275	,119	,295
Lehrerfahrung	**,260**	,278	,187	,206	,117
Vereinbarkeit mit Haupterwerbstätigkeit	**,242**	,171	,220	,193	,194
Didaktische Unterstützung	**,237**	,116	,279	,177	,302
Ausschreibung	**,205**	,257	,112	,088	,103
Leistungshonorierung	**,150**	,114	,149	,060	,178
Austausch	**,124**	,058	,127	,051	,151

■ Rang 1 Rang 2 Rang 3 insignifikant

Quelle: Gröckel et al. 2015: 17; für detaillierte Erläuterungen zur Methodik siehe Kapitel 2.5.3

Unabhängig von der Form der Rekrutierung (vgl. Kapitel 2.3.2) konnte in der Untersuchung festgestellt werden, dass die Lehrerfahrung einen Einfluss auf die Lehrkompetenz hat. Bei weniger erfahrenen Personen sollte deshalb auf jeden Fall eine gezielte Förderung der didaktischen Fähigkeiten erfolgen, wie sie beispielsweise im Projekt der FH Bielefeld (vgl. Kapitel 2.4.2.2) und der THM (vgl. Kapitel 2.4.2.4) sichtbar wird und wie sie die BA Sachsen selbst in ihrem Projekt „Didacticum" anbietet. Weitere wichtige Eigenschaften sind neben den gesetzlich vorgeschriebenen und formalen Voraussetzungen die Motivation der Lehrbeauftragten, deren Begeisterung für das Fach, deren Verständnis für pädagogische Problemstellungen und deren Freude an der Arbeit mit jungen Menschen. Zur Feststellung dieser „weicheren" Faktoren bieten sich der BA Sachsen zufolge Probelehrveranstaltungen oder Hospitationen sowie der Besuch von Vorträgen der Kandidaten an.

Ein weiterer wichtiger Punkt ist, dass nebenberufliche Lehrkräfte von den Studiengangsverantwortlichen umfassend über ihre Aufgaben, die an sie gerichteten Erwartungen sowie Gesprächs- und Fördermöglichkeiten informiert werden sollten. Gerade ein regelmäßiger Austausch zwischen Studiengangsleitung und Lehrbeauftragten, etwa zu deren Zufriedenheit oder zu im Laufe der Veranstaltung auftretenden Problemen, wirkt sich positiv aus. Auch für organisatorische und technische Fragen sollten Kontaktmöglichkeiten bereitstehen. Im Einzelnen sollten die Informationen für Lehrbeauftragte folgende Elemente beinhalten:
- die Nennung von Ansprechpartnern,
- das gesamte Aufgabenspektrum der Lehrtätigkeit inklusive möglicher Gremientätigkeiten und Prüfungsabnahmen,
- die Inhalte der betreffenden Lehrveranstaltung unter Einbezug der Modulbeschreibungen, Modulinhalte und Prüfungsvarianten sowie den diesbezüglichen Freiräumen in der Ausgestaltung,
- die pädagogischen und didaktischen Aspekte, vor allem mit Blick auf die Bedeutung des Theorie-Praxis-Transfers,
- damit zusammenhängend die zusätzlichen Informationen zu der Gruppe der Studierenden,
- bestehende Unterstützungsmöglichkeiten wie die Bereitstellung von Lehrmaterialien und technischen Geräten sowie der dazugehörigen Expertise,
- Möglichkeiten der Weiterqualifizierung,
- Möglichkeiten des Austauschs mit Kollegen und
- organisatorische Absprachen, zum Beispiel eine langfristige Zeitplanung.

Ein positiver Einfluss auf die Lehrkompetenz konnte konkret auch für den direkten Austausch von Lehrenden untereinander festgestellt werden. Eine sinnvolle Maßnahme besteht der BA Sachsen zufolge deshalb darin, die umfassende Einbindung der Lehrbeauftragten in das (wissenschaftliche) Leben der Einrichtung zu befördern. So können diese in die Entwicklung beziehungsweise Überarbeitung von Modulbeschreibungen, Kolloquien und weitere institutionsinterne Veranstaltungen oder Forschungs- und Publikationsaktivitäten eingebunden werden. Der Beteiligung an der Entwicklung der Modulbeschreibungen kommt hier noch einmal eine herausgehobene Bedeutung zu, da diese Ausdruck der Lehrfreiheit der Lehrbeauftragten ist, die einen besonders großen Einfluss auf die Lehrkompetenz hat.

An der THM wurde unter Beteiligung des Alumni-Netzwerks (vgl. Kapitel 2.3.2) ein Mentoring- und Coachingprogramm entwickelt, bei dem interessierte Absolventen des dualen Studiums an eine Tätigkeit als nebenberufliche Lehrkraft herangeführt werden. Den Kern bildet ein Lehrtandem bestehend aus dem Lehrbeauftragten und einem Professor. Im Vorfeld wird die Lehrveranstaltung gemeinsam vorbereitet, wobei die erfahrene Lehrkraft die neue Lehrkraft intensiv berät. Danach wird von beiden Beteiligten eigenständig parallel die gleiche Lehrveranstaltung durchgeführt, wobei der Alumni über den gesamten Verlauf hinweg durch den Professor begleitet und gecoacht wird. So können Fragen zur Didaktik, aber auch eventuell auftauchende Schwierigkeiten erörtert und mögliche Lösungswege gefunden werden. Dieses Vorgehen leistet aus Sicht der THM einen wichtigen Beitrag dazu, die Wissenschaftlichkeit der Lehrveranstaltungen zu garantieren. Das Konzept der Lehrtandems bietet eine Win-win-Situation: Die jungen Dozenten erhalten einen fundierten Einstieg in ihre Lehrtätigkeit und die etablierten Professoren Einblicke in aktuelle Entwicklungen im Praxisfeld.

Zusätzlich zu dem Tandem stehen den neuen Lehrbeauftragten die didaktischen Veranstaltungen des von der THM mitbegründeten Hochschuldidaktischen Netzwerks Mittelhessen (HDM) offen. Das HDM ist eine seit 2007 bestehende Kooperation zwischen der Philipps-Universität Marburg, der Justus-Liebig-Universität Gießen und der THM mit der Aufgabe, den Lehrenden an diesen Hochschulen ein hochschuldidaktisches Weiterbildungs- und Beratungsangebot zur Verfügung zu stellen. Die THM wirbt bei den Alumni, die eine Laufbahn als Dozent im dualen Studium der Hochschule anstreben, für die Angebote des HDM. Diese wurden in der Vergangenheit von den Ehemaligen, die in den Lehrtandems aktiv sind, regelmäßig genutzt.

Eine weitere Form des Coachings für Lehrbeauftragte im dualen Studium bietet die THM im Rahmen des in Kapitel 2.4.2.1 dargestellten Moduls zur Erhöhung der Selbstkompetenz bei dual Studierenden in der Studieneingangsphase. In dem Modul werden nicht nur Studienanfänger von Absolventen des dualen Studiums der THM gecoacht, sondern die Alumni erhalten selbst ebenfalls die Möglichkeit, durch ein Coaching ihre didaktischen Kompetenzen zu verbessern. Während und nach der Durchführung des Moduls werden die Ehemaligen von der Leitung der zentralen Stelle für das duale Studium an der THM begleitet. Zudem erhalten sie das Angebot, ein zweitägiges Seminar zur Gestaltung und Reflexion ihrer Rolle als Coaches für dual Studierende zu besuchen und an einem hochschuldidaktischen Seminar teilzunehmen. Teil der Qualitätssicherung sind schließlich auch Lehrproben, ein Feedback nach Abschluss des Moduls und eine abschließende Feedbackveranstaltung mit allen Coaches.

2.4.3 Internationalisierungsprozesse

Anknüpfend an die Anregungen zum Aufbau einer Internationalisierungsstrategie in Kapitel 2.2.3 sollen hier die daraus folgenden konkreten Umsetzungsschritte beleuchtet werden. Dabei konzentrieren sich die Vorschläge der HWR Berlin, an der die entsprechenden Möglichkeiten umfassend untersucht wurden, gerade auch auf die „Internationalisierung zu Hause", welche angesichts der dargestellten Probleme mit Auslandssemestern und Auslandspraktika (siehe Kapitel 2.2.3) am einfachsten zu realisieren und mit den wenigsten Interessenskonflikten zwischen den unterschiedlichen Stakeholdern verbunden ist. War die Internationalisierung dualer Studiengänge bereits auf der strategischen Ebene ein Querschnittsthema, setzt sich dies auf der Prozessebene fort. Da die Internationalisierungsmaßnahmen sowohl Berührungspunkte zu den zuvor dargestellten Dienstleistungs- als auch den Lehr- und Lernprozessen aufweisen, werden sie in diesem Kapitel separat behandelt.

Vergleicht man die Interessenlage von Partnerunternehmen und dual Studierenden (siehe Abbildungen 28 und 29), so zeigen sich etliche Parallelen. Beide Befragtengruppen legen den größten Wert auf die Förderung der Sprachkompetenz im Englischen. Diese ist auch aus Hochschulperspektive wichtig, da gute Englischkenntnisse eine unabdingbare Voraussetzung für die Mobilität der dual Studierenden ins Ausland (*outgoing*) bilden. Umgekehrt macht das ebenfalls von den Befragten insgesamt als wichtig erachtete Angebot einzelner Lehrveranstaltungen/Module in englischer Sprache die Hochschule nicht nur attraktiv für die eigenen Studierenden, sondern auch für ausländische Studierende, die ein Auslandssemester in Deutschland absolvieren möchten (*incoming*). Die Förderung weiterer Sprachen wird dagegen sowohl von dual Studierenden als auch von Arbeitgeberseite deutlich weniger wichtig eingeschätzt. Einigkeit herrscht zwischen beiden Gruppen schließlich auch bezogen auf die Wertschätzung der Förderung interkultureller Kompetenz.

Angebote in Richtung Sprachkompetenz können von Hochschulen entweder verpflichtend oder auf freiwilliger Basis gemacht werden. Im ersten Fall gilt es zu prüfen, ob entsprechende Anforderungen an die Sprachkompetenzen der Studierenden bereits bei deren Auswahl berücksichtigt werden müssen. Für ein Angebot auf freiwilliger Basis bietet sich eine Verlagerung in den Wahlpflichtbereich an oder, bei stark nachgefragten Kursen, ein Angebot der Veranstaltungen sowohl in Deutsch als auch Englisch. Notwendig ist in jedem Fall die Sicherung der Sprachkompetenzen der Lehrenden über eine direkte Förderung des bestehenden Personals oder die Rekrutierung von Dozenten aus dem Ausland. Mit Blick auf die Förderung der Mobilität der Incoming-Studierenden besteht eine Option darin, einen Großteil

Abbildung 28: Interesse der Partnerunternehmen der Hochschule für Wirtschaft und Recht Berlin an Internationalisierungsmaßnahmen
in Prozent

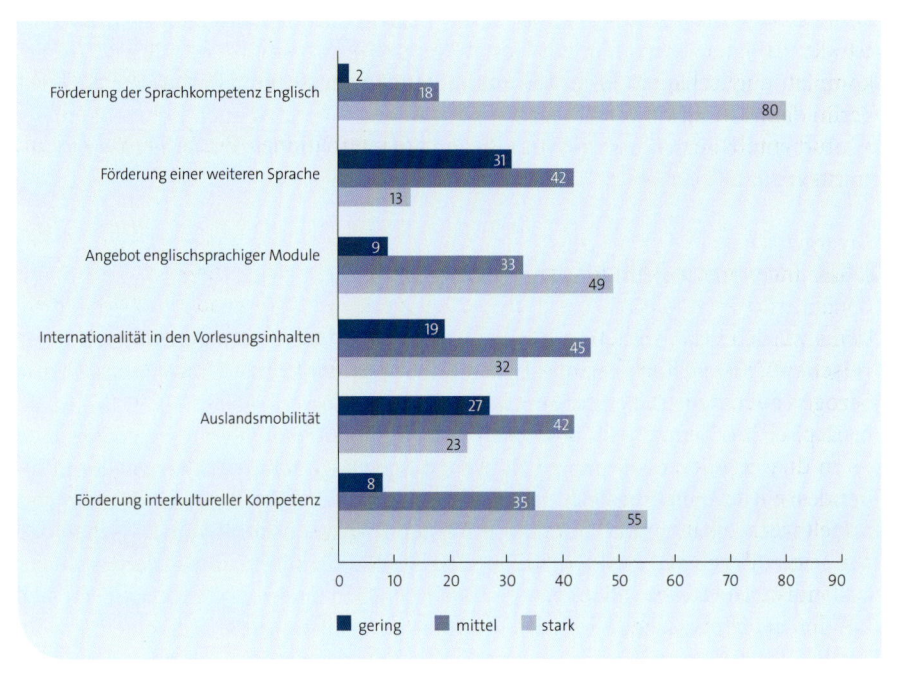

	gering	mittel	stark
Förderung der Sprachkompetenz Englisch	2	18	80
Förderung einer weiteren Sprache	31	42	13
Angebot englischsprachiger Module	9	33	49
Internationalität in den Vorlesungsinhalten	19	45	32
Auslandsmobilität	27	42	23
Förderung interkultureller Kompetenz	8	35	55

Quelle: Bustamante et al. 2015: 35; N = 114; fehlende Prozente zu 100 Prozent entfallen auf die Kategorie „gar nicht"

Abbildung 29: Prioritäten dual Studierender an der Hochschule für Wirtschaft und Recht Berlin bezogen auf Internationalisierungsmaßnahmen
in Prozent

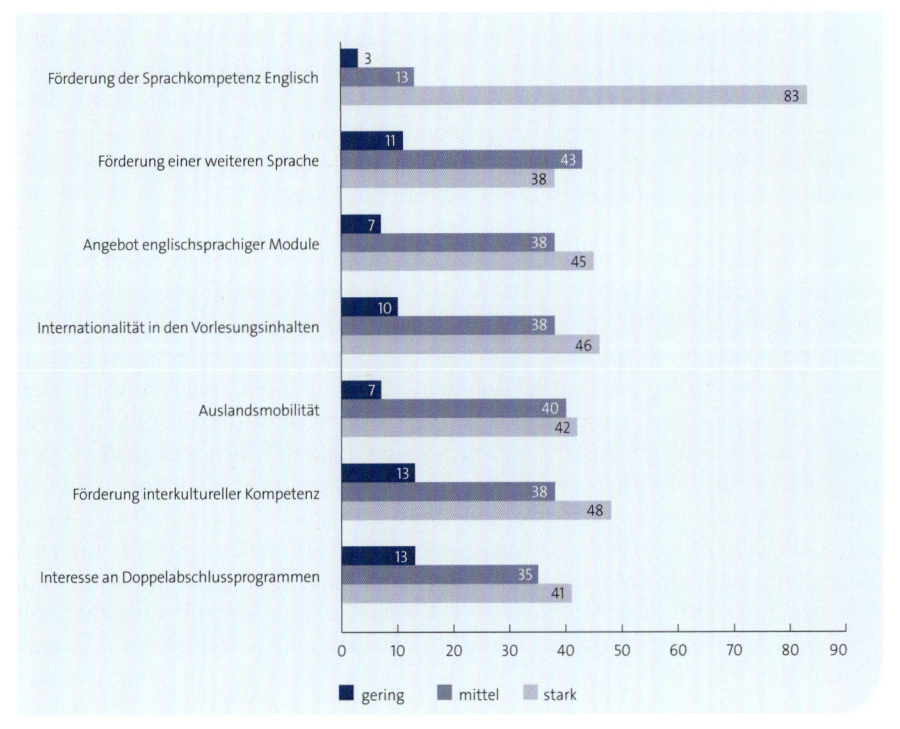

Maßnahme	gering	mittel	stark
Förderung der Sprachkompetenz Englisch	3	13	83
Förderung einer weiteren Sprache	11	43	38
Angebot englischsprachiger Module	7	38	45
Internationalität in den Vorlesungsinhalten	10	38	46
Auslandsmobilität	7	40	42
Förderung interkultureller Kompetenz	13	38	48
Interesse an Doppelabschlussprogrammen	13	35	41

Quelle: Bustamante et al. 2015: 25; N = 242; fehlende Prozente zu 100 Prozent entfallen auf die Kategorien „gar nicht" und „keine Angabe"

der englischsprachigen Veranstaltungen auf ein Semester zu legen, sodass hier ein attraktives Angebot für ausländische Studierende entsteht. Die Einrichtung von komplett englischsprachigen dualen Studiengängen ist nach Erfahrung der HWR Berlin dann Erfolg versprechend wenn
- Studieninhalte und/oder Berufsfelder starke internationale Bezüge aufweisen und
- ein explizites Interesse seitens der Partnerunternehmen besteht.

Divergenzen zeigen sich bei den in den Abbildungen 28 und 29 dargestellten Einschätzungen von dual Studierenden und Unternehmen vor allem bei der Internationalität der Inhalte von Lehrveranstaltungen und der Studierendenmobilität. Beide Items werden von den befragten dual Studierenden mit deutlich höherer Priorität versehen als von den befragten Partnerorganisationen. Einige Fördermöglichkeiten bezogen auf die Studierendenmobilität wurden bereits auf der strategischen Ebene in Kapitel 1.2.3 skizziert. Möglicherweise steigt die Bereitschaft der Arbeitgeber, ihren dual Studierenden wenn schon nicht ein Auslandssemester, dann doch zumindest ein Auslandspraktikum zu gewähren, wenn ihnen von der Hochschule vermittelt werden kann, dass die von ihnen hoch gewichtete interkulturelle Kompetenz am besten durch das Kennenlernen von Arbeitsweisen und Prozessen vor Ort in ausländischen Unternehmen erworben werden kann. Durch ein Auslandspraktikum würden beide profitieren – dual Studierende und Arbeitgeber.

Eine weitere Frage ist, inwiefern nicht nur die Mobilität von dualen Outgoing-Studierenden, sondern auch der dualen Incoming-Studierenden gefördert werden kann. Einen wesentlichen Ansatzpunkt stellt hier die gezielte Suche nach Partnerhochschulen mit passenden Zeitstruktur-Modellen im Studium dar (vgl. Kapitel 1.2.3). Weiterhin empfehlen sich längerfristige Kooperationen mit ausländischen Hochschulen, um den gerade anfangs entstehenden erheblichen Abstimmungsbedarf allmählich zu reduzieren und die Anrechenbarkeit von Studienleistungen zu gewährleisten. In der am weitesten gehenden Variante nimmt dies die Form des „Exports" des eigenen dualen Studienmodells ins Ausland an, über den viele Abstimmungsfragen grundlegend vereinfacht werden können.

Aufbauend auf längerfristigen Hochschulkooperationen können zwei weitere Maßnahmen erschlossen werden, und zwar duale Mobilitätsprogramme und Doppelabschlussprogramme. Bei dualen Mobilitätsprogrammen sind sowohl Studium als auch Praxis Teil des Austauschs. Zum einen wird hiermit die zeitliche Flexibilität erhöht, da das Zeitfenster für die Mobilität größer ist. Zum anderen erhöht sich die Attraktivität dieser Angebote für die dual Studierenden, da auch Praxiserfahrungen im Ausland gewonnen werden können. Qualitätsfördernd können sich Tandemmodelle auswirken, bei denen die ausländischen Studierenden von den Studierenden der deutschen Hochschulen in der Praxis begleitet werden (vgl. Kapitel 1.2.3). Ein Anreiz für die Partnerorganisationen könnte die damit verbundene Möglichkeit sein, die ausländischen Studierenden als Mitarbeiter zu rekrutieren. Erfolgsfaktoren für duale Mobilitätsprogramme sind eine enge Abstimmung mit den involvierten Partnerorganisationen, welche die Teilnehmer hinsichtlich ihrer sprachlichen und fachlichen Kenntnisse sowie der Passung zum Unternehmen auswählen sollen.

Tabelle 7: Strukturvorschlag für ein internationales duales Doppelabschlussprogramm

	Hochschule Deutschland	Unternehmen Deutschland	Hochschule Partnerland	Unternehmen Partnerland	
0	■ Vorbereitungskurse		▫ Preparatory Courses		
1	■	■	▫	▫	1
2	■	■	▫	▫	
3	▫ ■	▫ ■			2
4	▫ ■	▫ ■			
5			■	■	3
6			■	■	
7	■	■	▫	▫	4
	Bachelor Deutschland		**Bachelor Partnerland**		

■ immatrikuliert in Deutschland   ▫ immatrikuliert im Partnerland

Quelle: Bustamante et al. 2015: 49

Doppelabschlussprogramme erfordern ebenfalls weitreichende Abstimmungen. Der Kern dieses Modells besteht darin, dass abgestimmte Theoriephasen an den beteiligten Hochschulen absolviert und letztendlich auch Abschlüsse beider Institutionen erworben werden (vgl. Tabelle 7) – was für Studierende eine hohe Attraktivität aufweist. Gerade hier müssen aber wiederum die Interessen der Partnerorganisationen umfassend berücksichtigt und diese von den Programmen überzeugt werden.

2.5 Die Ebene „Ergebnisqualität und Feedback"

Hauptzweck der Qualitätsentwicklung ist es, gute Ergebnisse zu erzielen. Eine Hochschule und ihre Partnerorganisationen können nur dann ein Bild davon bekommen, ob ihnen im dualen Studium eine erfolgreiche akademische und berufliche Ausbildung der Studierenden gelungen ist, wenn sie über ein geeignetes Prüf- und Feedbackinstrumentarium verfügen. Ein oft verwendeter Messpunkt ist hier der Grad der Zielerreichung: „Häufige Verwendung findet er im Bereich der Evaluation von Programmen, zum Beispiel innovativen Projekten zur Förderung der Lehre, die auf eine dauerhafte Implementierung angelegt sind" (Schmidt 2010: 12). In einem geschlossenen QM-Kreislauf sollen geeignete Feedbackinstrumente einen evidenzbasierten Abgleich mit den ursprünglich geplanten Zielsetzungen (vgl. Kapitel 2.2) und damit Schlussfolgerungen für die weitere Steuerung und Entwicklung der Ergebnisqualität ermöglichen. Auf diese Weise ergibt sich eine Rückkopplungsschleife und im besten Fall auch ein Lernkreislauf.

Da Hochschulen mittlerweile – dank Akkreditierungsverfahren und gesetzlicher Vorgaben – über ein breites Repertoire an Evaluationsverfahren im Bereich Lehre und Studium verfügen, stellt sich die Frage, ob und welche zusätzlichen Elemente benötigt werden, um auf die spezifischen Anforderungen im dualen Studium zu reagieren. In den Projekten des Qualitätsnetzwerks wurden hierzu von drei Hochschulen, der Universität Kassel, der FOM und der BA Sachsen, Handlungsansätze aufgezeigt, welche im Folgenden näher beschrieben werden.

2.5.1 Evaluation der Lernortkooperation aus Sicht Studierender

Dual Studierende sind eine wichtige Informationsquelle sowohl hinsichtlich der Gesamtqualität des Studiums als auch der Abstimmung zwischen den unterschiedlichen Lernorten. Gerade wenn Probleme im Studienverlauf auf mangelnde Abstimmungsprozesse zwischen den beteiligten Akteuren zurückgehen, sind es in erster Linie die Studierenden selbst, die deren wirkliches Ausmaß kennen und die besonders kritischen Aspekte benennen können. Zudem ist deren Entscheidung zugunsten eines dualen Studiums von bestimmten Erwartungen geprägt, an deren Erfüllung sich die Qualität dualer Studienangebote unter anderem auch messen lassen muss. Einige dieser Erwartungen stehen in direktem Zusammenhang mit der inhaltlichen Theorie-Praxis-Verzahnung und damit wiederum auch deren Vorbedingung, einer reibungslosen organisationalen Kooperation der Lernorte. Das möglichst reibungsfreie Ineinandergreifen der Prozesse stellt, wie im vorhergehenden Kapitel 2.4 gezeigt, eine wesentliche Voraussetzung für die Studierbarkeit dualer Studiengänge und damit auch für einen erfolgreichen Studienabschluss dar.

Vor diesem Hintergrund wurde an der Universität Kassel eine Evaluation der Lernortkooperation aus Sicht von dual Studierenden durchgeführt. Bei der Entwicklung des Fragebogens (Näheres siehe Arbeitsmaterialien 11, Seite 124) wurde auch auf die Ergebnisse einer Gruppendiskussion von Vertretern von Partnerorganisationen und Berufsschulen (vgl. Kapitel 2.2.1.3 und 2.4.2.1) zurückgegriffen, um zusätzlich zu den theoretischen Vorüberlegungen die aus Sicht der direkt Beteiligten relevanten Aspekte zu berücksichtigen.

In die Befragung wurden alle 182 dual Studierenden an der Universität Kassel einbezogen, die ein ausbildungsintegrierendes Studium absolvieren. Die Evaluation erfolgte auf zwei Wegen: Zum einen eine direkte Befragung derjenigen, die sich noch in Ausbildung befanden, vor Ort in den berufsbildenden Schulen und eine Online-Befragung derjenigen, die ihre Berufsausbildung bereits abgeschlossen haben. Auf diesem Wege konnten 149 Personen erreicht werden, das entspricht 82 Prozent der Grundgesamtheit.

Einer von zwei Schwerpunkten der Befragung adressiert die Beurteilung von Studienmotivation, realer Studiensituation und Zukunftsperspektiven. Untersucht werden dort die Erwartungen der Studierenden an ein duales Studium vor Studienbeginn, die Situation während des Studiums sowie der Ausblick auf die Endphase des Studiums und die Zeit nach dem Abschluss. Mit Blick auf die Phase der Studienwahl konkret erfragt werden die Motive hinter der Entscheidung für ein duales Studium, erwogene Alternativen und die erwarteten positiven Effekte dieser Studienform. Damit kontrastiert werden können Einschätzungen zu der realen Studiensituation, die sich auf die Zufriedenheit der Studierenden mit der an den verschiedenen Lernorten verbrachten Zeit sowie mit dem dort angetroffenen Angebot an theoretischen und praktischen Inhalten beziehen. Schließlich werden auch die Aussichten auf den Studienabschluss und die Zeit danach ermittelt, zum

Tabelle 8: Ausschnitt aus dem Fragebogen der Universität Kassel zur Beurteilung der Lernortkooperation aus studentischer Sicht

	trifft völlig zu				trifft gar nicht zu
D1 Ich bin zufrieden mit der Betreuung durch …					
den Fachbereich	☐	☐	☐	☐	☐
die Studierendenverwaltung	☐	☐	☐	☐	☐
die Berufsschule	☐	☐	☐	☐	☐
den Betrieb	☐	☐	☐	☐	☐
D2 Ich bin zufrieden mit der organisatorischen Abstimmung zwischen …					
Universität und Berufsschule	☐	☐	☐	☐	☐
Berufsschule und Betrieb	☐	☐	☐	☐	☐
Betrieb und Universität	☐	☐	☐	☐	☐
D3 Ich bin zufrieden mit der inhaltlichen Abstimmung zwischen …					
Universität und Berufsschule	☐	☐	☐	☐	☐
Berufsschule und Betrieb	☐	☐	☐	☐	☐
Betrieb und Universität	☐	☐	☐	☐	☐

Quelle: Wochnik/Thiel de Gafenco 2015: 36–37

Beispiel die Frage nach einem anschließenden Masterstudium oder dem Verbleib in dem ausbildenden Betrieb. Gesondert in den Blick genommen werden in diesem Fragenkomplex die Querschnittsthemen Betreuung sowie Abstimmung zwischen den Lernorten, differenziert nach der organisatorischen und der inhaltlichen Ebene (vgl. Tabelle 8).

Der zweite Befragungsschwerpunkt richtet sich auf den Kompetenzerwerb der Studierenden. Hierbei orientiert sich der Fragebogen an einem von Bergmann (2003) entwickelten Befragungsinstrument. Da Kompetenz von diesem Befragungsinstrument in Richtung des Selbstkonzepts beruflicher Handlungsfähigkeit (Näheres dazu siehe Kapitel 2.4.2.1) aufgefasst wird, wurde es als besonders geeignet für die Befragung Studierender in dualen Studiengängen angesehen, bei denen gerade dieser Bereich zu den primären Ausbildungszielen gehört. In dem Fragebogen wird mit jeweils zwischen sechs und acht Items das Selbstkonzept der Studierenden in den drei Bereichen Fachkompetenz, Methodenkompetenz und Selbstkompetenz erfasst.

Zusätzlich wird eine Reihe grundlegender Informationen zu den Befragten ermittelt, von allgemeinen Angaben zur Person über Informationen zu Studium und Ausbildung sowie berufliche Vorerfahrungen bis hin zur Schulbildung und beruflichen Situation der Eltern. Hiermit wird eine differenzierte Betrachtung der Ergebnisse der beiden Befragungsschwerpunkte ermöglicht, zum Beispiel die Unterscheidung von Bewertungen der Lernortkooperation durch Studienanfänger und Studierende gegen Ende ihres Studiums.

Das Instrument liefert bei punktueller Anwendung einen grundlegenden Einblick in die Problemfelder. Vertiefte Erkenntnisse können darüber hinaus mittels einer Befragung derselben Studierenden zu verschiedenen Zeitpunkten generiert werden, da hiermit die Einschätzungen von Betreuungsqualität und Lernortkooperation sowie Kompetenzerwerb im Zeitverlauf nachverfolgt werden können. Weitergehend kann die Studierendenbefragung auch mit anderen Instrumenten kombiniert werden. So wurden die Ergebnisse der an der Universität Kassel durchgeführten Studierendenbefragung im Rahmen einer Gruppendiskussion mit Vertretern der Partnerorganisationen und Berufsschulen aufgegriffen und eine Auswertung dieser Diskussion wiederum als ein zusätzlicher Input für Verbesserungsmaßnahmen herangezogen.

Die Universität Kassel nutzt die Ergebnisse der Evaluation, um Hinweise zur Verbesserung der Kooperations- und Betreuungsprozesse zu erhalten (Näheres dazu siehe auch Kapitel 2.4.1.5 und 2.4.2.1). So wurde beispielsweise evident, dass in der Institution Universität mitunter eine Skepsis gegenüber Unternehmen der freien Wirtschaft vorhanden ist. Dies führt gerade in Bezug auf den Punkt der Frage nach Abschlussarbeiten häufig zu Konflikten, die auf Kosten der Studierenden ausgetragen werden. Teil der Kooperationsbedingungen könnte hier unter anderem eine klarere Regel über die Anforderungen an eine solche Abschlussarbeit sein. So könnten sich Studierende vorher informieren und eventuelle Frustrationsmomente vermeiden. Unternehmen könnten früher prüfen, welche betriebsrelevanten Themen sich in welcher Art und Weise als Thema einer wissenschaftlichen Abschlussarbeit eignen. Der Hinweis auf die Wissenschaftlichkeit scheint an dieser Stelle von besonderer Bedeutung, denn diese ist eben Teil der universitären Ausbildung und muss demnach auch zu den Ansprüchen an eine solche Arbeit gehören. Insgesamt schneidet der Betrieb in der Beurteilung der Studierenden häufig am besten ab. Diese

Beobachtung kann unter anderem damit begründet werden, dass die Studierenden primär ihre berufliche Zukunft im Blick haben und ihre Aufmerksamkeit stark in diese Richtung lenken.

2.5.2 Evaluation des Fortschritts beim Kompetenzerwerb dual Studierender

Hochschulen, Arbeitgeber und Studierende stellen Ansprüche an das, was Absolventen dualer Studiengänge am Ende ihres Studiums wissen, verstehen und tun können sollen. Besonderes Gewicht besitzen in diesem Zusammenhang die Handlungskompetenz (siehe Kapitel 2.4.2.1) und die Facette der Transferkompetenz (siehe Kapitel 2.2.1.2). Gerade die Förderung der Transferkompetenz als profilbildendem Merkmal des dualen Studiums ist ein zentraler Baustein der Qualitätsentwicklung. Mit Blick darauf hat die FOM ein Evaluationsinstrumentarium entwickelt, das die Überprüfung des sukzessiven Kompetenzerwerbs im Studienverlauf ermöglicht. Dieses zeichnet sich dadurch aus, dass zum einen die Transferkompetenz explizit als eine Facette des umfassenderen Konstrukts der Handlungskompetenz berücksichtigt wird. Zum anderen ist das Instrument für weitere Zwecke einsetzbar, sodass hiermit auch die Kompetenzerwerbserwartungen sowohl von Partnerorganisationen (Näheres dazu siehe ebenfalls Kapitel 2.2.1.2) als auch Studienanfängern erhoben werden können.

Ausgangspunkt ist die Annahme, dass im dualen Studium ein Transferlernen stattfindet. Das heißt, dass Inhalte aus der Theorie am Lernort Hochschule in die Praxis am Lernort Unternehmen transferiert und dort angewandt werden. Umgekehrt tragen dual Studierende Erkenntnisse aus der Berufspraxis in die Hochschullehre hinein, wo dann Reflexionsprozesse in Gang gesetzt werden (vgl. dazu auch Kapitel 2.4.2.2). Ein Beispiel: In der Vorlesung lernen Studierende, welche Motivstruktur Führungskräfte aufweisen sollten. Diese Motivstruktur versuchen sie an ihren eigenen Führungskräften im Unternehmen zu identifizieren. Die Erfahrung, die sie dabei gemacht haben, bringen sie in die nächste Veranstaltung an der Hochschule in die Diskussion ein. Zugleich werden auch in der Berufspraxis systematisch Dinge gelernt, die wiederum am Lernort Hochschule angewandt werden können, wenn auch unter anderen Bedingungen.

Zur Ermittlung des Kompetenzerwerbs bei Studierenden im Lauf ihres dualen Studiums greift das Instrumentarium auf das vielfach erprobte Berliner Evaluationsinstrument für selbsteingeschätzte, studentische Kompetenzen (BEvaKomp; vgl. Braun 2008) zurück und erweitert dieses um weitere Items. Analog zur Erfassung der Fach-, Methoden-, Kommunikations-, Kooperations- und personalen Kompetenz im BEvaKomp wurden sechs Items entwickelt, mit denen die Befragten ihren Kompetenzerwerb in diesem Bereich über die Ablehnung oder Zustimmung zu verschiedenen Aussagen einschätzen. Wie Tabelle 9 zeigt, adressieren die entwickelten Items den Transfer von Wissen zwischen verschiedenen Kontexten, das Einholen von Feedback im Rahmen dieser Transferprozesse sowie die Nutzung dieses Feedbacks im Zuge von Lernprozessen, womit unterschiedliche Phasen des Transferlernens abgedeckt werden. Über die Zustimmung beziehungsweise Ablehnung der Befragten zu diesen Items werden sowohl die Quantität als auch die Qualität der in den einzelnen Items abgebildeten Facetten der Transferkompetenz erfasst.

Tabelle 9: Items zur Ermittlung der Transferkompetenz des Instrumentariums der FOM Hochschule für Oekonomie und Management

Itembeschreibung	Item in der Version für dual Studierende im ersten Fachsemester (Erwartungsformulierung)	Item in der Version für dual Studierende in höheren Fachsemestern (Erfahrungsformulierung)
Quantität der Übertragung von Wissen in andere Kontexte	Aufgrund meines Studiums werde ich öfter Gelerntes (z. B. aus dem Studium, aber auch aus der berufspraktischen Tätigkeit) in andere Situationen (z. B. in meine berufliche Praxis, aber auch ins Studium) übertragen.	Aufgrund meines Studiums übertrage ich öfter Gelerntes (z. B. aus dem Studium, aber auch aus der berufspraktischen Tätigkeit) in andere Situationen (z. B. in meine berufliche Praxis, aber auch ins Studium).
Quantität der Feedbackeinholung in anderen Kontexten	Durch mein Studium werde ich öfter auf die Rückmeldung achten, die ich bekommen kann, wenn ich Gelerntes von einer Situation in eine andere übertrage.	Durch mein Studium achte ich öfter auf die Rückmeldung, die ich bekommen kann, wenn ich Gelerntes von einer Situation in eine andere übertrage.
Quantität der Nutzung des eingeholten Feedbacks im Lernkontext	Dank meines Studiums werde ich beim Lernen öfter die Erfahrungen nutzen, die ich durch das Übertragen von Gelerntem aus einer Situation in eine andere Situation mache.	Dank meines Studiums nutze ich beim Lernen öfter die Erfahrungen, die ich durch das Übertragen von Gelerntem aus einer Situation in eine andere Situation mache.
Qualität der Übertragung von Wissen in andere Kontexte	Aufgrund meines Studiums werde ich Gelerntes (aus dem Studium, aber auch aus der berufspraktischen Tätigkeit) besser in andere Situationen übertragen können.	Aufgrund meines Studiums kann ich Gelerntes (aus dem Studium, aber auch aus der berufspraktischen Tätigkeit) besser in andere Situationen übertragen.
Qualität der Feedbackeinholung in anderen Kontexten	Durch mein Studium werde ich besser auf die Rückmeldung achten, die ich bekommen kann, wenn ich Gelerntes von einer Situation in eine andere übertrage.	Durch mein Studium achte ich besser auf die Rückmeldung, die ich bekommen kann, wenn ich Gelerntes von einer Situation in eine andere übertrage.
Qualität der Nutzung des eingeholten Feedbacks im Lernkontext	Dank meines Studiums werde ich beim Lernen besser die Erfahrungen nutzen, die ich durch das Übertragen von Gelerntem aus einer Situation in eine andere Situation mache.	Dank meines Studiums nutze ich beim Lernen besser die Erfahrungen, die ich durch das Übertragen von Gelerntem aus einer Situation in eine andere Situation mache.

Quelle: Schulte 2015: 41

Anschließend an die Entwicklungsphase wurde das Instrumentarium von der FOM auch praktisch erprobt. Hierzu wurden Studierende verschiedener Semester aus unterschiedlichen Studiengängen zu ihrem Kompetenzerwerb befragt (Fragebogen siehe Arbeitsmaterialien 12, Seite 124). Im Zuge dessen wurde von der Hochschule auch überprüft, wie sich die Facette „Transferkompetenz" in das umfassendere Konstrukt der Handlungskompetenz einfügt und wie die Studierenden den allmählichen Kompetenzerwerb auf diesem Gebiet einschätzen.

Befragt wurden insgesamt 588 Studierende der FOM. Bei rund 21 Prozent der Teilnehmenden handelt es sich um Studienanfänger im ersten Fachsemester; weitere 31 Prozent der Studierenden befanden sich im zweiten oder dritten Fachsemester, sodass sich insgesamt mehr als 50 Prozent der Befragten in den ersten drei Semestern ihres sieben Semester dauernden Studiums befanden. In die Evaluation des Fortschritts des Kompetenzerwerbs wurden die Erstsemester nicht einbezogen, diese wurden lediglich nach ihren Kompetenzerwerbserwartungen gefragt. Da nach der Methodik des BEvaKomp nicht alle Befragten zu jeder Kompetenzsubfacette befragt werden, schwankt die Zahl der berücksichtigten Antworten zwischen 227 und 447.

Abbildung 30: Selbsteinschätzungen des Kompetenzerwerbs dual Studierender der FOM Hochschule für Oekonomie und Management

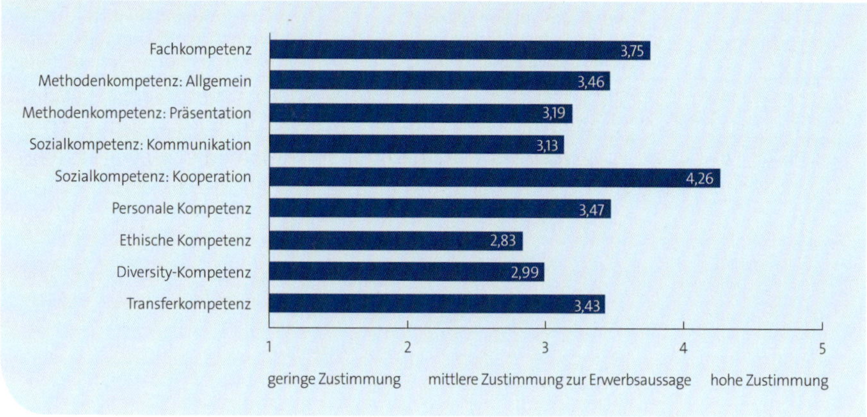

Fachkompetenz	3,75
Methodenkompetenz: Allgemein	3,46
Methodenkompetenz: Präsentation	3,19
Sozialkompetenz: Kommunikation	3,13
Sozialkompetenz: Kooperation	4,26
Personale Kompetenz	3,47
Ethische Kompetenz	2,83
Diversity-Kompetenz	2,99
Transferkompetenz	3,43

Skala: 1 = geringe Zustimmung, 3 = mittlere Zustimmung zur Erwerbsaussage, 5 = hohe Zustimmung

Quelle: Schulte 2015, separat angefordertes Zusatzmaterial. N unterschiedlich nach Item = 227 bis 447.
Mittelwerte auf Basis einer fünffach abgestuften Likert-Skala

Wie in Abbildung 30 zu sehen, geben die Befragten in ähnlichem Maße wie für die anderen Facetten des Konstrukts der Handlungskompetenz an, Transferkompetenz im Rahmen des Studiums erworben zu haben. Daraus ergibt sich aus Sicht der FOM, dass diese von Unternehmen als wichtig eingestufte Kompetenzfacette tatsächlich ein integraler Bestandteil bei der Umsetzung dualer Studiengänge ist. Spannend ist auch, die von den Studierenden vorgenommenen Einschätzungen mit den Erwartungen zu Studienbeginn und/oder mit den Erwartungen der Arbeitgeber (vgl. Kapitel 2.2.1.2) zu kontrastieren. Hierzu wäre aber eine Weiterentwicklung der Methodik nötig. Zudem sollte die Befragung studiengangsbezogen und nicht über die gesamte Hochschule hinweg durchgeführt werden, um möglichst genaue und praktisch handhabbare Informationen zu generieren.

2.5.3 Evaluation von Lehrkompetenz

Gute Lernergebnisse bedürfen einer guten Lehre. Dass Lehrende im dualen Studium besondere Kompetenzen zur Ermöglichung von Transferlernen aufseiten der Studierenden benötigen, wurde bereits in den Kapiteln 2.3.2 und 2.4.2 ausgeführt. Die Lehrkompetenz der Lehrenden, seien sie nebenberuflich oder hauptamtlich tätig, gehört damit zu den Kernbereichen der Qualitätsentwicklung. Um hier zu validen Einschätzungen zu kommen und eine Datengrundlage für weitere Verbesserungsmaßnahmen (vgl. Kapitel 2.4.2.3) zu erhalten, hat die BA Sachsen eine Online-Befragung unter ihren Lehrbeauftragen im dualen Studium durchgeführt, die aber auch – gegebenenfalls nach einigen Anpassungen – als geeignete Grundlage für die Befragung von hauptamtlichen Lehrkräften gesehen wird.

Der Begriff Kompetenz wird auch auf dieser Ebene allgemein mit Handlungsfähigkeit gleichgesetzt: „Kompetenzen sind Fähigkeiten, situationsgerecht und selbstorganisiert zu handeln" (Brinker/Schumacher 2014: 28). Übertragen auf die selbstständige akademische Lehrtätigkeit schließt dies explizit mehrere Kompetenzebenen ein: Einerseits die Handlungsfähigkeit bezüglich der Beherrschung der fachwissenschaftlichen Inhalte (= Fachkompetenz) und andererseits die Handlungsfähigkeit in Bezug auf die Besonderheiten in der Art und Weise der Vermittlung der Inhalte (= pädagogische Kompetenz): „Aufgabe des Lehrenden ist die optimale Gestaltung des Lernraumes, des ‚Lernangebots' an die Studierenden" (ebd.).

Dem Lehrenden obliegt die Aufgabe, das Lehrangebot in Inhalt und Art der Vermittlung zielgruppengerecht zu gestalten. Diese Forderung bedeutet im besonderen Kontext des dualen Studiums, die Inhalte sowohl wissenschaftsgeleitet als auch praxis- und anwendungsbezogen zu vermitteln und den Studierenden die Verknüpfung beider Ebenen, also die Reflexion der Erkenntnisse des jeweils anderen Lernortes, zu ermöglichen. Verwendet wird für diese Art der Lehrgestaltung auch der Begriff der Transferkompetenz (vgl. dazu auch Kapitel 2.2.1.2).

Lehrkompetenz aus Sicht des Studierenden ist die wahrgenommene Fähigkeit der Lehrbeauftragten, Ergebnisse und Erfahrungen aus Theorie und Praxis zu vermitteln und zu verknüpfen, um den Studierenden die Praxisrelevanz des vermittelten Wissens zu verdeutlichen. Diese Erwartung ist eine Besonderheit dual Studierender, die bereits im Studienprozess theoretische Inhalte vor dem praktischen Erfahrungshintergrund reflektieren (können) und diese Verknüpfung in der theoretischen Lehrveranstaltung auch einfordern. Diesem besonderen Anspruch an die Lehrkompetenz sind insbesondere jene Lehrkräfte gewachsen, die neben einem abgeschlossenen Hochschulstudium über aktuelle Praxiserfahrungen verfügen und diese geeignet in die Lehre einbringen können. Dies trifft auf 55 Prozent der von der BA Sachsen insgesamt befragten 329 Lehrbeauftragten (Rücklaufquote 28 Prozent bezogen auf die Grundgesamtheit) zu, die als Mitarbeiter von Unternehmen oder Selbstständige/Freiberufler lehren, ohne die Lehrtätigkeit als Hauptberuf auszuüben.

Konkret wird die Lehrkompetenz eines Lehrbeauftragten von der BA Sachsen vorrangig aus methodisch-didaktischer Sicht gefasst als:
- die Selbsteinschätzung seiner didaktischen Fähigkeiten in den Bereichen Konzeption, Planung und Durchführung von Lehrveranstaltungen sowie Beratung und
- das subjektiv wahrgenommene Feedback, welches der Lehrbeauftragte von der Studienbereichsleitung und den Studierenden erhält.

Um eine Einschätzung der Lehrkompetenz vornehmen zu können, wurde von der BA Sachsen ein geeignetes Befragungsinstrument entwickelt, welches auf dem bereits bestehenden Befragungsinventar der Akademie aufbaut (Fragebogen siehe Arbeitsmaterialien 13, Seite 124). Themenkomplexe der quantitativen Online-Befragung der Lehrbeauftragten waren:
- die Abläufe bei Rekrutierung, Vorbereitung, Begleitung und Evaluation der Lehrbeauftragten,
- die subjektiv durch den Lehrbeauftragten eingeschätzte didaktische Lehrkompetenz,
- das subjektiv wahrgenommene Feedback der Studienbereichsleitungen und Studierenden.

Die im Rahmen der Befragung zur Ermittlung der Selbsteinschätzung der didaktischen Fähigkeiten genutzten Items wurden von einem bereits entwickelten Instrument übernommen (Johannes et al. 2011), während die Items in den Bereichen „Feedback von der Studienbereichsleitung" sowie „Feedback von den Studierenden" von der BA Sachsen selbst entwickelt wurden (vgl. Tabelle 10).

Tabelle 10: Lehrkompetenzindikatoren des Erhebungsinstruments für die Lehrkompetenz von Lehrenden der Berufsakademie Sachsen

Feedback von der Studienbereichsleitung	Ich bekomme unaufgefordert sehr gutes Feedback von der zuständigen Studiengangs- oder Studienrichtungsleitung.	(1) ... (5)
Feedback von den Studierenden	Ich bekomme unaufgefordert sehr gutes Feedback von den Studierenden.	(1) ... (5)
	Die Studierenden berichten mir, dass sie langfristig von meinen Lehrveranstaltungen profitieren.	(1) ... (5)
	Die Studierenden sagen, dass sie bei mir viel lernen.	(1) ... (5)
Selbstwahrnehmung	Für eine Lehrveranstaltung kann ich gut einschätzen, wie viel Zeit ich für welche Themengebiete benötige.	(1) ... (5)
	Ich kenne verschiedene Lehrmethoden und setze sie zu den Lehrinhalten passend ein.	(1) ... (5)
	Ich beherrsche es, Fachinhalte sinnvoll auf die einzelnen Sitzungen einer Veranstaltung aufzuteilen.	(1) ... (5)
	Es fällt mir leicht, Erwartungen und Anforderungen an die Studierenden klar zu formulieren.	(1) ... (5)
	Ich kann flexibel auf unvorhergesehene Ereignisse reagieren.	(1) ... (5)
	Ich ergreife im Veranstaltungsverlauf geeignete Maßnahmen, um die Aufmerksamkeit der Studierenden aufrechtzuerhalten.	(1) ... (5)
	Ich denke, dass ich Studierende gut beraten kann, wenn sie mit einem Anliegen zu mir kommen.	(1) ... (5)
	Ich kenne verschiedene Methoden zur Prüfungsgestaltung und kann sie ihrer Eignung entsprechend einsetzen.	(1) ... (5)
	Wenn ich selbst Prüfungsfragen entwerfen muss, bin ich mir sicher, wie ich dabei vorgehen soll.	(1) ... (5)
	Meine Lehrtätigkeit entspricht methodisch-didaktisch dem aktuellen Stand der Fachdidaktik.	(1) ... (5)

Quelle: Gröckel et al. 2015: 41; die in der rechten Spalte ausgewiesenen Zahlen bezeichnen die Skala von (1) „Stimme überhaupt nicht zu" bis (5) „Stimme voll und ganz zu".

Zur Erfassung der Lehrkompetenz wurde eine Formel entwickelt, um aus den im Rahmen der Befragung abgegebenen Einschätzungen zu den einzelnen Items einen Gesamtindex zu bilden (vgl. Abbildung 31).

Auf diese Weise war es möglich, 43 Items zu ermitteln, die jeweils einen signifikanten Zusammenhang zwischen den Rahmenbedingungen des Lehreinsatzes und der Lehrkompetenz aufzeigen, und daraus auch Schlussfolgerungen für die Weiterentwicklung der Lehrqualität zu ziehen (Näheres dazu siehe Kapitel 2.4.2.3).

Die auf Selbsteinschätzungen der Lehrenden beruhende Kompetenzmessung ist aus Sicht der BA Sachsen indes nur eine von mehreren Möglichkeiten, die Lehrkompetenz zu erfassen. Um ein umfassendes Bild zu erhalten, sollten nach Auffassung der BA Sachsen weitere Informationsquellen herangezogen werden, deren Ergebnisse miteinander abgeglichen werden können. Hierzu gehören die Befragung von Studierenden, sowohl hinsichtlich deren Einschätzungen der Qualität der Lehrveranstaltungen als auch ihres eigenen Kompetenzerwerbs, die Befragung von Praxispartnern wie auch die Einbindung von Verantwortlichen auf der Studiengangsebene.

Abbildung 31: Formel zur Berechnung des Lehrkompetenz-Gesamtindex der Berufsakademie Sachsen

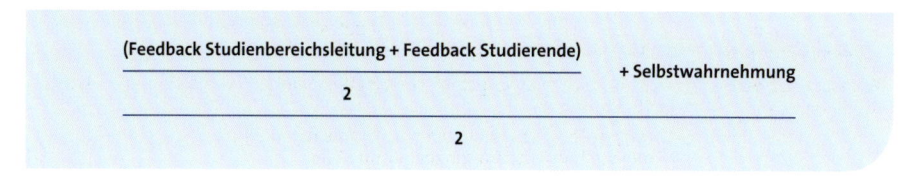

$$\frac{\frac{(\text{Feedback Studienbereichsleitung} + \text{Feedback Studierende})}{2} + \text{Selbstwahrnehmung}}{2}$$

Quelle: Gröckel et al. 2015: 16

Insgesamt lohnt sich die Durchführung von Evaluationsverfahren nur dann, wenn die generierten Erkenntnisse für die weitere Qualitätsentwicklung tatsächlich genutzt werden. Sowohl positive Ergebnisse, die aktiv als Feedback an die Lehrenden kommuniziert werden können, als auch negative, an die sich zum Beispiel Fördermaßnahmen anschließen können, sollten Anlass für angemessene Konsequenzen sein. Dazu könnten nach Auffassung der BA Sachsen auch eine Kopplung guter Evaluationsergebnisse an den Honorarsatz von Lehrbeauftragten oder die ideelle Anerkennung der Leistung beispielsweise durch die Vergaben eines Lehrpreises gehören.

3 Zusammenfassung und Ausblick

Die zurückliegenden Kapitel haben zunächst gezeigt, dass dem dualen Studium in jüngster Zeit sehr viel Aufmerksamkeit von Politik, Öffentlichkeit und Forschung entgegengebracht worden ist, obwohl es quantitativ gesehen eher noch ein Randphänomen ist. 2012 entschieden sich lediglich vier Prozent der Studienanfänger für diesen Weg. Ein wesentlicher Grund für die verstärkte Beschäftigung mit dem Thema ist jedoch das schnelle Wachstum: Zwischen den Jahren 2004 und 2014 hat sich die Zahl der dualen Studienangebote nahezu verdreifacht und die Zahl der Studierenden mehr als verdoppelt. Auch das Interesse der Wirtschaft nimmt zu. So stieg in demselben Zeitraum die Zahl der Angebote von Unternehmensseite, sich als Praxispartner an einem dualen Studium zu beteiligen, ebenfalls auf das Doppelte. Diese Entwicklung passt zu Forschungsergebnissen, wonach in Zukunft hybride Bildungsformen, die den Spagat zwischen beruflicher und akademischer Bildung schaffen, an Bedeutung gewinnen werden. Dies vor allem vor dem Hintergrund, dass Prognosen den Absolventen weiterhin gute Arbeitsmarktchancen prophezeien. Hinzu kommt, dass das duale Studium made in Germany im internationalen Kontext ein großes Interesse weckt, weil praxisnahe Hochschulausbildungen im Ausland ebenfalls Konjunktur haben. Doch bei allem Erfolg mehren sich auch die kritischen Stimmen. Verschiedene Untersuchungen zeigen, dass der Kernbereich des dualen Studiums, die Kopplung zwischen akademischer und beruflicher Bildung, in der Umsetzung häufig nicht so gut läuft wie erhofft. Die Theorie-Praxis-Verzahnung ist oft mehr Wunsch als Wirklichkeit. Hält das duale Studium also nicht das, was es verspricht?

Eine pauschale Antwort auf diese Frage, auch das zeigen die Untersuchungen, ist nicht möglich. Vielmehr hat sich ein breites Feld unterschiedlicher Studienangebote und -modelle herausgebildet, deren unterschiedliche Zuschnitte auf spezifische Anforderungen der Partnerunternehmen sowie regionale und institutionelle Rahmenbedingungen reagieren. Hochschulen und Partnerorganisationen wollen Flexibilität bei der Ausgestaltung dualer Studiengänge. Gleichwohl stellt sich die Frage, wie weitreichend diese Flexibilität sein darf und wo die Grenze zwischen „dual" und „traditionell" liegt. Die Versuchung aufseiten der Hochschulen ist groß, mit dem Erfolgslabel „dual" auch Studienangebote zu versehen, die keine enge Theorie-Praxis-Verzahnung vornehmen, sondern berufsbegleitend oder weiterbildend sind, also eher einer Parallelität folgen als eine organisatorische und inhaltliche Verknüpfung zwischen beruflicher und akademischer Bildung vornehmen – eine Problematik, die auch für die bislang noch wenig verbreiteten dualen Masterstudiengänge gilt, welche oft eher berufsbegleitend als berufsintegrierend ablaufen, weil die Studierenden bereits über einen Studien- und Berufsabschluss verfügen und nicht mehr angewiesen sind auf die Verbindung beider Bereiche.

Vor diesem Hintergrund plädieren Experten, darunter auch ein Teil der für das Handbuch interviewten, für eine Sicherung des Markenkerns und eine Fokussierung des Begriffs „duales Studium" auf Studiengänge, bei denen eine nachweisbare

Integration von Hochschulbildung und Arbeitswelt stattfindet. Dabei ist allerdings oft unklar, wie groß die Bandbreite dessen ist, was in diesem Sinne noch als dual gelten darf und was nicht. So waren auch die Teilnehmer des vom Stifterverband für die Deutsche Wissenschaft initiierten Qualitätsnetzwerks Duales Studium nicht immer einig darüber, wie tief gehend die Theorie-Praxis-Verzahnung sein muss, um dem Prädikat „dual" gerecht zu werden. Konsens herrschte lediglich darüber, dass im dualen Studium eine – wie auch immer geartete – Verbindung zwischen beruflicher und akademischer Bildung erkennbar sein muss. Auch gab es eine weitgehende Übereinstimmung darüber, dass es spezifischer Maßnahmen bedarf, um eine angemessene Qualität der angestrebten Theorie-Praxis-Verknüpfung zu erreichen. Auf dieser Grundlage wurde eine breite Palette an Strategien und Tools erarbeitet, in der das Thema „Transferlernen" einen breiten Raum einnimmt.

Ein wesentliches Ergebnis der Arbeit im Qualitätsnetzwerk ist die Erkenntnis, dass für das Gelingen des Transferlernens aufseiten der dual Studierenden bei den Lehrenden eine spezifische didaktische Transferkompetenz vorhanden sein sollte. Das bedeutet, dass Lehrende in der Lage sein müssen, Wissenschaftlichkeit und Praxisbezug so zu vereinbaren, dass sich daraus für Studierende ein sinnvoller, sukzessive aufbauender Kompetenzgewinn ergibt. Dazu wurden im Rahmen des Qualitätsnetzwerks konkrete Vorgehensweisen entwickelt, die eine gezielte Förderung und Evaluation der Lehrkompetenz sowohl von hauptamtlichen als auch von nebenberuflichen Dozenten im dualen Studium ermöglichen. Diese beginnen bereits bei der Rekrutierung von Lehrkräften und setzen sich dann während der Lehrtätigkeit fort. Dazu ist ein Konzept für die Personalentwicklung nötig, das in der Lage ist, unter anderem Methoden für eine für das duale Studium geeignete Transferdidaktik bereitzustellen. Vor diesem Hintergrund wurde im Qualitätsnetzwerk unter anderem ein Kompendium mit didaktischen Instrumenten erarbeitet, welches in der Hochschullehre unmittelbar eingesetzt werden kann.

Im Gegenzug ist es für die Sicherung des Studienerfolgs wichtig, dass Hochschule und Unternehmen erkennen können, ob und welche Fortschritte die Studierenden im Lernprozess machen. Deshalb wurden im Qualitätsnetzwerk Instrumente erprobt, die eine Überprüfung des Kompetenzerwerbs im Studienverlauf erlauben und damit Anregungen zur Qualitätsverbesserung von Lehre und Studium geben. Dabei kommt mit Blick auf die Dualität dem Erwerb einer Transferkompetenz eine zentrale Bedeutung zu. Flankierend sind eine gute Betreuung und Beratung von Studierenden und aber auch von Studieninteressierten erforderlich, denn das duale Studium ist bei Schülern oftmals nicht so bekannt, wie es sein sollte. Hier haben sich Schulbesuche von erfolgreichen Absolventen dualer Studiengänge als nützliche Gegenmaßnahme erwiesen. Bei schwierig zu erreichenden Zielgruppen wie Jugendlichen mit Migrationshintergrund reicht dies aber häufig nicht. Hier greift eher die Ansprache von Eltern, die in diesem Milieu häufig einen noch relativ großen Einfluss auf ihre Kinder haben, oder ein Talentscouting, bei dem Schüler durch erfahrene Coaches allmählich an das duale Studium herangeführt werden. Als besondere Hürde für Jugendliche mit Migrationshintergrund haben sich jedoch die Unternehmen herauskristallisiert. Aufgrund fehlender Diversity-Sensibilität bei den Bewerbungsverfahren kommt diese Personengruppe beim dualen Studium häufig nicht zum Zuge.

Ebenso zentral für den Erfolg des dualen Studiums ist die möglichst reibungslose organisatorische Zusammenarbeit der unterschiedlichen Lernorte. Vor diesem Hintergrund nahm das Thema „Lernortkooperation" in der Arbeit des Qualitätsnetzwerks einen breiten Raum ein. Angesichts der Tatsache, dass im dualen Studium außer der Hochschule und dem Unternehmen teilweise auch noch andere Partner wie beispielsweise die berufsbildenden Schulen eingebunden werden müssen, ergeben sich eine Vielzahl von Schnittstellen. Hier zeigt die Arbeit im Qualitätsnetzwerk, dass das Prozessmanagement ein Weg sein kann, um die Kooperation zu verbessern. Von der Bereitstellung standardisierter Dokumente und der Diskussion in Qualitätszirkeln, in denen Beteiligte aus den unterschiedlichen Partnerorganisationen gemeinsam Abläufe handhabbar machen, können alle Akteure profitieren. Dennoch sollte versucht werden, die Menge der Schnittstellen möglichst gering zu halten. Zu überlegen ist, die Zahl der Kooperationspartner im dualen Studium möglichst auf zwei – Hochschule und Unternehmen – zu begrenzen. Ein weiterer kritischer Punkt auf der organisatorischen Ebene sind die häufig auftretenden Zeitprobleme der Studierenden bei dem Versuch, Hochschule und Arbeitsplatz unter einen Hut zu bekommen. Hier bedarf es unter anderem einer verbesserten Abstimmung zwischen den Terminen von Lehrveranstaltungen und der Arbeitszeit. Aber auch Öffnungszeiten von Beratungsstellen oder die Terminierung von Prüfungen sind wunde Punkte.

Insgesamt wird im Handbuch der Versuch unternommen, entlang eines Kreislaufmodells zentrale Elemente für die kontinuierliche Qualitätsentwicklung dualer Studienangebote aufzuzeigen. Ziel ist dabei auch, Zusammenhänge zwischen den Aktivitäten der unterschiedlichen Handlungsebenen und deren Wirkung auf den Erfolg des dualen Studiums deutlich zu machen. Dabei spielt die Strategie eine wesentliche Rolle. Sie bildet die Basis einer systematischen Qualitätsentwicklung. Hier zeigt sich, dass gerade im dualen Studium eine umfassende Bedarfs- und Angebotsanalyse erforderlich ist, um mit Blick auf die Anforderungen der Partnerorganisationen sowie (potenzieller) Studierender für die anschließende Planung und Weiterentwicklung der Studienangebote fundierte Informationen zu gewinnen. Das bedeutet nicht, dass allen Ansprüchen Genüge getan werden kann. Hier sind Hochschulen gefordert, Schwerpunkte zu setzen. Im Qualitätsnetzwerk wurden deshalb auch Möglichkeiten aufgezeigt, begrenzten Ressourcen mit einer flexiblen Angebotsplanung zu begegnen. Als Querschnittsthema mit zunehmender Wichtigkeit auf der strategischen Ebene erwies sich die Internationalisierung des dualen Studiums. Hier zeigten Unternehmens- und Studierendenbefragungen jedoch, dass sich die Arbeitgeber zwar mit interkulturellen und fremdsprachlichen Kompetenzen ausgestattete Arbeitskräfte wünschen, doch teilweise selbst wenig dazu beitragen wollen. Vor diesem Hintergrund wurden im Qualitätsnetzwerk unter anderem eine Reihe von Maßnahmen zur „Internationalisierung zu Hause" identifiziert, zu denen neben Sprachkursen und Seminaren beziehungsweise ganzen Studiengängen in englischer Sprache auch die Einbindung internationaler Inhalte in die Lehrveranstaltungen zählt.

Alles in allem kommt dem Qualitätsnetzwerk das Verdienst zu, die inzwischen zahlreich vorliegenden Analysen zu den Qualitätsproblemen im dualen Studium in konkrete Maßnahmen übersetzt zu haben. Dennoch bleiben Fragen offen. So beispielsweise die erwähnte, noch fehlende Klärung, welche Studiengänge das Prädikat „dual" verdienen und welche nicht. Der Akkreditierungsrat spricht in seinen einschlägigen Dokumenten davon, dass das duale Studium durch einen erhöhten Praxisanteil gekennzeichnet sei (vgl. Akkreditierungsrat 2010). Diese Aussage lässt jeglichen Spielraum offen. Was bedeutet „erhöhter Praxisanteil" konkret? Sollen die Akkreditierungsagenturen vor Ort im Einzelfall entscheiden, ob der Praxisanteil ausreicht, um ihn als dual zu etikettieren, oder bleibt dies der Hochschule überlassen? Hier fehlt es an operationalisierbaren, übergreifenden Kriterien, die aber für die Qualitätsentwicklung im dualen Studium mitentscheidend sind. Denn Qualität ist relational und wenn die Vergleichsmaßstäbe fehlen, entsteht eine schwammige Grauzone. Deshalb sollten in naher Zukunft in einem übergreifenden Diskurs praktikable Ansatzpunkte zur Definition von „dual" im Studium entwickelt werden, sofern ein Interesse daran besteht, den Markenkern der Ausbildungs- oder Praxisintegration qualitativ zu sichern.

Eine weitere, damit zusammenhängende Frage ist zudem: „Worin unterscheiden sich duale Studiengänge genau von stark anwendungsorientierten traditionellen Studiengängen, wie sie überwiegend an Fachhochschulen zu finden sind?" Auch hier fehlen ausreichende Antworten. So wirbt beispielsweise die vor Kurzem gegründete Vereinigung „Hochschulallianz für den Mittelstand", ein Zusammenschluss von sechs Hochschulen für angewandte Wissenschaften und einer Technischen Hochschule aus dem gesamten Bundesgebiet, damit, dass sie ein enges Verhältnis zu Wirtschaft pflegen will. Dieses soll sich unter anderem in passgenauen Studienangeboten niederschlagen, womit nicht nur duale Studiengänge gemeint sind. Dieses Beispiel ist ein Beleg dafür, dass die Grenzen zwischen dualem und traditionellem Studium immer öfter fließend werden, was mit Blick auf den allgemeinpolitischen Wunsch nach einer erhöhten Durchlässigkeit zwischen beruflicher und akademischer Bildung gar nicht nachteilig sein muss. Doch in diesem Fall wäre es sinnvoller, nicht länger „dual" von „traditionell" abzugrenzen, sondern künftig von einem hybriden oder anwendungsorientierten Bildungssektor zu sprechen, der weiter gefasst ist, als es die bisherigen Kategorisierungen zulassen. Dies ist bildungspolitisch gesehen ein spannender Punkt, zu dem eine weiterführende Debatte mit Blick auf die künftige Entwicklung des deutschen Bildungssystems insgesamt ebenfalls wünschenswert wäre.

Qualitätsnetzwerk Duales Studium

Für das Qualitätsnetzwerk Duales Studium hat der Stifterverband zehn Hochschulen ausgewählt.

- Berufsakademie Sachsen, Staatliche Studienakademien Leipzig und Dresden
- Duale Hochschule Baden-Württemberg, Mannheim
- Fachhochschule Bielefeld
- Fachhochschule Brandenburg
- FOM Hochschule für Oekonomie & Management gemeinnützige Gesellschaft mbH
- Hochschule für angewandte Wissenschaften München
- Hochschule für Wirtschaft und Recht Berlin
- Technische Hochschule Mittelhessen, Wetzlar
- Universität Kassel
- Westfälische Hochschule Gelsenkirchen, Bocholt, Recklinghausen

Ziel war es, gemeinsam Empfehlungen für die Weiterentwicklung des dualen Studiums und für zukunftsweisende Kooperationen zwischen Berufsbildungs- und Hochschulwelt zu erarbeiten. Koordination und Moderation erfolgten durch das CHE Centrum für Hochschulentwicklung.

Das Qualitätsnetzwerk Duales Studium ist Teil der Bildungsinitiative „Zukunft machen". Der Stifterverband für die Deutsche Wissenschaft möchte damit in den kommenden Jahren neue Impulse für die Hochschulbildung geben: Wie muss sich das deutsche Bildungssystem weiterentwickeln, wenn wir international weiterhin auf Augenhöhe mit den Besten agieren wollen? Dazu hat der Stifterverband zentrale Handlungsfelder identifiziert und quantitative Bildungsziele für den Hochschulbereich im Jahr 2020 formuliert.

Das Qualitätsnetzwerk ist im Handlungsfeld „Beruflich-akademische Bildung" angesiedelt. Es richtet den Blick auf die bessere Verschränkung von beruflicher und akademischer Bildung, etwa durch duale Studiengänge, den erleichterten Zugang beruflich Gebildeter an die Hochschulen und die gesteigerte Praxisorientierung von Studiengängen.

www.stifterverband.de/bildungsinitiative

Arbeitsmaterialien

Die im Handbuch erwähnten Fragebögen, Checklisten, Standards und Musterverträge können Sie in einem gesonderten Anhangband im Internet abrufen (**www.stifterverband.de/hds-anhang**). Darin sind folgende Arbeitsmaterialien enthalten:

1. Unternehmensfragebogen zur grundlegenden Bedarfs- und Erwartungsermittlung der Fachhochschule Brandenburg

2. Unternehmensfragebogen zur Ermittlung der Kompetenzerwerbserwartungen der FOM Hochschule für Oekonomie und Management

3. Studierendenfragebogen zur Bedarfs- und Erwartungsermittlung bezüglich dualer Masterstudiengänge der Dualen Hochschule Baden-Württemberg

4. Kurzfragebogen zum Migrationshintergrund Studierender der Westfälischen Hochschule Gelsenkirchen Bocholt Recklinghausen

5. Unternehmensfragebogen zur Internationalisierung der Hochschule für Wirtschaft und Recht Berlin

6. Studierendenfragebogen zur Internationalisierung der Hochschule für Wirtschaft und Recht Berlin

7. Qualitätsstandards für die Lernortkooperation der Hochschule für angewandte Wissenschaften München

8. Checkliste und Leitfaden für die Entscheidungsfindung von Unternehmen bezüglich der Beteiligung am dualen Studium der Hochschule für angewandte Wissenschaften München

9. Standardvertragsvorlage I der Hochschule für angewandte Wissenschaften München

10. Standardvertragsvorlage II der Hochschule für angewandte Wissenschaften München

11. Studierendenfragebogen zu Lernortkooperation und Kompetenzerwerb der Universität Kassel

12. Studierendenfragebogen zur Ermittlung des Kompetenzerwerbs der FOM Hochschule für Oekonomie und Management

13. Lehrendenfragebogen zur Lehrkompetenz der Berufsakademie Sachsen

Quellenverzeichnisse

1. Expertisen der Netzwerkhochschulen

Beaugrand, A.; Latteck, Ä.-D.; Mertin, M.; Rolf, A. (2015): Methodengeleitete Explikation von Wissen aus beruflichen Situationen. Online-Publikation. Essen.
Download: www.stifterverband.de/hds-explikation-von-wissen

Beedgen, R.; Nolting, T.; van Hove, S.; Ehlers, U.-D.; Leisener, F. (2015): Erfolgsfaktoren des dualen Masters. Eine empirische Bedarfsanalyse zur Weiterentwicklung berufsbegleitender und berufsintegrierender Masterangebote. Online-Publikation. Essen.
Download: www.stifterverband.de/hds-erfolgsfaktoren

Bustamante, S.; Linz, D.; Quilisch, A.; Rieloff, J. (2015): Internationalisierung dualer Studiengänge. Online-Publikation. Essen.
Download: www.stifterverband.de/hds-internationalisierung

Danne, H.; Wiesner, J. (2015): Einbindung von Ehemaligen in die Qualitätsentwicklung des dualen Studiums. Online-Publikation. Essen.
Download: www.stifterverband.de/hds-ehemalige

Gibas, R. (2015): Talente mit Migrationshintergrund: Ungenutzte Potenziale beim Ausbau dualer Studiengänge?! Online-Publikation. Essen.
Download: www.stifterverband.de/hds-migrationshintergrund

Gröckel, U.; Schönberg, A.; Walther, B. (2015): Abgestimmte Kompetenzentwicklung auf der Ebene der Lehrbeauftragten. Organisatorische und didaktische Einbindung der Lehrbeauftragten in den dualen Studienprozess, dargestellt am Beispiel der Berufsakademie Sachsen. Online-Publikation. Essen.
Download: www.stifterverband.de/hds-lehrbeauftragte

Schulte, F.P. (2015): Die Bedeutung und Erfassung des Erwerbs von Theorie-Praxis-/Praxis-Theorie-Transferkompetenz im Rahmen eines dualen Studiums. Online-Publikation. Essen.
Download: www.stifterverband.de/hds-transferkompetenz

Schwill, J.; Schwill, U.; Wolff, A. (2015): Erschließung neuer Zielgruppen für das duale Studium an kleinen Hochschulen im Land Brandenburg. Online-Publikation. Essen.
Download: www.stifterverband.de/hds-neue-zielgruppen

Ulhaas, L.; Winterhalder, S. (2015): Professionelles Schnittstellenmanagement im ausbildungsintegrierenden Studium – Qualitätssicherung durch Prozessmanagement der Kooperation zwischen Hochschule und Praxis. Online-Publikation. Essen.
Download: www.stifterverband.de/hds-schnittstellenmanagement

Wochnik, M.; Thiel de Gafenco, M. (2015): Abgestimmte Kompetenzentwicklung auf Ebene der Studierenden aus Sicht einer Universität. Online-Publikation. Essen.
Download: www.stifterverband.de/hds-studierende

2. Weitere Literatur

acatech (Hg.) (2014): Potenziale des dualen Studiums in den MINT-Fächern. acatech Position. München. Download: www.acatech.de/fileadmin/publikationen/acatech_POSITION_Duales_Studium_WEB.pdf, abgerufen am 17.06.2015.

Akkredierungsrat (2015): Akkreditierte Studiengänge und Hochschulen. Datenbank. Online-Ressource. Download: www.akkreditierungsrat.de/index.php?id=akkreditierungsdaten, abgerufen am 30.06.2015.

Akkreditierungsrat (2010): Handreichung der AG „Studiengänge mit besonderem Profilanspruch". Beschluss des Akkreditierungsrates vom 10.12.2010. Drs. AR 25/2010. O. A. d. O. Download: www.akkreditierungsrat.de/fileadmin/Seiteninhalte/AR/Beschluesse/AR_Handreichung_Profil.pdf, abgerufen am 19.06.2015.

Autorengruppe Bildungsberichterstattung (2015): Web-Tabelle Tab. F1-14web. Online-Ressource. Download: www.bildungsbericht.de/zeigen.html?seite=11131, abgerufen am 03.07.2015.

Autorengruppe Bildungsberichterstattung (2014): Bildung in Deutschland 2014. Ein indikatorengestützter Bericht mit einer Analyse zur Bildung von Menschen mit Behinderungen. Bielefeld.

Baden-Württemberg (2014): Drittes Gesetz zur Änderung hochschulrechtlicher Vorschriften (Drittes Hochschulrechtsänderungsgesetz – 3. HRÄG) vom 27.03.2014. Download: https://mwk.baden-wuerttemberg.de/fileadmin/redaktion/m-mwk/intern/dateien/pdf/Recht/Landtags-Drs_15_4996.pdf, abgerufen am 29.10.2014.

Baethge, M. (2006): Das deutsche Bildungs-Schisma: Welche Probleme ein vorindustrielles Bildungssystem in einer nachindustriellen Gesellschaft hat. In: SOFI-Mitteilungen Nr. 34, S. 13–27. Download: www.sofi-goettingen.de/fileadmin/SOFI-Mitteilungen/Nr._34/Baethge.pdf, abgerufen am 16.10.2014.

Barnard, C. I. (1970): Die Führung großer Organisationen. Lizenzausgabe der 17. Auflage der amerikanischen Originalausgabe „The Functions of the Executive" aus dem Jahr 1938. Essen.

Bayern (2006): Bayerisches Hochschulgesetz (BayHSchG vom 23. Mai 2006). Download: www.gesetze-bayern.de/jportal/portal/page/bsbayprod.psml?showdoccase=1&doc.id=jlr-HSchulGBY2006rahmen&doc.part=X, abgerufen am 05.11.2014.

Bergbauer, A. (2010): Soziale Netzwerke bei innovativen und Routineaufgaben: Eine empirische Analyse der Netzwerk-Performance-Effekte. Münchener wirtschaftswissenschaftliche Beiträge. München.

Bergmann, B. (2003): Selbstkonzept beruflicher Kompetenz. In: Erpenbeck, J.; von Rosenstiel, L. (Hg.): Handbuch Kompetenzmessung: Erkennen, verstehen und bewerten von Kompetenzen in der betrieblichen, pädagogischen und psychologischen Praxis. Stuttgart, S. 229–260.

Berlin (2011): Berufsakademie-Eingliederungsgesetz (BakEG). In Kraft ab 02.06.2011. Download: gesetze.berlin.de/?vpath=bibdata/ges/BlnBakEG/cont/BlnBakEG.htm&mode=all&page=1, abgerufen am 22.12.2014.

BIBB Bundesinstitut für Berufsbildung (2015a): AusbildungPlus. Duales Studium in Zahlen 2014. Trends und Analysen. Bonn. Download: www.ausbildungplus.de/files/Duales-Studium_in_Zahlen_2014.pdf, abgerufen am 11.06.2015.

BIBB Bundesinstitut für Berufsbildung (2015b): AusbildungPlus. Datenbank. Online-Ressource. Download: www.ausbildungplus.de/html/index.php, abgerufen am 30.06.2015.

BIBB Bundesinstitut für Berufsbildung (2013): AusbildungPlus. Duales Studium in Zahlen 2012. Trends und Analysen. Bonn. Download: www.ausbildungplus.de/files/AusbildungPlus_in_Zahlen_2012.pdf, abgerufen am 22.06.2015.

BMBF Bundesministerium für Bildung und Forschung (2015): Berufsbildungsbericht 2015. O. A. d. O. Download: www.bmbf.de/pub/Berufsbildungsbericht_2015.pdf, abgerufen am 09.06.2015.

Boentert, A.; von Lojewski, U. (2010): Fachhochschule Münster. Qualität bewegt – ein QM-System für die ganze Hochschule. In: Winde, M. (Hg.) (2010): Von der Qualitätsmessung zum Qualitätsmanagement. Praxisbeispiele in Hochschulen. Essen, S. 78–85. Download: www.stifterverband.info/publikationen_und_podcasts/positionen_dokumentationen/von_der_qualitaetsmessung_zum_qualitaetsmanagement/von_der_qualitaetsmessung_zum_qualitaetsmanagement.pdf, abgerufen am 19.06.2015.

Boos-Nünning, U. (2006): Berufliche Bildung von Migrantinnen und Migranten. Ein vernachlässigtes Potenzial für Wirtschaft und Gesellschaft. In: Friedrich-Ebert-Stiftung (Hg.): Kompetenzen stärken, Qualifikationen verbessern, Potenziale nutzen. Berufliche Bildung von Jugendlichen und Erwachsenen mit Migrationshintergrund. Bonn, S. 6–29. Download: http://www.fes.de/aktuell/documents/L8_Kompetenzen.BeruflicheBildungTagungsdoku231105.pdf#page=8, abgerufen am 06.07.2015.

Brandenburg (2014): Brandenburgisches Hochschulgesetz (BbgHG) vom 28. April 2014. Download: www.bravors.brandenburg.de/sixcms/detail.php?gsid=land_bb_bravors_01.c.54908.de, abgerufen am 06.11.2014.

Braun, E. (2008): Das Berliner Evaluationsinstrument für selbsteingeschätzte studentische Kompetenzen (BEvaKomp). Göttingen.

Bremen (2011): Bremisches Hochschulgesetz. In Kraft ab 13.12.2011. Verkündigungsstand 03.11.2014. Download: https://bremen.beck.de/default.aspx?vpath=bibdata\ges\BremHG\cont\BremHG.htm&mode=all, abgerufen am 06.11.2014.

Brinker, T.; Schumacher, E.-M. (2014): Befähigen statt belehren. Neue Lehr- und Lernkultur an Hochschulen. Bern.

Bund-Länder-Koordinierungsstelle für den Deutschen Qualifikationsrahmen für lebenslanges Lernen (2013): Handbuch zum Deutschen Qualifikationsrahmen. Struktur – Zuordnungen – Verfahren – Zuständigkeiten. O. A. d. O. Download: www.dqr.de/media/content/DQR_Handbuch.pdf, abgerufen am 01.06.2015.

Camilleri, A. F.; Delplace, S.; Frankowicz, M.; Hudak, R.; Tannhäuser, A.-C. (2014): Professional Higher Education in Europe. Characteristics, Practice Examples and National Differences. O. A. d. O. Download: www.eurashe.eu/library/mission-phe/PHE_in_Europe_Oct2014.pdf, abgerufen am 05.07.2015.

Camilleri, A. F.; Delplace, S.; Frankowicz, M.; Hudak, R. (2013): Profile of Professional Higher Education in Europe. O. A. d. O. Download: haphe.eurashe.eu/wp-content/uploads/2013/10/Profile-of-Professional-Higher-Education-in-Europe-FINAL.pdf, abgerufen am 10.06.2015.

CHE Centrum für Hochschulentwicklung (2015): Daten-Monitoring. Online-Ressource. Download: www.studieren-ohne-abitur.de/web/information/daten-monitoring/, abgerufen am 10.06.2015.

Deloitte (2015): Ergebnisse der Unternehmensbefragung Duales Studium. Erschließung neuer Bildungs- und Karrierewege. O. A. d. O. Download: www.stifterverband.de/hds-unternehmensbefragung

Diekmann, K. (2007): Chancen auf mehr. In: Wirtschaft und Berufserziehung 04/2007, S. 12–17.

DLR Deutsches Zentrum für Luft- und Raumfahrt (2014) (Hg.): Qualitätspakt Lehre. Reader zur Fachtagung „Studieneingangsphase". Bonn. Download: www.qualitaetspakt-lehre.de/_media/23527_Fachtagung-Reader_online_1905.pdf, abgerufen am 11.07.2015.

Dräger, J.; Ziegele, F.; Thiemann, J.; Müller, U.; Rischke, M.; Khodaei, S. (2014): Hochschulbildung wird zum Normalfall – Ein gesellschaftlicher Wandel und seine Folgen. Gütersloh. Download: www.che.de/downloads/Hochschulbildung_wird_zum_Normalfall_2014.pdf, abgerufen am 10.06.2015.

Duale Hochschule Baden-Württemberg (2015): Grundordnung der Dualen Hochschule Baden-Württemberg vom 14. März 2015. Download: www.dhbw.de/fileadmin/user/public/Dokumente/Amtliche_Bekanntmachungen/04_2015_Bekanntmachung_Grundordnung_der_DHBW_01.pdf, abgerufen am 10.07.2015.

Duales Studium Hessen (2013): Memorandum of Understanding. Wiesbaden. Download: www.dualesstudium-hessen.de/fileadmin/user_upload/downloads/Memorandum_of_Understanding.pdf, abgerufen am 15.06.2015.

Ebbinghaus, M.; Milde, B.; Winterhager, M. (2015): Duale Berufsausbildung nach Studienausstieg? Ergebnisse des BIBB-Expertenmonitors. In: BWP Berufsbildung in Wissenschaft und Praxis 3/2015, S. 30–34.

England, P.; Lewin, P. (1989): Economic and Sociological Views of Discrimination in Labour Markets: Persistence or Demise? In: Sociological Spectrum 9, S. 239–257.

Euler, D.; Severing, E. (2015): Durchlässigkeit zwischen beruflicher und akademischer Bildung: Hintergründe kennen. Initiative „Chance Ausbildung – jeder wird gebraucht!". Aktualisierte Version vom Januar 2015. Gütersloh.

EURASHE European Association of Institutions in Higher Education (2015): HAPHE – Harmonising Approaches to Professional Higher Education in Europe: Online-Ressource. Download: www.eurashe.eu/projects/haphe/, abgerufen am 23.06.2015.

Franke, G. (2008): Facetten der Kompetenzentwicklung. Bonn.

Gensch, K. (2014): Dual Studierende in Bayern – Sozioökonomische Merkmale, Zufriedenheit, Perspektiven. München. Download: www.ihf.bayern.de/uploads/media/IHF_Studien_zur_Hochschulforschung-84.pdf, abgerufen am 16.10.2014.

Graf, L. (2013): The Hybridization of Vocational Training and Higher Education in Austria, Germany, and Switzerland. Opladen/Berlin/Toronto. Download: www.budrich-verlag.de/upload/files/artikel/00000904_010.pdf, abgerufen am 08.06.2015.

Graf, L.; Powell, J. J. W.; Fortwengel, J.; Bernhard, N. (2014): Duale Studiengänge im globalen Kontext: Internationalisierung in Deutschland und Transfer nach Brasilien, Frankreich, Katar, Mexiko und in die USA. Bonn. Download: www.daad.de/medien/der-daad/medien-publikationen/publikationen-pdfs/dokmat-band-77.pdf, abgerufen am 17.06.2015.

Haas, J. (2015): Qualitätssicherung in dualen Studiengängen – Standortbestimmung zu Fragen der Studiengangentwicklung und -organisation sowie zur Didaktik der „kooperativen und arbeitsintegrierenden höheren Bildung" im Rahmen des österreichischen Fachhochschulwesens. In: AQ Austria (Hg.): Qualitätssicherung zwischen Diversifizierung der Hochschulen und Vereinheitlichung von Standards. Beiträge zur 2. AQ Austria Jahrestagung 2014. Wien, S. 159–174.

Hähn, K. (2015): Das duale Studium – Stand der Forschung. In: Krone, S. (Hg.): Dual Studieren im Blick. Entstehungsbedingungen, Interessenlagen und Umsetzungserfahrungen in dualen Studiengängen. Wiesbaden, S. 29–50

Hamburg (2005): Hamburgisches Berufsakademiegesetz (HmbBAG) vom 29. Juni 2005. Download: www.landesrecht-hamburg.de/jportal/portal/page/bshaprod.psml?showdoccase=1&st=lr&doc.id=jlr-BerAkadGHArahmen&doc.part=X&doc.origin=bs, abgerufen am 12.11.2014.

Hamburg (2001): Hamburgisches Hochschulgesetz (HmbBAG) vom 18. Juli 2001. Download: www.landesrecht-hamburg.de/jportal/portal/page/bshaprod.psml?showdoccase=1&st=lr&doc.id=jlr-HSchulGHArahmen&doc.part=X&doc.origin=bs, abgerufen am 12.11.2014.

Hanft, A. (2013): Lebenslanges Lernen an Hochschulen – Strukturelle und organisatorische Voraussetzungen. In: Hanft, A.; Brinkmann, K. (Hg.): Offene Hochschulen. Die Neuausrichtung der Hochschulen auf Lebenslanges Lernen. Münster, New York, München, Berlin, S.13–29.

Hanft, A.; Brinkmann, K.; Gierke, W. B.; Müskens, W. (2014): Anrechnung außerhochschulischer Kompetenzen in Studiengängen. Studie: AnHoSt „Anrechnungspraxis in Hochschulstudiengängen". Oldenburg.

HAPHE Consortium (2014): Definition and Characteristics of Professional Higher Education. O. A. d. O. Download: dfzqkj4t7rayu.cloudfront.net/wp-content/uploads/2015/02/HAPHE_brochure_final.pdf, abgerufen am 10.06.2015.

Hessen (2006): Gesetz über die staatliche Anerkennung von Berufsakademien in der Fassung vom 1. Juli 2006. Zuletzt geändert durch Artikel 1 des Gesetzes vom 21. November 2011 (GVBl. I. S. 679). Download: www.rv.hessenrecht.hessen.de/jportal/portal/t/ma3/page/bshesprod.psml?pid=Dokumentanzeige&showdoccase=1&js_peid=Trefferliste&documentnumber=1&numberofresults=53&fromdoctodoc=yes&doc.id=jlr-BerAkadAnerkGHE2006rahmen%3Ajuris-lr00&doc.part=X&doc.price=0.0&doc.hl=1#focuspoint, abgerufen am 12.11.2014.

Hessen (2009): Hessisches Hochschulgesetz vom 14. Dezember 2009. Download: www.rv.hessenrecht.hessen.de/jportal/portal/t/2ug3/page/bshesprod.psml;jsessionid=7453E169550C83FC96C1085BE32623BB.jp95?pid=Dokumentanzeige&showdoccase=1&js_peid=Trefferliste&fromdoctodoc=yes&doc.id=jlr-HSchulGHE2010rahmen&doc.part=X&doc.price=0.0&doc.hl=0#focuspoint, abgerufen am 12.11.2014.

Holtkamp, R. (1996): Duale Studienangebote der Fachhochschulen. Hannover. Download: www.dzhw.eu/pdf/pub_hp/hp115.pdf, abgerufen am 10.06.2015.

HRK Hochschulrektorenkonferenz (2015): Hochschulkompass. Online-Ressource. Download: www.hochschulkompass.de/studium/suche/erweiterte-suche.html, abgerufen am 13.06.2015.

Imdorf, C. (2010): Die Diskriminierung „ausländischer" Jugendlicher bei der Lehrlingsauswahl. In: Hormel, U.; Scherr, A. (Hg.): Diskriminierung. Grundlagen und Forschungsergebnisse. Wiesbaden, S. 197–219.

Janssen, J.; Dahlmann, O.; Sass, E.; Feller, C. (2010): Hochschule Fulda. Das IT-gestützte prozessorientierte Qualitätsmanagement. In: Winde, M. (Hg.) (2010): Von der Qualitätsmessung zum Qualitätsmanagement. Praxisbeispiele in Hochschulen. Essen, S. 68–77. Download: www.stifterverband.info/publikationen_und_podcasts/positionen_dokumentationen/von_der_qualitaetsmessung_zum_qualitaetsmanagement/von_der_qualitaetsmessung_zum_qualitaetsmanagement.pdf, abgerufen am 19.06.2015.

Johannes, C.; Fendler, J.; Hoppert, A.; Seidel, T. (2011): Projekt LehreLernen (2008–2010): Dokumentation der Erhebungsinstrumente. Münster.

KMK Kultusministerkonferenz (2014): Vorausberechnung der Studienanfängerzahlen 2014–2025. Erläuterungen der Datenbasis und der Berechnungsverfahren. Statistische Veröffentlichungen der Kultusministerkonferenz. Dokumentation Nr. 205 – Juli 2014. Berlin. Download: www.kmk.org/fileadmin/pdf/Statistik/Dokumentationen/Dok_Vorausberechnung_2014.pdf, abgerufen am 22.06.2015.

KMK Kultusministerkonferenz (2009): Hochschulzugang für beruflich qualifizierte Bewerber ohne schulische Hochschulzugangsberechtigung. Beschluss der Kultusministerkonferenz vom 06.03.2009. Berlin. Download: www.kmk.org/fileadmin/veroeffentlichungen_beschluesse/2009/2009_03_06-Hochschulzugang-erful-qualifizierte-Bewerber.pdf, abgerufen am 10.06.2015.

Knight, J.; de Wit, H. (Hg.) (1997): Internationalisation of Higher Education in Asia Pacific Countries. Amsterdam.

Krone, S. (2015a): Das duale Studium. In: Krone, S. (Hg.): Dual Studieren im Blick. Entstehungsbedingungen, Interessenlagen und Umsetzungserfahrungen in dualen Studiengängen. Wiesbaden, S. 15–28.

Krone, S. (2015b): Zusammenfassung und Ausblick. In: Krone, S. (Hg.): Dual Studieren im Blick. Entstehungsbedingungen, Interessenlagen und Umsetzungserfahrungen in dualen Studiengängen. Wiesbaden, S. 247–262.

Krone, S. (2013): Duales Studium – Scharnier zwischen Berufs- und Hochschulbildung. In: Denk-doch-mal.de – Netzwerk Gesellschaftsethik 2/2013. Download unter: http://www.denk-doch-mal.de/sites/denk-doch-mal.de/files/Krone.pdf, abgerufen am 06.07.2015.

Krone, S.; Mill, U. (2012): Dual studieren im Blick: Das ausbildungsintegrierende Studium aus der Perspektive der Studierenden. IAQ-Report, Nr. 2012-03. Duisburg. Download: www.iaq.uni-due.de/iaq-report/2012/report2012-03.pdf, abgerufen am 06.07.2015.

Kupfer, F.; Köhlmann-Eckel, C.; Kolter, C. (2014): Duale Studiengänge – Praxisnahes Erfolgsmodell mit Potenzial? Abschlussbericht zum Entwicklungsprojekt: Analyse und Systematisierung dualer Studiengänge an Hochschulen. Bonn.

Middendorff, E.; Apolinarski, B.; Poskowsky, J.; Kandulla, M.; Netz, N. (2013): Die wirtschaftliche und soziale Lage der Studierenden in Deutschland 2012. 20. Sozialerhebung des Deutschen Studentenwerks durchgeführt durch das HIS-Institut für Hochschulforschung. Berlin. Download: www.sozialerhebung.de/download/20/soz20_hauptbericht_gesamt.pdf, abgerufen am 03.06.2015.

Ministerium für Innovation, Wissenschaft und Forschung (2015): Talentscouts an sieben Hochschulen im Revier: Ministerin Schulze und Hochschulen vereinbaren enge Kooperation. Pressemitteilung vom 18.05.2015. Download: www.wissenschaft.nrw.de/presse/pressemeldungen/details/talentscouts-an-siebenstandorten-im-revier-ministerin-schulze-und-hochschulen-vereinbaren-enge-kooperation/, abgerufen am 06.07.2015.

Minks, K.-H.; Netz, N.; Völk, D. (2011): Berufsbegleitende und duale Studiengänge in Deutschland: Status quo und Perspektiven. Hannover. Download: www.dzhw.eu/pdf/pub_fh/fh-201111.pdf, abgerufen am 09.06.2015.

Mucke, K.; Schwiedrzik, B. (2000): Duale berufliche Bildungsgänge im tertiären Bereich – Möglichkeiten und Grenzen einer fachlichen Kooperation von Betrieben mit Fachhochschulen und Berufsakademien. Abschlussbericht über das BIBB-Projekt 2.1003. – Stand Juli 2000. Download: www.bibb.de/dokumente/pdf/Abschlussbericht-duale-Studiengaenge2000.pdf, abgerufen am 03.06.2015.

Nickel, S. (Hg.) (2014): Implementierung von Qualitätsmanagementsystemen: Erfahrungen aus der Hochschulpraxis. Gütersloh. Download: www.che.de/downloads/CHE_AP_163_Qualitaetsmanagementsysteme_2014.pdf, abgerufen am 16.06.2015.

Nickel, S. (2007): Institutionelle QM-Systeme in Universitäten und Fachhochschulen. Konzepte – Instrumente – Umsetzung. Gütersloh. Download: www.che.de/downloads/CHE_QM_Studie_AP94.pdf, abgerufen am 16.06.2015.

Nida-Rümelin, J. (2014): Der Akademisierungswahn. Zur Krise beruflicher und akademischer Bildung. Hamburg.

Niedersachsen (1994): Niedersächsisches Berufsakademiegesetz (Nds.BAkadG) vom 6. Juni 1994 (Nds. GVBl. S.233), geändert durch Artikel 28 des Gesetzes vom 20.11.2001 (Nds. GVBl. S.701), das Gesetz zur Änderung des Niedersächsischen Berufsakademiegesetzes vom 24.10.2002 (Nds. GVBl. S.414) und Artikel 5 des Gesetzes vom 21.11.2006 (Nds. GVBl. S. 538). Download: www.mwk.niedersachsen.de/download/11563/Niedersaechsisches_Berufsakademiegesetz.pdf, abgerufen am 12.11.2014.

Otten, S.; Wentura, D. (2001): Selfanchoring and in-group favoritism: An individual profiles analysis. In: Journal of Experimental Social Psychology 37, S. 525–532.

Pahl, J.-P. (2012): Berufsbildung und Berufsbildungssystem. Darstellung nichtakademischer und akademischer Lernbereiche. Bielefeld.

Ratermann, M. (2015): Verzahnung von akademischen und betrieblich-beruflichen Lerninhalten und -orten. In: Krone, S. (Hg.): Dual Studieren im Blick. Entstehungsbedingungen, Interessenlagen und Umsetzungserfahrungen in dualen Studiengängen. Wiesbaden, S. 167–210.

Rehbold, R. R.; Hollmann, C. (2014): Handlungs- und Kompetenzorientierung in der Meisterbildung. Konsequenzen für die didaktische Umsetzung. In: Berufsbildung in Wissenschaft und Praxis 4/2014, S. 34–37.

Rheinland-Pfalz (2010): Hochschulgesetz (HochSchG) in der Fassung vom 19. November 2010. Download: landesrecht.rlp.de/jportal/portal/t/32me/page/bsrlpprod.psml;jsessionid=04E7F3482BD6D634F7A711227F4408FE.jpj5?pid=Dokumentanzeige&showdoccase=1&js_peid=Trefferliste&documentnumber=1&numberofresults=167&fromdoctodoc=yes&doc.id=jlr-HSchulGRP2010rahmen%3Ajuris-lr00&doc.part=X&doc.price=0.0&doc.hl=1#jlr-HSchulGRP2010pG17, abgerufen am 20.11.2014.

Saarland (2004): Gesetz Nr. 1556 über die Universität des Saarlandes (Universitätsgesetz – UG) vom 23. Juni 2004, zuletzt geändert durch das Gesetz vom 14. Oktober 2014 (Amtsbl. I S. 406). Download: sl.juris.de/cgi-bin/landesrecht.py?d=sl.juris.de/sl/gesamt/UniG_SL_2004.htm#UniG_SL_2004_rahmen, abgerufen am 26.11.2014.

Saarland (1996): Gesetz Nr. 1368 – Saarländisches Berufsakademiegesetz (Saarl. BAkadG) vom 27. März 1996. Zuletzt geändert durch das Gesetz vom 14. Oktober 2014 (Mtsbl. I S. 406). Download: sl.juris.de/cgi-bin/landesrecht.py?d=sl.juris.de/sl/gesamt/BerAkadG_SL.htm, abgerufen am 26.11.2014.

Sachsen (1999): Gesetz über die Berufsakademie im Freistaat Sachsen (Sächsisches Berufsakademiegesetz – SächsBAG) vom 11. Juni 1999. Rechtsbereinigt mit Stand vom 11. Juli 2009. Download: www.smwk.sachsen.de/download/Berufsakademiegesetz.pdf, abgerufen am 27.11.2014.

SBB Stiftung Begabtenförderung berufliche Bildung (2014): Jahresbericht 2013. Bonn. Download: https://www.sbb-stipendien.de/fileadmin/user_upload/redaktion/dokumente/sbb/Jahresbericht_SBB_2013_web.pdf, abgerufen am 10.06.2015.

Schaeper, H.; Wildt, J. (2010): Kompetenzziele des Studiums, Kompetenzerwerb von Studierenden, Kompetenzorientierung der Lehre. In: HIS Hochschul-Informations-System GmbH (Hg.): Perspektive Studienqualität. Themen und Forschungsergebnisse der HIS-Fachtagung „Studienqualität". Bielefeld, S. 64–83.

Scheidegger, U. M. (2001): Management des Strategieprozesses an Universitäten. St. Galler Beiträge zum unternehmerischen Wandel. Bern, Stuttgart, Wien.

Schleswig-Holstein (2008): Schleswig-Holsteinisches Berufsakademiegesetz (Berufsakademiegesetz – BAG) vom 1. Oktober 2008. Download: www.gesetze-rechtsprechung.sh.juris.de/jportal/portal/t/myg/page/bsshoprod.psml?pid=Dokumentanzeige&showdoccase=1&js_peid=Trefferliste&documentnumber=1&numberofresults=21&fromdoctodoc=yes&doc.id=jlr-BerAkadGSH2008rahmen&doc.part=X&doc.price=0.0&doc.hl=1#focuspoint, abgerufen am 03.12.2014.

Schmidt, U. (2010): Wie wird Qualität definiert? In: Winde, M. (Hg.) (2010): Von der Qualitätsmessung zum Qualitätsmanagement. Praxisbeispiele in Hochschulen. Essen, S. 10–17. Download: www.stifterverband.info/publikationen_und_podcasts/positionen_dokumentationen/von_der_qualitaetsmessung_zum_qualitaetsmanagement/von_der_qualitaetsmessung_zum_qualitaetsmanagement.pdf, abgerufen am 19.06.2015.

Schütte, F. (2013): Konkurrenz von akademischer und nicht akademischer Bildung. In: Severing, E.; Teichler, U. (Hg.): Akademisierung der Berufswelt? Berichte zur beruflichen Bildung. Schriftenreihe des Bundesinstituts für Berufsbildung. Bonn, S. 43–62.

Seibert, H.; Solga, H. (2005): Gleiche Chancen dank einer abgeschlossenen Ausbildung? Zum Signalwert von Ausbildungsabschlüssen bei ausländischen und deutschen jungen Erwachsenen. In: Zeitschrift für Soziologie 34: S. 364–382.

Seidel, J. (2012): Transferkompetenz und Transfer: Theoretische und empirische Untersuchung zu den Wirksamkeitsbedingungen betrieblicher Weiterbildung. Landau.

Severing, E.; Teichler, U. (2013): Akademisierung der Berufswelt? Verberuflichung der Hochschulen? In: Severing, E.; Teichler, U. (Hg.): Akademisierung der Berufswelt? Berichte zur beruflichen Bildung. Schriftenreihe des Bundesinstituts für Berufsbildung. Bonn, S. 7–18.

Statista (2015): Entwicklung des Lehrlingsbestands im Handwerk in Deutschland von 1990 bis 2014. Online-Ressource. Download: de.statista.com/statistik/daten/studie/30524/umfrage/lehrlingsbestand-im-handwerk-in-deutschland-seit-1990/, abgerufen am 12.06.2015.

Statistisches Bundesamt (2015): Bildung, Forschung, Kultur. Auf einen Blick. Online-Ressource. Download: www.destatis.de/DE/ZahlenFakten/GesellschaftStaat/BildungForschungKultur/BildungForschungKultur.html#Tabellen, abgerufen am 10.06.2015.

Statistisches Bundesamt (2012): Studierende an Hochschulen. Wintersemester 2011/2012. Wiesbaden. Download: www.destatis.de/DE/Publikationen/Thematisch/BildungForschungKultur/Hochschulen/StudierendeHochschulenEndg2110410127004.pdf?__blob=publicationFile, abgerufen am 03.06.2015.

Thüringen (2006): Thüringer Berufsakademiegesetz (ThürBAG) vom 24. Juli 2006. Download: landesrecht.thueringen.de/jportal/?quelle=jlink&query=BerufsAkaG+TH&psml=bsthueprod.psml&max=true&aiz=true, abgerufen am 04.12.2014.

Wildung, X.; Schaurer, I. (2009): Interkulturelle Zusammenarbeit von Auszubildenden. Ergebnisse einer empirischen Untersuchung. Deutsches Jugendinstitut e.V., Forschungsgruppe Migration, Integration und interethnisches Zusammenleben (i.G.). München.

Wissenschaftsrat (2014): Empfehlungen zur Gestaltung des Verhältnisses von beruflicher und akademischer Bildung. Erster Teil der Empfehlungen zur Qualifizierung von Fachkräften vor dem Hintergrund des demografischen Wandels. Darmstadt. Download: www.wissenschaftsrat.de/download/archiv/3818-14.pdf, abgerufen am 11.06.2015.

Wissenschaftsrat (2013): Empfehlungen zur Entwicklung des dualen Studiums. Positionspapier. O. A. d. O. Download: www.wissenschaftsrat.de/download/archiv/3479-13.pdf, abgerufen am 11.06.2015.

Wissenschaftsrat (1996): Empfehlungen zur weiteren Differenzierung des Tertiären Bereichs durch duale Fachhochschul-Studiengänge. Berlin. Download: www.wissenschaftsrat.de/download/archiv/2634-96.pdf?PHPSESSID=fd47cd4cc9ff00e11f3962aec155e1d5, abgerufen am 10.06.2015.

Wolter, A.; Kamm, C.; Lenz, K.; Renger, P.; Spexard, A. (2014): Potenziale des dualen Studiums in den MINT-Fächern. acatech Studie. München, Berlin, Brüssel. Download: www.acatech.de/fileadmin/user_upload/Baumstruktur_nach_Website/Acatech/root/de/Publikationen/Projektberichte/acatechN_STU_Duales_Studium_WEB__2_.pdf, abgerufen am 17.06.2015.

Wolter, A.; Banscherus, U. (2013): Offene Hochschule – Konzept, Ziele, Entwicklung. In: Denk-doch-mal.de – Netzwerk Gesellschaftsethik 2/2013. Download: http://denk-doch-mal.de/wp/andrae-wolterulf-banscherus-offene-hochschule/, abgerufen am 03.07.2015.

Wrench, J. (2007): Diversity Management and Discrimination: Immigrants and Ethnic Minorities in the EU. Aldershot.

Ziebell, B. (2006): Leitlinien für erfolgreiche Lehrerfortbildung. In: Becker-Mrotzek, M.; Bredel, U.; Günther, H. (Hg.): Köbes. Kölner Beiträge zur Sprachdidaktik. Köln, S. 31–44.

Zollondz, H.-D. (2002): Grundlagen Qualitätsmanagement. München, Wien.

Abbildungsverzeichnis

Abbildung 1: *Vergleich der Anfängerzahlen im dualen System und im Hochschulstudium 2005–2014* 7

Abbildung 2: *Bundesländervergleich der Anfängerquoten beim Studium ohne Abitur und Fachhochschulreife 2013* 8

Abbildung 3: *Anzahl dualer Studienangebote in Deutschland 2015* 10

Abbildung 4: *Verteilung dualer Studiengänge auf Hochschultypen und Trägerschaft 2014* 18

Abbildung 5: *Anteile ausgewählter Fächergruppen an der Gesamtheit der Studienanfänger im dualen Studium 2005–2012* 19

Abbildung 6: *Verbleib dual Studierender im Unternehmen nach Abschluss des Studiums* 30

Abbildung 7: *Beschäftigungsposition nach Abschluss des dualen Studiums im Unternehmen* 31

Abbildung 8: *Einschätzung der Wichtigkeit der Internationalität dualer Studiengänge aus Unternehmenssicht im Vergleich zu anderen Qualitätskriterien* 40

Abbildung 9: *Grundmodell eines hochschuladäquaten Qualitätsmanagement-Systems* 46

Abbildung 10: *Interviewpartner im Zuge einer Bedarfsanalyse der Fachhochschule Brandenburg* 49

Abbildung 11: *Einschätzung der Wichtigkeit des Kompetenzerwerbs im dualen Studium durch Partnerunternehmen der FOM Hochschule für Oekonomie und Management* 52

Abbildung 12: *Ablaufschema des dualen Masterstudiums an der Technischen Hochschule Mittelhessen* 57

Abbildung 13: *Mögliches Ablaufschema eines dualen Masterstudiums an der Dualen Hochschule Baden-Württemberg (Kombination von Weiterbildungsmodulen und Vollzeitmaster)* 58

Abbildung 14: *Gründe für die Aufnahme eines dualen Masterstudiums aus Sicht von Studierenden der Dualen Hochschule Baden-Württemberg, Standort Mannheim* 60

Abbildung 15: *Gründe gegen die Aufnahme eines dualen Masterstudiums aus Sicht Studierender der Dualen Hochschule Baden-Württemberg, Standort Mannheim* 61

Abbildung 16: *Unterrepräsentanz von Personen mit Migrationshintergrund im dualen Studium an der Westfälischen Hochschule (WH)* 63

Abbildung 17: *Überblick über spezifische Herausforderungen der Internationalisierung des dualen Studiums* 67

Abbildung 18: *Förderbereitschaft der Studierendenmobilität in Abhängigkeit vom Aktionsradius dualer Partnerunternehmen der Hochschule für Wirtschaft und Recht Berlin* 68

Abbildung 19: *Hinderungsgründe für ein Auslandssemester aus Perspektive von dual Studierenden der Hochschule für Wirtschaft und Recht Berlin* 69

Abbildung 20: *Hinderungsgründe für ein Auslandspraktikum aus Perspektive von dual Studierenden der Hochschule für Wirtschaft und Recht Berlin* 69

Abbildung 21: *Regelkreis vom Studierenden zum Dozenten im dualen Studium an der Technischen Hochschule Mittelhessen* 76

Abbildung 22: *Schritte zur flexiblen Einrichtung dualer Studiengänge* 79

Abbildung 23: *Prozessmodell für den Abschluss von Kooperationsvereinbarungen mit Partnerorganisationen an der Hochschule für angewandte Wissenschaften München* 89

Abbildung 24: *Prozessmodell zur Auswahl und Zulassung der dual Studierenden an der Hochschule für angewandte Wissenschaften München im Verbundstudium* 91

Abbildung 25: *Ablauf und Inhalte des Coachings dual Studierender an der Technischen Hochschule Mittelhessen* 95

Abbildung 26: *Prozess des Theorie-Praxis-Austauschs in dualen Studiengängen* 99

Abbildung 27: *Phasenmodell des Einsatzes von Lehrbeauftragen* 104

Abbildung 28: *Interesse der Partnerunternehmen der Hochschule für Wirtschaft und Recht Berlin an Internationalisierungsmaßnahmen* 108

Abbildung 29: *Prioritäten dual Studierender an der Hochschule für Wirtschaft und Recht Berlin bezogen auf Internationalisierungsmaßnahmen* 109

Abbildung 30: *Selbsteinschätzungen des Kompetenzerwerbs dual Studierender der FOM Hochschule für Oekonomie und Management* 116

Abbildung 31: *Formel zur Berechnung des Lehrkompetenz-Gesamtindex der Berufsakademie Sachsen* 119

Tabellenverzeichnis

Tabelle 1: *Vorschlag des Wissenschaftsrates für die Neuordnung dualer Studiengänge* 11

Tabelle 2: *Quantitatives Wachstum der Zahl dualer Studiengänge und dual Studierender 2004–2014* 17

Tabelle 3: *Spektrum der Internationalisierungsmaßnahmen im dualen Studium* 66

Tabelle 4: *Das ESRIA-Modell zur Gestaltung von Lehr-/Lernarrangements* 102

Tabelle 5: *Methodenbeispiel für die Einbindung beruflichen Wissens in die Hochschullehre* 103

Tabelle 6: *Zusammenhänge zwischen der organisatorischen Einbindung und der Lehrkompetenz von Lehrbeauftragten an der Berufsakademie Sachsen* 105

Tabelle 7: *Strukturvorschlag für ein internationales duales Doppelabschlussprogramm* 110

Tabelle 8: *Ausschnitt aus dem Fragebogen der Universität Kassel zur Beurteilung der Lernortkooperation aus studentischer Sicht* 112

Tabelle 9: *Items zur Ermittlung der Transferkompetenz des Instrumentariums der FOM Hochschule für Oekonomie und Management* 115

Tabelle 10: *Lehrkompetenzindikatoren des Erhebungsinstruments für die Lehrkompetenz von Lehrenden der Berufsakademie Sachsen* 118

Ansprechpartner

Dr. Sigrun Nickel
Leiterin Hochschulforschung
CHE Gemeinnütziges Centrum für Hochschulentwicklung
Postfach 105
33311 Gütersloh
Tel.: (0 52 41) 97 61-23
sigrun.nickel@che.de
www.che.de

Ann-Katrin Schröder-Kralemann
Programmleitung Hochschule und Wirtschaft
Stifterverband für die Deutsche Wissenschaft
Barkhovenallee 1
45239 Essen
Tel.: (02 01) 84 01-1 40
ann-katrin.schroeder-kralemann@stifterverband.de
www.stifterverband.de